改訂版 Q&A 有期契約労働者の無期転換ルール

編著 別城 信太郎（弁護士）
著 山浦 美卯（弁護士） 山浦 美紀（弁護士）
西本 杏子（弁護士） 別城 尚人（弁護士）

新日本法規

改訂版編集にあたって

　平成29年11月に本書の初版を発行してから、約7年が経過しました。
　有期労働契約の通算契約期間が5年を超えることとなる労働者に、無期転換申込権を認める無期転換ルールは平成25年4月1日から施行され、その5年の通算期間は、平成25年4月1日以降の日を契約期間の初日とする有期労働契約から適用されることとなっていました。
　そのため、平成30年頃になって、無期転換申込権の行使が行われるようになり、それから6年余りが経過し、無期転換ルールの運用実績の分析や法的紛争事例の蓄積が多少なりとも出来てきました。
　そこで、この改訂版では、無期転換ルールをめぐる運用実績の分析や裁判例をご紹介し、実務対応の留意点の再整理を行いました。
　それと共に重要なのは、改正後の労働契約法18条に基づく無期転換ルールについて、「その施行の状況を勘案しつつ検討を加え、必要があると認めるときは、その結果に基づいて必要な措置を講ずるもの」とされていた点です。そして、それを受けて、多様化する労働契約のルールに関する検討会報告書（令和4年3月）では、検討結果と必要な措置が報告され、最終的に厚生労働大臣の諮問機関である労働政策審議会労働条件分科会の検討結果が取りまとめられ、令和4年12月に公表されています。
　令和6年4月1日から施行された改正労働基準法施行規則・雇止め告示等は、その検討結果に基づくものです。
　この改訂版では、その改正内容を新たな設問5つを設けることによって、説明させていただきます。また、日本版同一労働同一賃金のように、初版以降、7つの最高裁判断の判決が出たことを踏まえて、全面改訂を行った設問もあります。

このようにアップデートした改訂版が、実務に携わる皆様方に少しでもお役に立てば幸いです。

　令和6年10月
　　　　　執筆者一同を代表して
　　　　　　　　　　　　　　　　弁護士　別城　信太郎

はしがき

　現在、我が国の雇用システムは大きな転換期を迎えているようです。
　平成30年4月1日には、平成24年の労働契約法の改正で導入された無期転換制度によって、実際に、無期転換労働者が出現してまいります。そして、その無期転換労働者の在り様にも影響する平成28年12月の同一労働同一賃金ガイドライン案に続き、平成29年3月には「働き方改革実行計画」が政府から発表され、同年6月には時間外労働の上限規制や同一労働同一賃金に関する法整備について、労働政策審議会からの建議も出されています。また、それらの法整備と国会で継続審議中の労働基準法改正法案とが一体の法案として取り扱われることも取り沙汰されているところです。
　しかも、有効求人倍率が1.5倍という「完全雇用」の状況は、今まで経験したこともないような求人難を至る所で引き起こしています。
　しかし、我が国の雇用システムが大きな転換期にあるとしても、使用者は立ちすくむべきではありません。各使用者が、労務問題について難しい判断を迫られる時期に来ていることは間違いありませんが、難しい判断を迫られれば迫られるほど、正しい状況の分析とその評価が必要になります。それがあってこそはじめて、どのような対応が考えられるのか、その対応はどう違うのか、各対応のメリットとデメリットは何か、などが考えられるはずです。その上で、どの対応を採用するかを判断し、それを実行に移すことが重要となります。
　現在、いくつもの難題が一挙に絡み合っている状況にあるように見えますが、まず、その縺れをひも解いて、正しい状況の分析とその評価をすることが必要です。そして、その絡み合っているいくつもの難題の中で、一番早急な対応を迫られているのが、無期転換制度の実務対応であることは間違いありません。なぜなら、実際に、無期転換労

働者が出現するのは、平成30年4月1日からのことですが、それまでに5か月を切っており、しかも有期契約労働者が無期転換申込権を行使できるのは平成30年に入ってからとは限らず、契約内容いかんによっては、現時点でもその無期転換申込権の行使ができるからです。

　本書は、無期転換制度の実務対応を迫られる皆様に、正確な情報を提供することを目的として企画されました。同一労働同一賃金も含めて、最新の情報をできるだけ取り込むようにし、無期転換制度の実務対応に当たって、実際に問題となる設問もできるだけ多く設けました。

　本書の構成を簡潔にご説明すると、次のとおりです。
① 　最初に、「はじめに」にて無期転換制度の概要と、有期労働契約に関する法規制を含めて、無期転換制度が導入された理由をご説明し、
② 　その上で、「Ⅰ　無期転換申込権の行使」において無期転換申込権の行使要件とその行使の効果を解説し、「Ⅱ　無期転換制度の実務」を設けてその実務面を解説しました。そして「Ⅲ　参考文例」において規程例・書式を解説し紹介しました。
③ 　上記「Ⅰ　無期転換申込権の行使」「Ⅱ　無期転換制度の実務」を通じて、実務対応を必要とするものは、「対応するには」と題して対応の留意点を指摘させていただいております。

　皆様が無期転換制度を分析等するに当たって、本書が何程かのお役にたち、その上で、皆様がどの対応を採用するかを判断し、実行に移していただくことができれば、執筆者一同、望外の喜びです。

平成29年11月
　　　　　執筆者を代表して
　　　　　　　　　　　　　　　弁護士　別城　信太郎

編著者・執筆者一覧

編著者
　別城　信太郎（弁護士／鳩谷・別城・山浦法律事務所）

執筆者
　山浦　美卯（弁護士／鳩谷・別城・山浦法律事務所）

　山浦　美紀（弁護士／鳩谷・別城・山浦法律事務所）

　西本　杏子（弁護士／鳩谷・別城・山浦法律事務所）

　別城　尚人（弁護士／鳩谷・別城・山浦法律事務所）

略 語 表

<法令等の表記>

　根拠となる法令等の略記例及び略語は次のとおりです（〔　〕は本文中の略語を示します。）。

　　労働基準法第39条第3項第1号＝労基39③一

労契	労働契約法	民	民法
会社	会社法	雇止め告示	有期労働契約の締結、更新及び雇止めに関する基準
基準省令	労働契約法第18条第1項の通算契約期間に関する基準を定める省令	有期雇用特別措置〔有期雇用特別措置法〕	専門的知識等を有する有期雇用労働者等に関する特別措置法
Q&A	令和5年改正労働基準法施行規則等に係る労働条件明示等に関するQ&A	有期雇用特別措置則	専門的知識等を有する有期雇用労働者等に関する特別措置法施行規則
〔科技・イノベ法〕	科学技術・イノベーション創出の活性化に関する法律	労基	労働基準法
〔高年齢者雇用安定法〕	高年齢者等の雇用の安定等に関する法律	労基則	労働基準法施行規則
雇均〔男女雇用機会均等法〕	雇用の分野における男女の均等な機会及び待遇の確保等に関する法律	労組	労働組合法
大学教員等任期〔大学教員等任期法〕	大学の教員等の任期に関する法律	〔労働契約承継法〕	会社分割に伴う労働契約の承継等に関する法律
パートタイム・有期雇用労働〔パートタイム・有期雇用労働法〕	短時間労働者及び有期雇用労働者の雇用管理の改善等に関する法律	労働者派遣〔労働者派遣法〕	労働者派遣事業の適正な運営の確保及び派遣労働者の保護等に関する法律

＜判例の表記＞
　根拠となる判例の略記例及び出典の略称は次のとおりです。

　最高裁判所令和2年10月15日判決、労働判例1229号5頁
　＝最判令2・10・15労判1229・5

判時	判例時報	労判	労働判例
判タ	判例タイムズ	労判ジャーナル	労働判例ジャーナル
労経速	労働経済判例速報		

目　次

はじめに

第1　概要
ページ
【1】　無期転換制度の概要……………………………………………………3

第2　無期転換制度が導入された理由
【2】　有期契約労働者を雇用する理由………………………………………6
【3】　雇止め法理とは…………………………………………………………10
【4】　更新上限規制（条項）とは……………………………………………15
【5】　日本型同一労働同一賃金とは…………………………………………19
【6】　無期転換制度導入の理由とその影響は………………………………29

第3　令和6年4月1日からの労働条件明示のルール変更
【7】　有期契約労働者に新しく追加された明示事項…………………………34
【8】　追加された明示事項①「就業場所・業務の変更の範囲」とは………………………………………………………………………41
【9】　追加された明示事項等②「更新上限の明示・更新上限を新設・短縮する場合の説明」とは……………………………46
【10】　追加された明示事項③「無期転換申込機会」及び④「無期転換後の労働条件」とは……………………………………50
【11】　無期転換後の均衡を考慮した事項の説明とは…………………56

I 無期転換申込権の行使

第1章 無期転換申込権の行使要件

第1 行使要件「『同一の使用者』との間で締結された」

- 【12】有期契約労働者がかつて同じ法人で働いていたことを秘匿していた場合、無期転換申込権を行使できるか……………63
- 【13】同一の使用者とは……………………………………………66

第2 行使要件「2以上の有期労働契約」

- 【14】労働契約の内容が同一でなくとも、「2以上の有期労働契約」が締結されたといえるか……………………………71

第3 行使要件「契約期間を通算した期間が5年を超える」

- 【15】通算契約期間の起算日、無期労働契約の始期とは…………74
- 【16】「契約期間が連続すると認められる」基準は………………77
- 【17】クーリングにより無期転換申込権が発生しないパターンとクーリングされず無期転換申込権が発生するパターンとは……………………………………………………………82
- 【18】通算契約期間の計算方法は……………………………………88

第4 行使要件「労働者」

- 【19】「労働者」に該当する場合と該当しない場合は………………91

第5 行使要件「契約の締結の申込み」

- 【20】無期転換申込期間とその申込方法は……………………………94
- 【21】無期転換後の労働条件について、労働者に有利な内容の申込みがなされた場合の効力は………………………………97

【22】 就業規則に無期転換申込手続を定める必要性の有無とその内容は……………………………………………………………… 101

第2章 無期転換申込権の行使の効果
【23】 無期転換申込権行使の効果とその効力発生時期は………… 106
【24】 別段の定めを置くことによって、無期転換後の労働条件を自由に設定できるか……………………………………… 110
【25】 使用者と有期労働契約者との間の個別合意は「別段の定め」になるか………………………………………………… 115
【26】 無期転換申込権の発生前の契約更新時に労働条件を低く更新し、無期転換後の労働条件を実質的に引き下げることは可能か………………………………………………… 118

Ⅱ 無期転換制度の実務

第3章 無期転換に対応するグランドデザイン
【27】 無期転換制度の対応状況及び導入事例は…………………… 123
【28】 企業はどのような視点で無期転換に対応するグランドデザインを描き、どのような手順で無期転換制度を導入したらよいか……………………………………………………… 129

第4章 無期転換を受け入れない場合の対応
【29】 無期転換申込権が発生しないケースとは…………………… 134
【30】 あらかじめ無期転換申込権不行使の合意をしておくことは可能か……………………………………………………… 137
【31】 使用者を切り替えた場合、無期転換申込権は発生するのか………………………………………………………………… 142

【32】 更新上限規制（条項）を設ける場合の注意点は……………146
【33】 不更新条項を設ける場合の注意点は………………………152

第5章　無期転換を受け入れる場合の対応

第1　受入れの仕方

【34】 無期転換労働者の受入れの仕方にはどのような類型があるか……………………………………………………………157
【35】 無期転換労働者を契約期間以外、従前の有期契約労働者当時と同一に取り扱う場合の留意点は………………161
【36】 無期転換労働者を正社員として受け入れる場合の留意点は………………………………………………………165
【37】 無期転換労働者を、独自の類型の労働者として受け入れる場合の留意点は……………………………………168
【38】 無期転換労働者について、使用者が用意する複数の雇用形態を選択できる類型をとる場合の留意点は……………171

第2　無期転換労働者に適用する就業規則

【39】 無期転換労働者に正社員就業規則を適用する必要はないか………………………………………………………174
【40】 無期転換労働者に適用する就業規則作成の必要性と留意点は………………………………………………………178
【41】 無期転換後の所定労働日・所定労働時間を定期的に変更することは可能か……………………………………185
【42】 転勤条項・フルタイム出勤条項を設けることは可能か……189
【43】 有期契約労働者が無期転換労働者に転換した後の勤続年数の取扱いは…………………………………………194
【44】 無期転換後の労働条件について、転換前の労働条件や正社員の労働条件と比べて留意すべき点は…………………198

第3　無期転換申込みの手続
【45】　無期転換申込みの手続上の留意点は……………………………202

第4　無期転換後の雇用管理
【46】　無期転換後の雇用管理の留意点は……………………………206
【47】　競争入札に係る業務に従事している有期契約労働者が無期転換労働者になった後、当該業務が失われた場合の対応は……………………………………………………………………211

第5　無期転換後の契約終了
【48】　無期転換申込権行使後の更新拒絶は……………………………214
【49】　整理解雇の場合、無期転換労働者より先に有期契約労働者をその対象にすることは可能か。また、正社員より先に無期転換労働者をその対象にすることは可能か…………218

第6章　無期転換制度の特例
【50】　無期転換制度の特例の概要は……………………………………222
【51】　高度専門職についての特例は……………………………………225
【52】　継続雇用の高齢者についての特例は……………………………230
【53】　大学等の教員等についての特例は………………………………236
【54】　無期転換制度の特例認定後でも無期転換が認められる場合は（認定が取り消される場合等）……………………240

Ⅲ　参考文例・裁判例

〔参考文例〕
【1】　更新上限規制（条項）……………………………………………245

【2】 不更新条項……………………………………………………… 248
【3】 不更新条項についての説明文………………………………… 249
【4】 無期労働契約への転換手続の規定例（有期契約社員就
　　　業規則）………………………………………………………… 251
【5】 無期転換に関するお知らせ（無期転換制度の周知文）…… 253
【6】 無期労働契約転換申込書……………………………………… 255
【7】 無期労働契約転換申込み受理通知書………………………… 256
【8】 「無期転換申込権」が発生する更新の際の有期契約労
　　　働者に対する労働条件通知書………………………………… 257
【9】 無期労働契約転換申込者に対する労働条件通知書………… 263
【10】 無期転換契約社員就業規則例（新しく作成する場合）…… 267
【11】 無期転換労働者就業規則規定例（既存のパートタイマ
　　　ー（有期）就業規則に無期転換パートタイマーに関する
　　　規定を入れ込む場合）………………………………………… 299
【12】 限定正社員就業規則規定例…………………………………… 303

〔裁判例〕

【1】 ハマキョウレックス事件……………………………………… 308
【2】 長澤運輸事件…………………………………………………… 310
【3】 大阪医科薬科大学事件………………………………………… 312
【4】 メトロコマース事件…………………………………………… 314
【5】 日本郵便（東京）事件………………………………………… 316
【6】 日本郵便（大阪）事件………………………………………… 318
【7】 日本郵便（佐賀）事件………………………………………… 320

はじめに

第1 概　要

【1】 無期転換制度の概要

　　有期契約労働者の無期転換制度が導入されて10年余り経ちますが、平成30年頃と並んで、最近セミナー等で同制度が取り上げられる機会が増えたように思います。そこで、頭の整理のため、無期転換制度の概要をもう一度教えてください。

　　無期転換制度とは、同一の使用者との間で締結された有期労働契約の通算契約期間が5年を超えることとなる労働者が、期間の定めのない労働契約の締結を申し込んだときは、使用者はその申込みを承諾したとみなす制度のことです。

　簡単に言えば、有期契約労働者が、自己の選択に基づいて、有期労働契約を期間の定めのない労働契約に転換させることができる制度のことを無期転換制度と呼びます。

解　説

1　無期転換制度の画期的な点

　有期契約労働者の無期転換制度は、今までにない画期的な制度ということができます。

　労働契約も契約である以上、労働者の契約申込みと、使用者の承諾によって成立するものであり、本来、労働者には労働契約締結の申込みの自由が認められ、使用者もその申込みを承諾するか否かの自由が認められています。これは、労働者の募集・採用が、通常、①労働者

の募集、②採用希望者による応募、③採用選考、④採用決定、⑤就労開始という過程を辿ることから明らかです。

　この点、有期契約労働者の無期転換制度は、無期転換申込権の行使要件を具備する労働者から労働契約締結の申込みがあった場合、使用者はこれを拒否したいと思っても、法律上、その申込みを承諾したものとみなされます。つまり承諾を強制される点において、画期的な制度といえます。

2　無期転換制度の適用

　無期転換制度に近い制度として、平成27年10月から施行された、労働者派遣法上の労働契約申込みみなし制度（労働者派遣40の6）があります。この制度は、偽装請負等の場合に使用者が労働契約を申し込んだものとみなされる制度ですが、実際に適用される場面は限定的です。これに対して、有期契約労働者の無期転換制度は、労働契約法の適用される労働者であれば、契約社員、臨時社員、嘱託社員、パート、アルバイト、派遣社員等の呼称に関係なく、また、勤務時間、職種、雇用目的を問わず、3か月間、6か月間、1年間というような契約期間を限定した有期契約労働者に広く適用されますので、その影響するところは大きいといわなければなりません。なお、派遣社員の場合、使用者は派遣先でなく、派遣元になりますので、注意が必要です。

　また、無期転換制度には、特例が設けられていますが、この特例については、Ⅱ　第6章を参照してください。

3　無期転換申込権の行使（取得）要件

　労働契約法18条1項は、有期契約労働者の無期転換申込権の行使要件を、具体的に
① 　同一の使用者との間で締結された
② 　2以上の有期労働契約の

③　契約期間を通算した期間が5年を超える
④　労働者が、
⑤　当該使用者に対し、現に締結している有期労働契約の契約期間が満了する日までの間に、
⑥　当該満了する日の翌日から労務が提供される期間の定めのない労働契約の締結の申込みをしたとき、

と定めています（【Q12】～【Q22】参照）。そして、有期契約労働者からかかる申込みがなされたときは、使用者は法律上、当該申込みを承諾したとみなされます。

4　無期転換制度への関心

　平成30年頃のことですが、無期転換制度がセミナー等で盛んに取り上げられるようになりました。これは、有期契約労働者の無期転換制度を定める労働契約法18条は平成25年4月1日から施行されましたが、無期転換申込権の行使要件である上記3の「③契約期間を通算した期間が5年を超える」は、平成25年4月1日以後の日を契約期間の初日とする有期労働契約から適用し、それより前の日が初日である有期労働契約の契約期間は、5年の通算契約期間には算入されないからです（労契平24法56附則②（経過措置））。つまり、平成30年頃に初めて無期転換申込権が行使できる5年の通算期間が近づいてきたため、無期転換制度がセミナー等で何かと取り上げられるようになったのです。

　そして、最近、再び無期転換制度にスポットライトが当たるようになりました。それは、無期転換制度が導入された時点で「施行後8年を経過した場合において、…その施行の状況を勘案しつつ検討を加え、必要があると認めるときは、その結果に基づいて必要な措置を講ずる」ことが決められていたからです（労契平24法56附則③（検討））。

　つまり、そのような検討の結果、「必要な措置」を講じることとなり、そのため省令等が改正され、令和6年4月1日から施行されたのです。詳細は、【Q7】～【Q11】を参照してください。

第2　無期転換制度が導入された理由

【2】　有期契約労働者を雇用する理由

　平成24年8月の国会で、有期契約労働者の無期転換制度の創設など有期労働契約を規制する労働契約法の改正が行われました。改正では、有期契約労働者に関する規制が強化されたわけですが、そもそも、我が国で、使用者が有期契約労働者を雇用する理由は何でしょうか。

　平成23年有期労働契約に関する実態調査（事業所調査）の結果によれば、
①　有期契約労働者は、契約期間が満了すれば労働契約が終了するという、労働契約の存続期間を限定された労働者であること
②　有期契約労働者には、正社員の労働条件（特に賃金・賞与）と異なる処遇が認められること
の2点が、使用者が有期契約労働者を雇用する大きな理由であるといえます。

　なお、令和2年の調査では、上記2点以外に、定年後の再雇用制度を念頭に置いた「経験等を有する高齢者の活用のため」や求人難の厳しい状況を反映した「正社員の確保が困難であるため」といった理由も挙げられています。

解　説

1　有期労働契約に関する実態調査（事業所調査）結果
　平成23年有期労働契約に関する実態調査（事業所調査）において、

使用者側に「期間を定めて雇用する主な理由は何ですか。」との問いに対し、1社当たり3つまでその理由を挙げてもらう形でのアンケート調査が行われました。その結果、
① 「業務量の中長期的な理由の変動に対応するため」が47.7％
② 「人件費（賃金・福利厚生等）を低く抑えるため」が41.5％
③ 「業務量の急激な変動に際して雇用調整ができるようにするため」が27.3％
の順となりました。
　これを要約すると、Aにあるように、
① 有期契約労働者は、契約期間が満了すれば契約が終了するという、労働契約の存続期間を限定された労働者であること
② 正社員の労働条件（特に賃金・賞与）と異なる処遇が認められていること
といえます。
　我が国における長期雇用を前提とした典型的雇用は、期間の定めのない労働契約の形態をとっています。そして、その契約形態については解雇権濫用法理（解雇の事由を大幅に制限し、客観的・合理的理由と社会通念上の相当性との両方を具備しなければ解雇は無効となるという法理）が確立し、立法化されています（労契16）。そのため、使用者が有期契約労働者を雇用する1つの大きな理由は、契約期間が満了すれば労働契約が終了するという、労働契約の存続期間を限定する点にあります。つまり、有期労働契約は、使用者が更新を拒否したときは、契約期間の満了により雇用が終了し、そこには客観的・合理的理由や社会通念上の相当性は必要ないという点が重宝されているのです。

2　有期労働契約法制
　ご質問にあるように、平成24年の労働契約法改正によって、次の3

つのルールが条文化されました。
① 無期転換制度の創設（労契18）
　有期労働契約が更新されて通算5年を超えたときは、労働者の申込みにより、期間の定めのない労働契約（無期労働契約）に転換できるルールです。詳細は【Q1】を参照してください。
② 「雇止め法理」の法定化（労契19）
　最高裁判例で確立した「雇止め法理」が、そのままの内容で法律に規定されました。一定の場合には、使用者による雇止めが認められないことになるというルールです。
③ 不合理な労働条件の禁止（旧労契20）
　有期契約労働者と無期契約労働者との間で、期間の定めがあることによる不合理な労働条件の相違を設けることを禁止するルールです。
　ところで、上記②（施行日：平成24年8月10日）は最高裁判例で確立した「雇止め法理」を条文化したものですが、上記①及び③（施行日：平成25年4月1日）は、今までになかったルールが創設されたものです。
　なお、不合理な労働条件の禁止を定めた旧労働契約法20条は、改正前パートタイム労働法8条に統合され、パートタイム・有期雇用労働法8条となりましたが、解釈については変更がありません（【Q5】参照）。

3　有期労働契約法制の背景

　我が国の労働者のうち、非正規労働者が占める割合は、昭和60年の16.4％から、前述の労働契約法改正の前年の平成23年には35.7％までに増加しました。一方、平成20年秋のリーマンショックによって、派遣切り等の問題が顕在化し、平成23年3月の東日本大震災は、それに拍車をかけました。

このように有期契約労働者は、雇用が不安定、経済的自立が困難、職業キャリアの形成が十分でないなどの課題を抱えており、これに対応する方策の1つとして、前述の有期労働契約法制化が行われたのです。

　ただ、このような経緯で成立した「雇止め法理」の法定化（労契19）や不合理な労働条件の禁止（旧労契20）規定を勘案すると、有期労働契約を無期労働契約に転換しなくても、つまり、労働契約法18条の無期転換制度がなくても、有期契約労働者は、労働契約の存続期間が限定された労働者とはいえない場合があり、また、正社員の労働条件と異なる処遇が自由にできるわけでもなく一定の制約があります。詳細は、【Q3】及び【Q5】を参照してください。

【3】 雇止め法理とは

　当社では、有期契約労働者を多く雇用し、恒常的業務にも従事してもらっています。有期契約労働者を通算5年雇用すると、無期転換申込権が発生すると聞きました。
　そこで、通算5年となる前に雇止めをして、無期転換申込権を発生させないようにしたいと思います。しかし、このような方法で、無期転換制度の回避が上手くいくのでしょうか。

　有期契約労働者において、
① 有期労働契約が期間の満了ごとに当然更新を重ねてあたかも無期労働契約と実質的に異ならない状態となっている場合
② 契約期間の満了時に当該有期労働契約が更新されるものと期待することについて合理的な理由があると認められる場合
のいずれかに該当するときに、有期労働契約の更新の申込みをした場合、使用者は、客観的合理的な理由があって、社会通念上相当であると認められない限り、更新を拒絶することはできません（労契19）。
　ご質問のケースでは、有期契約労働者は、上記①か②の場合に該当すると思われますので、無期転換申込権の行使を回避するために、その有期契約労働者を雇止めすることは、労働契約法19条に反することになります。したがって、ご質問にあるような雇止めは、許されないと考えておくべきです。

解　説

1　裁判所による有期労働契約の法定更新制度の創設

（1）　実質無期契約タイプ

　我が国では、無期契約労働者を解雇する場合、客観的に合理的な理由を欠き、社会通念上相当であると認められない場合、解雇は権利を濫用したものとして無効とするという解雇権濫用法理が適用され（労契16）、解雇が有効と認められるためのハードルは高いものがあります。

　これに対して、更新が繰り返された臨時工のような有期契約労働者の雇止めが契約期限が到来したという理由だけで有効だとする結論は、臨時工の雇用実態が実際上常用化していることを考えるとき、確かに座りが悪いものです。

　そのような考えもあってか、東芝柳町工場事件（最判昭49・7・22判時752・27）において、最高裁は、2か月の有期労働契約後5回ないし23回にわたって更新された臨時工について、

① 　その従事する仕事の種類、内容において本工と差異はなく、

② 　2か月の期間満了によって雇止めされる事例はなく、自ら希望して退職する者のほか、そのほとんどが長期間にわたって継続雇用され、

③ 　採用に際しては、使用者側に長期継続雇用、本工への登用を期待させるような言動があり、臨時工も、期間の定めにかかわらず継続雇用されるものと信じて契約書を取り交わし、

④ 　契約更新に当たっては、必ずしも契約期間満了の都度直ちに新契約締結の手続がとられていたわけではなかった、

という事案では、労働契約が期間の満了ごとに当然更新を重ねて実質上無期労働契約と異ならない状態にあったことを認め、本件雇止めの

意思表示は実質上解雇の意思表示に当たるので解雇に関する法理を類推すべきである、との高等裁判所の判断を支持しました。ちなみに、実質上、無期労働契約と異ならない状態にあったと認定するに当たっては、上記④の事実が認められたことも、重要です。

　上記最高裁の判決以降、企業における期間雇用の雇用管理（更新手続など）が厳正化され、雇用管理の甘さから無期労働契約と同視できるような有期労働契約が出現することは減るようになりました。

（２）　期待保護タイプ

　しかし、裁判所は、上記東芝柳町工場最高裁判決の考え方で保護できないケースにつき、新たな理論を展開しました。

　それは、有期労働契約が無期労働契約と実質的に同視できない場合でも、雇用継続に対する労働者の合理的期待がある場合は、解雇権濫用法理を類推し、雇止めに客観的合理的理由と社会的相当性を求めるというものです。これを最高裁として認めたのが日立メディコ事件です（最判昭61・12・4判時1221・134）。

　その後の裁判例では、恒常的な業務を担当している有期契約労働者について、

①　採用時に「君には長く働いてもらいたい」といった発言があった、当該有期契約労働者に適用される就業規則に長期雇用を予定する規定が設けられていたなど、継続雇用を期待させる使用者側の言動が認められる場合

②　更新に際して、面接等することなく、契約書を機械的に取り交わすなど、更新の手続が形式的である場合

③　同様の地位にある労働者について過去に雇止めの例がほとんどない場合

のいずれかに該当すれば、上記合理的期待を認めてきたようです。

2　労働契約法19条から導かれる結論

　平成24年8月に施行された労働契約法19条は、前述の判例によって作り出された雇止め法理をそのまま条文化しました。同条文は、

① ㋐　有期労働契約が過去に反復して更新されたことがあるものであって、かつ、その契約期間満了時の雇止めが解雇と社会通念上同視できると認められる（要するに、期間の満了ごとに当然更新を重ねてあたかも無期労働契約と実質的に異ならない状態となっている）

㋑　有期契約労働者において契約期間の満了時に当該有期労働契約が更新されるものと期待することについて合理的な理由があるものであると認められる

のいずれかに該当する場合であって、

②　当該有期労働契約の契約期間が満了するまでの間に当該契約の申込みをしたか、又は当該契約期間の満了後遅滞なく有期労働契約の締結の申込みをしており、

③　使用者が当該申込みを拒絶することが客観的に合理的な理由を欠き、社会通念上相当であると認められないときは、使用者は、従前の有期労働契約の内容である労働条件と同一の労働条件で当該申込みを承諾したものとみなす、

と定めています。

　ご質問のケースでは、無期労働契約と実質的に異ならない状態となっているとまではいえなくとも、当該有期労働契約が更新されるものと期待することについて合理的な理由があると認めるケースである可能性が高いと思われます。なぜなら、「雇用継続に対する労働者の合理的期待」を生じさせないためには、使用者は、1（2）①ないし③のいずれにも該当しないように対応しておかなければならず、実際にはそのような対応をするには、厳しいものがあるからです。

したがって、Aのとおり、ご質問にあるような雇止めは、許されないと考えて対応すべきです。現に裁判実務上、契約更新について合理的期待が生じている状況下で、無期転換申込権の発生を回避するために雇止めを行った場合、当該雇止めに合理的な理由がないときは、当該雇止めには客観的合理性・社会的相当性が認められないと判断されます。整理解雇法理の類推適用の可否が争点となった事案で、使用者が雇止め回避努力等に何らの検討を加えた形跡が認められないことを理由に、雇止めを無効とした裁判例に公益財団法人グリーントラストうつのみや事件（宇都宮地判令２・６・10労判1240・83）があります。

　しかし、Aの①の場合にも、②の場合にも該当しないケースであれば、雇止めは有効と解されることになります。従事プロジェクト終了以降の雇用契約の更新について合理的期待が認められないとして、一審判決（高知県公立大学法人（第２）事件＝高知地判令２・３・17労判1234・23）の雇止め無効とする判断をひっくり返した事例（同控訴事件＝高松高判令３・４・２労経速2456・３）もあります。

アドバイス

　明示する労働条件等を定める労働基準法施行規則５条の改正によって、令和６年４月からは、「無期転換申込みに関する事項」と「無期転換後の労働条件」も明示事項として追加され（【Q10】参照）、労働者や労働組合も、今まで以上に無期転換制度に関心を持つこととなっています。
　雇止めを行う場合は、Aの①や②に該当しないか、該当する場合、雇止めが客観的合理的理由を有し社会通念上相当なものか、雇止めを実行した場合のリスクはどの程度か等をあらかじめ慎重に検討しておくことが、今まで以上に必要になると思われます。

【4】 更新上限規制（条項）とは

有期契約労働者について、長期にわたる契約更新が気になるのであれば、契約締結の当初から更新上限規制（条項）を行えばよいとの話をよく耳にします。そもそも更新上限規制（条項）とは、何なのでしょうか。

更新上限規制（条項）とは、「有期雇用契約の更新は4回まで」、あるいは「契約更新は通算して5年まで」というように、更新限度回数や更新限度年数を就業規則や個別の労働契約書に記載し、更新上限をあらかじめ定めておくことをいいます。

これを定めることによって、雇用継続への合理的期待（労契19二）を失わせしめ、雇止めを有効にしようとする効果が期待できます。

なお、更新上限条項の具体的な文言については、〔参考文例〕【1】を参照してください。

> 解　説

1　契約更新についての合理的期待を発生させない方法

【Q3】で解説したように、恒常的な業務を担当している有期契約労働者について、
① 継続雇用を期待させる使用者側の言動が認められる場合
② 更新に際して、契約書を機械的に取り交わすなど、更新の手続が形式的である場合
③ 同様の地位にある労働者について過去に雇止めの例がほとんどない場合

のいずれかに該当すれば、裁判例では、契約更新についての合理的期待が認められるケースが圧倒的に多くなります。

そうであれば、新規に有期労働契約を締結するに当たり、契約更新は4回まで、あるいは通算して5年までと就業規則等や労働契約書で定めておけばよいのではないかとの発想が生まれます。

使用者が合理的な労働条件が定められている就業規則を労働者に周知させていた場合、その就業規則が労働契約の内容となります（労契7）。そうすると、更新上限規制（条項）を行うことが、労働契約法7条が求める合理性を具備するならば、有期契約労働者も、更新上限が存在することが契約内容となっているので、更新上限を超えて雇われるという合理的期待は発生しないと考えることができます。仮に、当該有期契約労働者が更新されることを期待していたとしても、それは法的な保護に値する期待とまではいえないはずです。

なお、更新上限規制（条項）を労働契約書で行う場合については、【Q32】の 解 説 を参照してください。

2　更新上限規制（条項）を行うことは、無期転換権を認める現行法の脱法行為にならないか

この点については、「18条が無期契約への転換権の付与という法的介入をすることとしたのは、有期労働契約が通算して5年を超えて更新された場合についてであって、5年以内の同契約の利用には強行的な介入をしていない。したがって、たとえば労働力需要の変動に対応するために、有期労働契約を5年以内の上限を付して利用することは、個別事案において本条の脱法行為ないし公序違反行為とみるべき特段の事情がない限り、違法無効と解すべき理由はないと思われる」と解説されているところです（菅野和夫ほか『詳説　労働契約法』177頁（弘文堂、第2版、2014））。

無期転換申込権の発生を回避する目的による更新上限条項又は雇止めは無効であるとの有期契約労働者の主張に対して、東京高等裁判所は、労働契約法18条の「規定が導入された後も、5年を超える反復更新を行わない限度において有期労働契約により短期雇用の労働力を利用することは許容されていると解されるから、その限度内で有期労働契約を締結し、雇止めをしたことのみをもって、同条の趣旨に反する濫用的な有期労働契約の利用であるとか、同条を潜脱する行為であるなどと評価されるものではない」と判断しています（日本通運（川崎・雇止め）事件＝東京高判令4・9・14労判1281・14）。

3　更新上限規制（条項）が無効となる場合

　新規に有期労働契約を締結するに当たり、折角、更新上限規制（条項）を行っていても、

① 　入社に当たり、「実際は5年を超えて雇われる」、「長い間、働いてほしい」などと使用者側が説明した場合

② 　他の有期契約労働者の中には、5年を超えて雇われているケースがある場合

には、かかる規制（条項）は無効と判断される可能性が高くなります。

　なお、念のため説明すれば、以上は、入社当初から更新上限規制（条項）が行われていた場合です。

　契約更新時に、新たに更新上限規制（条項）を行う場合については、【Q32】の 解　説 を参照してください。

アドバイス

　新規に有期契約労働者を採用する段階から、更新上限規制（条項）を行い、それを厳格に運用しておれば、雇止めに苦労することはないことになります。

しかし一方で、現在は求人難の時代です。
　更新上限規制に関する定めの存在とその内容は、採用に当たって通知するだけでなく、求職に当たっても明示しなければならない労働条件とされています（職業安定法施行規則4の2③二の三）。そのような規制を行っていることを明示した上で、募集を行ったとして、然るべき人材を採用することができるかの問題は残ります。

【5】 日本型同一労働同一賃金とは

Q この数年「同一労働同一賃金」という言葉をよく耳にします。
この「同一労働同一賃金」は、有期契約労働者の無期転換制度とも大いに関係してくると思いますので、「同一労働同一賃金」について説明してください。

A 我々がよく耳にする「同一労働同一賃金」という言葉は、安倍内閣が重要な政策とした「働き方改革」の中核をなしたもので、正規雇用労働者（無期雇用フルタイム労働者）と非正規雇用労働者（有期契約労働者など）との間に、均等・均衡待遇を確保し、不合理な待遇差の解消を目指すものです。

具体的には、両者の前提が同じ場合（職務の内容が同一で、当該使用者との労働契約関係が終了するまでの全期間を通じて、職務の内容と配置の変更範囲が同一と見込まれる場合）は、一切の待遇差を認めない均等待遇の確保を、前提が違う場合には両者の待遇がバランスのとれたものであることが要求される均衡待遇の確保が求められます。

同一労働同一賃金の考え方が広く普及しているといわれる欧州のものとは異なりますので、「日本型同一労働同一賃金」という言葉に言い換えた方が正確かもしれません。

【解　説】

1　現行法

現行法で、均衡待遇の原則（不合理な待遇差の禁止）及び均等待遇

の原則（一切の待遇差の禁止）を定める規定は次のとおりです。

	パートタイム・有期雇用労働法	労働者派遣法
均衡待遇の原則	8条	30条の3第1項
均等待遇の原則	9条	30条の3第2項

　ところで、旧労働契約法20条では、有期契約労働者と無期契約労働者の労働条件の相違が「期間の定めがあることにより」生じていることが必要であり、「期間の定めがあることにより」とは、有期契約労働者と無期契約労働者との労働条件の相違が期間の定めの有無に関連して生じたものであることをいうと解されていました（ハマキョウレックス事件＝最判平30・6・1判時2390・96）。

　現在、旧労働契約法20条はパートタイム・有期雇用労働法8条に統合されていますが、同条には、「期間の定めがあることにより」という文言はなく、その他の文言にも違いがありますが、旧労働契約法20条の明確化を図った規定であり、実質的変更はないとされています（平31・1・30基発0130第1・職発0130第6・雇均発0130第1・開発0130第1第3　3（7））。

　ところで、日本型同一労働同一賃金が求める「均衡」、「均等」を考える上では、以下の3つの考慮要素の意味を正しく理解しておくことが不可欠ですので、ここで説明しておきます。
① 職務の内容の同一性
② 職務内容・配置の変更範囲の同一性
③ その他の事情

　①の「職務の内容の同一性」は、業務の内容と責任の程度に分けて考えることができ、前者は、「中核的業務が実質的に同一といえるか」という観点から、後者は、「権限（部下の有無・権限の範囲）」「業務の成果について求められる役割」「トラブル発生時や緊急時の対応」「成果への期待の程度」といった観点から同一性が判断されます。

②の「職務内容・配置の変更範囲」とは、人材活用の仕組み・運用等のことであり、具体的には転勤、昇進を含む人事異動や本人の役割の変化等（配置の変更を伴わない職務の内容の変更を含みます。）のことを意味します。そして、その同一性は、「職務内容の変更」「転勤・昇進・出向等」の人事異動の観点から判断されることになります。

　③の「その他の事情」としては、労働組合との協議の状況など広範囲にわたりますが、典型的なものを挙げると「職務の成果」「能力」「経験」などで、その違いが待遇差の要因として、考慮されます。「その他の事情」は、①及び②並びにこれらに関連する事情に限定されるものではありません（長澤運輸事件＝最判平30・6・1判時2389・107）。

　なお、「職務の内容の同一性」「職務内容・配置の変更範囲の同一性」及び「その他の事情」については、通達（平31・1・30基発0130第1・職発0130第6・雇均発0130第1・開発0130第1第1　4（2）ロ・ハ及び同第3　3（5））に詳しい説明がありますので、参照してください。

2　前提が同じ場合
―パートタイム・有期雇用労働法9条―
（1）　条　文

　通常の労働者と同視すべきパートタイム・有期雇用労働者について、一切の差別的取扱いが禁止されること（均等待遇が求められること）を定めたのが、パートタイム・有期雇用労働法9条です。同条は、①「職務の内容が通常の労働者と同一の」パートタイム・有期雇用労働者が、②「当該事業所における慣行その他の事情からみて、当該事業主との雇用関係が終了するまでの全期間において、その職務の内容及び配置が当該通常の労働者の職務の内容及び配置の変更の範囲と同一の範囲で変更されることが見込まれるもの」については、③パートタイム・有期雇用労働者であることを理由として、④「基本給、賞与そ

の他の待遇のそれぞれについて、差別的取扱いをしてはならない」と定めています。

　要するに、同条が適用されるための要件は、1)「職務の内容の同一性」と2)「当該事業主との雇用関係が終了するまでの全期間において、職務の内容及び配置の変更の範囲の同一性が見込まれること」及び3)「パートタイム・有期雇用労働者であること」という3つです。

　ところで、2)の要件のうちの「当該事業主との雇用関係が終了するまでの全期間」とは、当該パートタイム・有期雇用労働者が通常の労働者と職務の内容が同一となり、かつ、人材活用の仕組み・運用等が通常の労働者と同一となってから雇用関係が終了するまでの間のことを意味します。すなわち、事業主に雇い入れられた後、前述の要件を満たすまでの間に通常の労働者と職務の内容が異なり、また人材活用の仕組み・運用等が通常の労働者と異なっていた期間があっても、その期間まで「全期間」に含めるものではなく、同一となった時点から将来に向かって判断するとされています。

　さらに、「見込まれる」とは将来の見込みも含めて判断されるものであり、したがって、期間の定めのある労働契約を締結している者の場合は、労働契約が更新されることが未定の段階であっても、更新をした場合にはどのような扱いがされるかということを含めて判断されます（以上については平31・1・30基発0130第1・職発0130第6・雇均発0130第1・開発0130第1第3　4(7)・(8)）。

　要するに、2)の要件は、パートタイム・有期雇用労働者が、通常の労働者と職務の内容及び人材活用の仕組み・運用等が同一となってから雇用関係が終了するまでの間、転勤、昇進を含む人事異動や本人の役割の変化等（配置の変更を伴わない職務の内容の変更を含みます。）の有無や範囲が実質的に同一であるかを、将来の見込みも含め、当該事業所の慣行や人事規程等により判断されるということです。

（2）効　力

　パートタイム・有期雇用労働法9条に違反した場合は、そのような差別的取扱いは無効となりますが、無効となった場合に比較対象となった通常の労働者の待遇に代替されるわけではありません。しかし、同条違反は不法行為の違法性を備え、損害賠償責任が発生します。つまり、通常の労働者に支給される給与や賞与等との差額を損害賠償として請求することができるのです。

3　前提が違う場合
－パートタイム・有期雇用労働法8条－
（1）条　文

　パートタイム・有期雇用労働者について、不合理な待遇差の禁止を定めるのが、パートタイム・有期雇用労働法8条です。

　同条は、事業主は、その雇用するパートタイム・有期雇用労働者の「基本給、賞与その他の待遇」のそれぞれについて、通常の労働者との間に、①業務の内容及び当該業務に伴う責任の程度（職務の内容）」、②「職務の内容及び配置の変更の範囲」、③「その他の事情」のうち、「当該待遇の性質及び当該待遇を行う目的に照らして適切と認められるもの」を考慮して、不合理と認められる待遇の相違を設けてはならない旨を定めています。

　そして、「不合理と認められるもの」とは、有期契約労働者と無期契約労働者との労働条件の相違が不合理であると評価することができるものであることをいうと解されています（ハマキョウレックス事件＝最判平30・6・1判時2390・96）。

　なお、本条違反の効果については、後述の5（2）アを参照してください。

4　労働者派遣法

　派遣元事業主と派遣社員間の労働契約にはパートタイム・有期雇用労働法が適用されますので、当然のこととして、派遣元事業主は、パートタイム・有期雇用労働者である派遣社員に対し、自社の通常の労働者との間に不合理な待遇の禁止（パート・有期雇用労働8）や通常の労働者と同視すべきパートタイム・有期雇用労働者に対する差別的取扱いの禁止（パート・有期雇用労働9）が求められます。

　しかし、ここで説明しておきたいのは、その点ではなく、労働者派遣法に基づいて、派遣元事業主が、パートタイム・有期雇用労働者であるかどうかを問わず、派遣社員につき派遣先の通常の労働者との間に、不合理な待遇の禁止（労働者派遣30の3①）や、「不利」な取扱いの禁止（労働者派遣30の3②）が求められていることです。

　なお、労働者派遣法の均等待遇規定においては、禁止の対象がパートタイム・有期雇用労働法9条の「差別的取扱いをしてはならない」ではなく、「不利なものとしてはならない」とされました。これは、労働者派遣法の均等待遇規定が派遣社員と派遣先に直接雇用される「通常の労働者」との間に適用されるため、派遣社員と派遣先の直接雇用の労働者とでは雇用主が異なることから、派遣社員と派遣先の直接雇用の労働者との間で「差別」の取扱いを行うということがなじみません。そのため、趣旨は同じであるが、「不利」な取扱いが禁止されたと理解されています。

5　パートタイム・有期雇用労働法8条に関する裁判例

（1）　旧労働契約法20条とパートタイム・有期雇用労働法8条

　旧労働契約法20条とパートタイム・有期雇用労働法8条とでは文言に違いがありますが、通達（平31・1・30基発0130第1・職発0130第6・雇均

発0130第1・開発0130第1第3　3（1））では、旧労働契約法20条及び旧パートタイム労働法8条が整備されてきたものの、待遇の相違が不合理と認められるか否かの解釈の幅が大きく、労使の当事者にとって予見可能性が高いとはいえない状況にあったことから、パートタイム・有期雇用労働法8条においては、待遇差が不合理と認められるか否かの判断は、個々の待遇ごとに、当該待遇の性質及び当該待遇を行う目的に照らして適切と認められる考慮要素で判断されるべき旨を明確化したものであると記載されています。

したがって、旧労働契約法20条とパートタイム・有期雇用労働法8条とでは実質的な変更はなく、旧労働契約法20条での議論はパートタイム・有期雇用労働法8条にそのまま当てはめることができます。

なお、パートタイム・有期雇用労働法8条には「期間の定めがあることにより」との文言はありませんが、これは同条の不合理性の判断の対象となる待遇の相違は、「短時間・有期雇用労働者であることに関連して生じた」待遇の相違であることが自明であることから明記されていないだけであり（平31・1・30基発0130第1・職発0130第6・雇均発0130第1・開発0130第1第3　3（2））、同条においても同様に問題となると解されています。

本書では、旧労働契約法20条に関する最高裁判所の判決（7件）をⅢ〔裁判例〕として掲載しましたので、参照してください。

（2）　7つの最高裁判決の総括

　ア　旧労働契約法20条違反の効果

旧労働契約法20条は、私法上の効力を有し、有期労働契約のうち同条に違反する労働条件の相違を設ける部分は無効となるものの、同条の効力により当該有期雇用労働者の労働条件が比較の対象である無期雇用労働者の労働条件と同一のものとなるものではなく（補充的効力

の否定)、同条違反の効果としては、不法行為責任を負うに過ぎません（ハマキョウレックス事件＝最判平30・6・1判時2390・96)。

　　イ　不合理か否かは、賃金総額で判断するのか、賃金項目の趣旨
　　　を個別考慮するのか

　有期雇用労働者と無期雇用労働者との個々の賃金項目に係る労働条件の相違が不合理と認められるものであるか否かを判断するに当たっては、両者の賃金の総額を比較することのみによるのではなく、当該賃金項目の趣旨を個別に考慮すべきものと解され、また、ある賃金項目の有無及び内容が、他の賃金項目の有無及び内容をふまえて決定される場合もあり得るところ、そのような事情も、有期雇用労働者と無期雇用労働者との個々の賃金項目に係る労働条件の相違が不合理と認められるものであるか否かを判断するに当たり、考慮されることになるものと解されていました（長澤運輸事件＝最判平30・6・1判時2389・107)。

　そして、パートタイム・有期雇用労働法8条では「当該待遇の性質及び当該待遇を行う目的に照らして適切と認められるものを考慮して」と明文化されています。

　　ウ　通常の労働者とは（比較対象者の選定）

　大阪医科薬科大学事件（最判令2・10・13判タ1483・70）では、「第1審原告により比較の対象とされた教室事務員である正職員とアルバイト職員である第1審原告の労働契約法20条所定の『業務の内容及び当該業務に伴う責任の程度』……をみると」と判示されており、労働者が主張した労働者を比較対象者としています。

　つまり、比較対象者である「通常の労働者」の選定は旧労働契約法20条を争う労働者が行うことになり、原告が選定した無期雇用労働者がふさわしくないのであれば、ふさわしくないことを職務の内容、職務内容と配置の変更の範囲（人材活用の仕組み・運用等のこと）、その他の事情として使用者が主張することになります。

エ　まとめ
＜基本給・賞与・退職金＞

　基本給・賞与・退職金は、その性質・目的が企業ごとに異なっており、これらの制度設計に当たっては、各企業が長年にわたって検討し、また労使交渉も経て形成されてきたものですので、事業主の裁量が広く認められます。したがって、裁判所も、その経営判断を尊重する傾向にあるといえます。

　逆に、基本給・賞与・退職金といった点について、裁判所が「違法」との結論を出した場合、事業主は、人件費の負担増といった大きな痛手を被ることとなります。その場合、正社員は長期雇用を前提とし、人事異動もあり、将来基幹従業員となるべく人材育成がなされており、それ相応の賃金体系が導入されていることが前提となっているからこそ、経営判断が広く尊重されるのです。逆にいえば、尊重されるにふさわしい賃金体系を構築しておくことが肝要だということです。

＜諸手当・福利厚生＞

　諸手当・福利厚生については、その目的や性質が単一であるため、裁判所が介入して適法・違法が判断されやすい傾向にあります。例えば、通勤手当は、出勤するための交通費の実費補填の趣旨で支給されるものですが、これは、正社員であれ、非正規社員であれ、通勤手当支給の趣旨は妥当することに変わりないのはよく理解できます。

6　パートタイム・有期雇用労働法9条に関する裁判例

　パートタイム・有期雇用労働法9条には旧労働契約法20条と異なり、「その他の事情」という文言がないため、例えば、定年退職後の再雇用者につき、定年後再雇用であることが考慮されず、一切の相違が認められないのではないかが問題となります。

しかし、パートタイム・有期雇用労働法9条には「短時間・有期雇用労働者であることを理由として」との文言があるところ、「パート有期法9条では、その処遇の相違が有期契約を『理由とし［た］』ものかが吟味されるべきで、定年後継続雇用の場合の処遇の相違は、有期契約を理由とするものではないと解することが可能である」（荒木尚志『労働法』589頁（有斐閣、第5版、2022））と解されています。したがって、定年後再雇用者であることを考慮して設けられた待遇の相違は、合理的な理由に該当し、有期雇用労働者であることを理由とした差別的取扱いに該当しないと考えるべきです。

　そして、上記と同様の考え方に基づき判断した裁判例が社会福祉法人紫雲会事件（宇都宮地判令5・2・8労判1298・5）です。この裁判例においても、定年後再雇用であることを理由としたものであって、有期雇用労働者であることを理由とするものではないため、パートタイム・有期雇用労働法9条の適用はないと判断した上で、パートタイム・有期雇用労働法8条違反の有無を判断しています。

　なお、旧パートタイム労働法8条1項に関して、待遇に差を設けることの他に合理的理由があることは認められないことをもって、短時間労働者であることを理由とした差別的取扱いに当たると判断した裁判例が存在します（ニヤクコーポレーション事件＝大分地判平25・12・10判時2234・119、京都市立浴場運営財団ほか事件＝京都地判平29・9・20労判1167・34）。

7　日本型同一労働賃金と有期契約労働者の無期転換制度との関係

　以上に説明してきた日本型同一労働同一賃金は、ご質問にあるように、有期契約労働者の無期転換制度とも大いに関係があります。

　その詳細については、【Q44】を参照してください。

【6】 無期転換制度導入の理由とその影響は

平成24年の労働契約法の改正によって、無期転換制度が導入された理由と、その導入が使用者にどのような影響を及ぼすかを教えてください。

無期転換制度が導入された理由は、一言でいえば、雇用の不安定性を解消することにあります。
　次に、無期転換制度の導入は使用者に以下の影響を及ぼすと考えられます。
① 無期転換労働者の出現に伴う対応をせざるを得なくなること
② 労働管理が煩雑となること
③ ①の対応の1つとして、「別段の定め」を設けた場合、その「合理性」を争われる可能性があること
④ 有期労働契約であるから、雇止めがあり、労働条件が悪いのは、やむを得ないという常識が崩れること
⑤ 社内労働組合が、無期転換労働者を組合員として取り込み、その労働条件の改善を要求してくる可能性があること
⑥ 雇用調整が難しくなること

解　説

1　無期転換制度が導入された理由

　有期契約労働者に対する雇止め（使用者が有期労働契約の更新を拒否することを意味します。）は、実際に有期契約労働者が争えば、決して無制約に行い得るものではありません（【Q3】参照）。しかし、現実には、雇止めの不安があるため、①契約上や法令上の権利行使（例え

ば有期休暇の取得）をためらわせ、②長期にわたる生活設計を困難にし、③安定した生活を脅かす等の弊害を生じさせています。

　そのため、雇用の不安定性を解消するために導入されたのが無期転換制度ということができます。その背景には、一定期間を超えた有期労働契約の継続的利用は、同契約の濫用的利用であるとの考えがあります。

　そもそも、有期契約労働者の雇用の不安定性の解消策としては、労働契約に期間の定めを設けること自体を規制する対応（いわゆる入口規制）と有期労働契約が一定期間を超えて利用されると無期労働契約に転換されるという規制対応（いわゆる出口規制）とがあります。我が国では、入口規制は雇用機会を縮小させるとの理由で採用されず、出口規制が採用されました。その場合も、一定期間が経過すれば、自動的に無期転換する方式があります。

　しかし、労働契約法18条1項は、有期労働契約であることによって、労働者に有利な労働条件が付与されている場合があることに鑑み、無期転換するかどうかを当該労働者の意思に委ねています。

2　無期転換制度が使用者に及ぼす影響

　無期転換制度が使用者に及ぼす影響として以下の点が挙げられます。

① 使用者において、無期転換労働者の出現に伴う対応をせざるを得なくなること

　使用者は、無期転換労働者をどのように活用するかのグランドデザインを描き、それを実行するための就業規則等の整備が必要となります。

　その場合、「人件費の増加とそれに見合う生産性の向上」や「正社員の新規採用に対する影響」も課題として出てくるかもしれません。

② 労働管理が煩雑となること

　有期契約労働者該当時は行っていなかった人事考課を行う、また、長期・中期雇用を前提とした教育訓練、人材活用（限定正社員での登用制度の導入等も含みます。）を行う等の必要性が生じます。

　その場合、「無期転換労働者と正社員との間の仕事や働き方、賃金その他の労働条件のバランスと納得感の醸成」、「業務量の変動等に伴う人員数や労働時間、労働条件等の調整」及び「無期転換労働者のモチベーションを維持するための方策」には、頭を悩ますことでしょう。

③ ①の対応の1つとして、「別段の定め」を設けた場合、その「合理性」を争われる可能性があること

　詳細は【Q24】、【Q42】を参照してください。

④ 有期労働契約であるから、雇止めがあり、労働条件が悪いのは、やむを得ないという常識が崩れること

　無期転換制度が導入される前でも、有期契約労働者に対する雇止めが自由にでき、正社員の労働条件と異なる処遇が自由にできるわけではありませんでしたが、同制度が導入されたことにより、さらにこのような常識が崩れることになります。

⑤ 社内労働組合が無期転換労働者を組合員として取り込み、その労働条件の改善を要求してくる可能性があること

　正社員の労働組合は、これまで、有期契約労働者とは一線を画していた感があります。しかし、無期転換労働者が出現すると、有期契約労働者との距離感は従前のままでは許されなくなるかもしれません。もっとも、社内労働組合が無期転換労働者を取り込んだ場合、無期転換労働者の労働条件の改善要求が正社員に跳ね返ってくる可能性がありますので（例えば、正社員の賞与の引下げ）、一律に、社内労働組合が無期転換労働者を取り込むとまでは言い切れません。

⑥　雇用調整が難しくなること

　裁判所も、雇用調整の必要が生じた場合、有期契約労働者から先に雇用調整の対象とすることを認めていました。最高裁判所は、日立メディコ事件（最判昭61・12・4判時1221・134）において、「独立採算制がとられている被上告人の柏工場において、事業上やむを得ない理由により人員削減をする必要があり、その余剰人員を他の事業部門へ配置転換する余地もなく、臨時員全員の雇止めが必要であると判断される場合には、これに先立ち、期間の定めなく雇用されている従業員につき希望退職者募集の方法による人員削減を図らなかったとしても、それをもって不当・不合理であるということはできず、右希望退職者の募集に先立ち臨時員の雇止めが行われてもやむを得ないというべきである。」と判断しています。

　そのため、有期契約労働者の多くが、無期転換労働者となった場合に、雇用調整をどのように行うのかという問題が浮上します。

対応するには

　無期転換制度の導入が使用者にどのような影響を及ぼすかについて、ネガティブな点を多く挙げましたが、無期転換制度は好むと好まざるとにかかわらず動き出しています。そうであれば、使用者は、この無期転換制度の導入をこれまでの人材活用の仕方を根本的に改変する機会を与えられたとポジティブに考えるべきでしょう。

　現に、無期転換制度が導入されることが決まった時点では、無期転換申込権の行使を回避するために、雇止めが増加するのではないかが危惧されました。しかし、独立行政法人労働政策研究・研修機構の平成29年の「改正労働契約法とその特例への対応状況等に関するアンケート調査」の結果でも、有期契約の通算期間を5年を超えないように

運用すると答えた企業は1割未満で、多くの企業は無期契約への転換を受け入れていました。

　ただ、令和2年の厚生労働省の「令和2年有期労働契約に関する実態調査（事業所調査）」では、「無期転換を申込む権利を行使した人」の割合は27.8％、無期転換も申込む権利を行使せず「継続して雇用されている人」の割合は65.5％という結果でした。

　そして、令和3年の厚生労働省の「令和3年有期労働契約に関する実態調査（個人調査）」では、有期契約労働者が無期転換を希望する理由（3つ選択可）としては、「雇用不安がなくなるから」（81.2％）が最も高く、次いで「長期的なキャリア形成の見通しや、将来的な生活設計が立てやすくなるから」（55.6％）、「その後の賃金・労働条件の改善が期待できるから」（35.0％）が挙げられています。しかし、その調査結果では、無期転換制度に関する知識が有期契約労働者に浸透していないことも顕著になっていました。

第3　令和6年4月1日からの労働条件明示のルール変更

【7】 有期契約労働者に新しく追加された明示事項

有期契約労働者についても、令和6年4月1日から、労働契約の締結・更新のタイミングでの労働条件明示事項が追加されたと聞きました。その内容を教えてください。

令和5年3月30日に、1）労働基準法施行規則、2）労働時間等の設定の改善に関する特別措置法施行規則、3）雇止め告示、4）労働基準法第38条の4第1項の規定により同項第1号の業務に従事する労働者の適正な労働条件の確保を図るための指針及び、5）労働基準法施行規則第24条の2の2第2項第6号の規定に基づき厚生労働大臣の指定する業務がそれぞれ改正され、令和6年4月1日から施行されました。

有期契約労働者に新しく追加された明示事項は、次のとおりです。

明示のタイミング	新しく追加された明示事項
全ての労働契約の締結時と有期労働契約の更新時	①　就業場所・業務の変更の範囲
有期労働契約の締結時と更新時	②　更新上限（通算契約期間又は更新回数の上限）の有無と内容

	併せて、最初の労働契約の締結により後に更新上限を新設・短縮する場合は、その理由を労働者にあらかじめ説明することが必要になりました（雇止め告示）。
無期転換ルールに基づく無期転換申込権が発生する契約の更新時	③　無期転換申込機会 ④　無期転換後の労働条件
	併せて、無期転換後の労働条件を決定するに当たって、就業の実態に応じて、正社員等とのバランスを考慮した事項について、有期契約労働者に説明するように努めなければならないこととなりました（雇止め告示）。

（厚生労働省「2024年4月から労働条件明示のルールが変わります」を参考に加筆修正、 解　説 の2も同じ）

解　説

1　労働条件明示のルール変更に至る経緯

　平成24年の労働契約法改正によって導入された無期転換制度は、施行後8年を経た段階で検討することになっていました。また、令和元年6月の規制改革実施計画では、多様な正社員についての雇用ルールの明確化を検討することになりました。

　その結果、1）無期転換ルールの見直しと、2）労働契約関係の明確化が、令和3年3月以降、「多様化する労働契約のルールに関する検討会」において検討され（報告書の取りまとめは令和4年3月）、その

後、労働政策審議会労働条件分科会で議論が重ねられました。最終的に同分科会の報告書「今後の労働契約法制及び労働時間法制の在り方について（報告）」が令和4年12月27日に取りまとめられています。その要点は、次のとおりです。
　（1）　無期転換ルール
・制度の活用状況を踏まえると、無期転換ルールの導入目的である有期契約労働者の雇用の安定に一定の効果が見られるものの、制度が適切に活用されるよう必要な取組みを更に進めることが適当である。
　（2）　無期転換を希望する労働者の転換申込機会の確保
・無期転換ルールに関する労使の認知状況を踏まえ、無期転換ルールの趣旨や内容、活用事例について、一層の周知徹底に取り組むことが適当である。
・無期転換申込権が発生する契約更新時に、無期転換申込機会と無期転換後の労働条件について、労働基準法の労働条件明示の明示事項に追加することが適当である。
・この場合において、労働基準法の労働条件明示において書面で明示することとされているものは、無期転換後の労働条件明示に当たっても書面事項とすることが適当である。
　（3）　無期転換前の雇止め等
・無期転換前の雇止めや無期転換申込みを行ったこと等を理由とする不利益取扱い等について、法令や裁判例に基づく考え方を整理し、周知するとともに、個別紛争解決制度による助言・指導にも活用していくことが適当である。
・紛争の未然防止や解決促進のため、更新上限の有無及びその内容について、労働基準法の労働条件明示事項に追加するとともに、労働基準法14条に基づく告示において、最初の契約締結より後に、更新

上限を新たに設ける場合又は更新上限を短縮する場合には、その理由を労働者に事前説明するものとすることが適当である。
（４）　クーリング期間
・クーリング期間に関して、法の趣旨に照らして望ましいとは言えない事例等について、一層の周知徹底に取り組むことが適当である。
（５）　無期転換後の労働条件
・無期転換後の労働条件について、有期労働契約時と異なる定めを行う場合を含め、法令や裁判例に基づく考え方、留意点等を整理し、周知に取り組むことが適当である。
・無期転換後の労働条件について、労働契約法３条２項を踏まえた均衡考慮が求められる旨を周知するとともに、無期転換申込権が発生する契約更新時の無期転換後の労働条件等の明示の際に、当該労働条件を決定するに当たって、労働契約法３条２項の趣旨を踏まえて均衡を考慮した事項について、使用者が労働者に対して説明に努めることとすることが適当である。
・正社員への転換をはじめとするキャリアアップの支援に一層取り組むことが適当である。
　省令の改正は、上記検討結果を反映するものといえます。
　なお、追加前の明示事項は次のとおりでした。
　Ⅰ　労働基準法15条の労働条件明示

必ず明示すべき事項	定めがある場合は明示すべき事項
１）労働契約の期間	１）退職手当
２）期間の定めがある契約を更新する場合の基準	２）賞与

3）就業場所、従事する業務	3）食費・作業用品の負担
4）始業・終業時刻、休憩、休日	4）安全衛生
5）賃金の決定、計算、支払方法、締め日、支払時期、昇給に関する事項	5）職業訓練
6）退職に関する事項（解雇事由を含む）	6）災害補償、傷病扶助
	7）表彰、制裁
	8）休職

Ⅱ　パートタイム・有期雇用労働法6条の労働条件明示

次の4つの事項です。

1)「昇給の有無」

2)「退職手当の有無」

3)「賞与の有無」

4)「短時間・有期雇用労働者の雇用管理の改善等に関する事項に係る相談窓口」

2　新しく追加された明示事項

（1）　全ての労働者（有期契約労働者も含む。）に対する明示事項

①　就業場所・業務の変更の範囲の明示（労基則5条の改正）

全ての労働契約の締結と有期労働契約の更新のタイミング

ごとに、「雇い入れ直後」の就業場所・業務の内容に加え、これらの「変更の範囲」についても明示が必要になりました。
(2) 有期契約労働者に対する明示事項等
 ②－1 更新上限の明示（労基則5条の改正）
   有期労働契約の締結と契約更新のタイミングごとに、更新上限（有期労働契約の通算契約期間又は更新回数の上限）の有無と内容の明示が必要になりました。
 ②－2 更新上限を新設・短縮する場合の説明（雇止め告示の改正）
   下記の場合は、更新上限を新たに設ける、又は短縮する理由を有期契約労働者にあらかじめ（更新上限の新設・短縮をする前のタイミングで）説明することが必要になりました。
  ⅰ 最初の契約締結より後に更新上限を新たに設ける場合
  ⅱ 最初の契約締結の際に設けていた更新上限を短縮する場合
③ 無期転換申込機会の明示（労基則5条の改正）
 「無期転換申込権」が発生する更新のタイミングごとに、無期転換を申し込むことができる旨（無期転換申込機会）の明示が必要になりました。
 ④－1 無期転換後の労働条件の明示（労基則5条の改正）
   「無期転換申込権」が発生する更新のタイミングごとに、無期転換後の労働条件の明示が必要になりました。
 ④－2 均衡を考慮した事項の説明（雇止め告示の改正）
   「無期転換申込権」が発生する更新のタイミングごと

に、無期転換後の賃金等の労働条件を決定するに当たって、他の通常の労働者（正社員等のいわゆる正規型の労働者及び無期雇用フルタイム労働者）とのバランスを考慮した事項（例：業務の内容、責任の程度、異動の有無・範囲など）について、有期契約労働者に説明するよう努めなければならないことになりました。

アドバイス

　上記の①〜④の労働条件明示義務違反は、30万円以下の罰金の対象となっています（労基120一）。注意が必要です。

【8】 追加された明示事項①「就業場所・業務の変更の範囲」とは

　令和6年4月1日から①「就業場所・業務の変更の範囲」が労働条件の明示事項として、追加されたと聞きました。明示事項として、従前と何が変わったと理解すればよいのでしょうか。

　「就業の場所及び従事すべき業務」(「就業場所・業務」)とは、労働者が通常就業することが想定されている就業の場所及び労働者が通常従事することが想定されている業務をいいます。配置転換及び在籍型出向が命じられた場合の当該配置転換及び在籍型出向先の場所及び業務が含まれますが、臨時的な他部門への応援業務や出張、研修等、就業の場所及び従事すべき業務が一時的に変更される場合の当該一時的な変更先の場所及び業務は含まれないものとされています。次に、「変更の範囲」とは、今後の見込みも含め、当該労働契約の期間中における就業の場所及び従事すべき業務の変更の範囲をいうものです(以上については令5・10・12基発1012第2　第1　1(1)イ)。

　ところで、改正前の労働基準法施行規則5条1項1号の3においても、明示すべき事項として「就業の場所及び従事すべき業務に関する事項」が挙げられていましたが、改正後に追加された「(就業の場所及び従事すべき業務の変更の範囲を含む。)」がありませんでした。

　そのため、改正前には雇入れ直後の就業の場所及び従事すべき業務を明示すれば足りるとされ、将来変更があり得る就業場所・業務についての明示までは求められていませんでした。

解　説

1　追加された理由

　①の明示事項が追加されたのは、有期契約労働者だけでなく、正社員を含む全ての労働者に対してです。

　この点、令和4年3月の多様化する労働契約のルールに関する検討会の報告書では、その理由が次のように説明されています。

　「近年、労働契約の多様化・個別化が進展し、また、国民の権利意識が高まっていく中で、事前に労働者と使用者の権利義務関係を明確化することにより、労使が予見可能性を持って納得した上で行動できるようにするという観点や紛争の未然防止を図るという観点が一層重要となってきている。

　労使の予見可能性の向上と紛争の未然防止、労働者の権利意識の向上のほか、労使双方にとって望ましい形で、個々人のニーズに応じた多様な正社員の普及・促進を図る観点から、労働基準法15条1項による労働条件明示事項として、就業の場所・従事すべき業務の変更の範囲を追加することが適当と考えられる。

　これは、就業の場所・従事すべき業務の変更の範囲については、将来にわたり個々人の状況を踏まえた働き方やワーク・ライフ・バランス、キャリア形成を左右しうるものであり、上記の観点から、その契約内容の設定と明確化が特に重要となるためである。」

2　明示方法

　有期契約労働者についていえば、新規に労働契約を締結する場合及び更新する都度、明示する必要があります。有期労働契約書の締結と同時に行うことになるでしょう。

　その場合の明示方法は、普通は労働条件通知書に記載して、当該有期労働者に手交する方法です。ただ、労働基準法施行規則5条4項によれば、労働基準法15条1項後段の「厚生労働省令で定める」明示方

法は「書面の交付」であるが、当該労働者が希望した場合、書面の交付でなく、ファクシミリや電子メールでも構わないものとされています。

　電子メール等による場合には、事業主が当該労働者に対して確実に明示すると共に、その明示された事項を当該労働者がいつでも確認することができるように、電子メール等の記録を出力することによって書面を作成できる場合に限られます（労基5④二）。これが可能であれば、パソコンへのメール送信だけでなく、メール機能を有する携帯電話等への送信でも構いません。なお、これらの方法による場合を当該労働者が希望した場合に限定したのは、これらの方法が文書の交付に比べて簡便な側面がある一方、誤送信等のリスクも高く、労働条件が不明確なことによる紛争を未然に防止するという労働条件の明示の趣旨に反する可能性があるからです。

　もっとも、これらの方法によって明示を行う場合には、後に、当該労働者との間で明示がなされたかどうか争いが起こることを避けるため、後日、当該労働者に受信したかどうか確認したり、電子メール等を返信させるといった措置をとっておくのが望ましいでしょう。

3　明示の内容

　厚生労働省のパンフレットである「2024年4月からの労働条件明示のルール変更　備えは大丈夫ですか？」には、
- ・就業場所・業務に限定がない場合
- ・就業場所・業務の一部に限定がある場合
- ・完全に限定（就業場所や業務の変更が想定されない場合）
- ・一時的に限定がある場合（一時的に異動や業務が限定される場合）

に分けて、実際の記載例が掲載されています。

　そして、注として、
　ⅰ　「あらかじめ就業規則でテレワークについて規定されているな

ど、テレワークを行うことが通常想定されている場合は、就業場所としてテレワークを行う場所が含まれるように明示してください。」

　　具体例としては、「『テレワーク就業規則』第5条に規定する在宅勤務の就業場所」などが挙げられます。

　　なお、逆に労働者がテレワークを行うことが通常想定されていない場合には、一時的にテレワークを行う場所はこれに含まれないものであるとの通達があります（令5・10・12基発1012第2　第1　1（1）イ）。

ⅱ　「いわゆる在籍出向を命じることがある場合であって、出向先での就業場所や業務が出向元の会社での限定の範囲を超える場合には、その旨を明示するようにしてください。」

との記載が置かれています。

そして、具体的記載例としては、

・限定がない場合

　　就業場所につき、

| （雇入れ直後）福岡事務所及び労働者の自宅 | （変更の範囲）会社の定める場所（テレワークを行う場所を含む） |

　　従事すべき業務につき、

| （雇入れ直後）原料の調達に関する業務 | （変更の範囲）会社の定める業務 |

・就業場所・業務の一部に限定がある場合

　　就業場所につき、

| （雇入れ直後）豊橋 | （変更の範囲）愛知県内 |

従事すべき業務につき、

| （雇入れ直後）運送 | （変更の範囲）運送及び運行管理 |

・完全に限定がある場合

就業場所につき、

| （雇入れ直後）金沢駅西通り店 | （変更の範囲）変更なし |

従事すべき業務につき、

| （雇入れ直後）ピッキング、商品補充 | （変更の範囲）雇入れ直後の従事すべき業務と同じ |

等があります。

　各企業の実態に応じて、厚生労働省のパンフレットを参考にしながら、修正をすればよいでしょう。

　テレワークが予定されている場合、「愛知県内の事務所及び愛知県内で会社が許可する場所」といった書き方もあると思います。

アドバイス

　変更の範囲の明示は、あくまで「当該労働契約の期間中」における変更の範囲で足ります。

　そのため、契約が更新された場合に、その更新後の契約期間中に命じる可能性がある就業場所・業務については、改正労働基準法施行規則で明示が求められていません（Q&A2－1）。

　契約期間が短い場合、（変更の範囲）の明示内容としては「変更なし」で足りる場合が多いと思われます。

【9】 追加された明示事項等②「更新上限の明示・更新上限を新設・短縮する場合の説明」とは

令和6年4月1日から使用者には、②「更新上限」が労働条件の明示事項として追加され、また、②「更新上限を新設・短縮する場合の説明」義務も課されたと聞きました。については、そのような義務が課された理由と、使用者としては、具体的にどのようなことをすればよいかを教えてください。

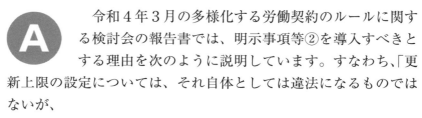
令和4年3月の多様化する労働契約のルールに関する検討会の報告書では、明示事項等②を導入すべきとする理由を次のように説明しています。すなわち、「更新上限の設定については、それ自体としては違法になるものではないが、
- 上限の有無が不明確な場合には、労働者が契約更新や無期転換の期待を抱く可能性があり、労使の認識の相違からトラブルが生じやすく、
- 最初の契約締結より後に更新上限を新たに設定する場合には、その時点で更新の期待を有する労働者に不利益をもたらすことから紛争の原因となりやすい。」

というのが、その理由です。
　次に、使用者として、具体的にどのようなことをすればよいかですが、
- 労働基準法15条1項前段の規定に基づいて明示しなければならない労働条件に、労働契約法18条1項に規定する通算契約期間又は期間の定めのある労働契約の更新回数の上限を追加すること

・有期労働契約の締結後、当該有期労働契約の変更又は更新に際して、通算契約期間又は有期労働契約の更新回数について、上限を定め、又はこれを引き下げようとするときは、あらかじめ、その理由を説明すること

が使用者の義務として課されました。

解説

1　実際に更新上限規制（条項）が行われている状況

　独立行政法人労働政策研究・研修機構の令和2年5月の「無期転換ルールへの対応状況等に関する調査」結果によると、「フルタイム有期契約労働者」を雇用して企業等を100として、契約の更新回数や通算の勤続年数に上限を「設けている」割合は11.9％で、その設定方法としては「通算の勤続年数で」設定している場合が6.9％に対し、「契約の更新回数で」設定している場合が3.9％でした。同様に、「パートタイムの有期契約労働者」を雇用している企業等を100とすると、契約の更新回数や通算の勤続年数に上限を「設けている」割合は8.5％で、その設定方法としては、「通算の勤続年数で」設定している割合が4.5％に対し、「契約の更新回数で」設定が2.7％でした。

2　明示事項等②が追加された理由

　この点については、Aで説明したとおりですが、その多様化する労働契約のルールに関する検討会の報告書では、「引き下げ」の場合には触れられておらず、また、「労働者からの求めに応じて」説明するという報告内容となっていました。

　これに対して、雇止め告示では、有期労働契約の締結後、当該有期労働契約の変更又は更新に際してという限定付きですが、新たに設定

する場合だけなく、短縮する場合も含められ、また、「労働者からの求め」がなくても、あらかじめ説明しなければならないとされました。

3 「更新上限」が労働条件の明示事項として追加された場合の対応

　厚生労働省のモデル労働条件通知書に、「契約期間」の項目において「期間の定めあり」とした場合の記入事項として、「3　更新上限の有無」が下記のとおり追加されました。

3　更新上限の有無（無・有（更新　回まで／通算契約期間　年まで））

　注意すべきは、更新の都度、労働条件通知書の交付等が必要だという点です。そうしますと、誤解を生じさせないため、「初回契約時から通算契約期間5年、残りの通算契約期間2年」といったように記入した方がよいでしょう。

　ともかく、その記入事項に即して記入していけばよいのです。

4 有期労働契約の締結後、当該有期労働契約の変更又は更新に際して、通算契約期間又は有期労働契約の更新回数について、上限を定め、又はこれを引き下げようとする場合の対応

　上記の場合に、「あらかじめ、その理由を労働者に説明しなければならない。」との使用者の説明義務が、雇止め告示1条に追加されました。この点については、

　「（2）『理由』とは、例えば、『プロジェクトが終了することになったため』、『事業を縮小することになったため』等が考えられるものであること。

　（3）『説明』とは、労働者が内容を理解することができるよう、文書を交付し、個々の有期契約労働者ごとに面談等により説明を行うこ

とが基本であるが、説明の方法は、特定の方法に限られるものではなく、説明すべき事項を全て記載した労働者が容易に理解できる内容の資料を用いる場合には、当該資料を交付して行う等の方法でも差し支えないものであること。また、説明会等において複数の有期契約労働者に同時に行う等の方法によっても差し支えないこと。」
とされています（令5・10・12基発1012第2　第2　1）。

　新規の有期労働契約の締結時のように、契約の「変更」又は「更新」に当たらない場合には、あらかじめ理由を説明する必要はありません。しかし、不更新の予告後（又は雇止めをした後に）、雇止めの理由についての説明書の交付を請求された場合には、使用者はこれに応じなければなりません（雇止め告示3）。

【10】 追加された明示事項③「無期転換申込機会」及び④「無期転換後の労働条件」とは

令和6年4月1日から③「無期転換申込機会」及び④「無期転換後の労働条件」が労働条件の明示事項として見直されたと聞きましたが、どのような内容でしょうか。

労働基準法15条1項後段の「賃金及び労働時間に関する事項その他の厚生労働省令で定める事項」を受けて、明示する労働条件等を定める労働基準法施行規則5条が改正され、5項及び6項が追加されました。同条5項では、「無期転換申込みに関する事項」と「無期転換後の労働条件」とが明示事項とされ、同条6項はその2つの事項を同条4項に定める方法（書面の交付等）で明示しなければならないと定めました。

その場合、「無期転換申込みに関する事項」とは、労働契約法18条に規定する無期転換ルールに基づき、当該有期労働契約の契約期間の初日から満了する日までの間に有期契約労働者が無期労働契約への転換を申し込むことができる権利（以下「無期転換申込権」といいます。）を有することをいうものとされています（令5・10・12基発1012第2　第1　1（1）ウ）。つまり、無期転換申込機会の明示とは、無期転換を申し込むことができる（無期転換申込権を行使することができる）旨の明示ということです。

また、労働基準法及び労働基準法施行規則に基づき、書面の交付等での明示が求められる「無期転換後の労働条件」の具体的内容は、1）労働契約の期間、2）就業場所、従事する業務（変更

の範囲を含む)、3）始業・終業時刻、休憩、休日、4）賃金の決定、計算、支払方法、締め日、支払時期（昇給に関する事項を除く）、5）退職に関する事項（解雇事由を含む）です（労基則5⑥）。

> [!NOTE] 解　説

1　実際の無期転換ルールへの対応状況と明示事項③及び④が追加された理由

　令和3年の厚生労働省の「有期労働契約に関する実態調査（個人調査）」などに基づき、令和4年3月の多様化する労働契約のルールに関する検討会の報告書では、上記対応状況について次のように報告されています。

　「有期契約労働者のうち、無期転換ルールに関して内容について知っていることがある者は約4割にとどまる……。また、自らの無期転換申込権が発生しているかどうかが分からない労働者も多く見られる。……無期転換申込権が発生してもそれを行使しない労働者の割合が高い要因の一つには、こうした無期転換ルールの認知度の低さがあると考えらえる。」と。

　ちなみに、企業に対する調査では、無期転換ルールに関して何らかの形で知っている企業は約8割となっていますが、企業規模が小さくなるほど、知らない企業の割合が高くなっています（令和4年の独立行政法人労働政策研究・研修機構の「多様化する労働契約の在り方に関する調査」）。

　要するに、無期転換申込権を有するにもかかわらず、これを行使しない有期契約労働者が6割以上もいる点について、労働者の無期転換申込機会の確保を促進するとともに、企業に無期転換ルールに対応した人事制度設計を促進するためには、「雇用の安定を図る」という無期転換ルールの趣旨や内容の理解を労使、特に有期契約労働者に知らし

めることが不可欠であるという反省が生まれました。これが、明示事項③及び④が追加された理由です。

　有期契約労働者が、自分は無期転換申込権を有していること、加えて無期労働契約となった場合の自分の労働条件はどうなるのかを知ってはじめて、無期転換申込権の行使をするか否かを正しく判断できると考えられたということです。

2　明示方法と明示のタイミング

　明示事項③及び④とも、明示方法は、労働基準法15条1項及び労働基準法施行規則5条4項に基づき、書面交付を原則とし、当該有期契約労働者が希望した場合、書面交付でなく、ファクシミリや電子メールでも構わないとされています。

　また、「無期転換申込機会」及び「無期転換後の労働条件」を書面交付等で明示しなければならないのは、無期転換申込みをすることができることとなる有期労働契約の締結の場合とされています（労基則5⑥）。つまり、無期転換申込権が発生する契約更新のタイミングごとに、その2つの明示事項を毎回明示しなければならないということです。注意を要します。

　労働基準法施行規則上は、「無期転換申込みをすることができることとなる有期労働契約の締結の場合」となっていますので、例えば1年の契約期間が更新されるケースの場合、通算契約期間6年目となる有期労働契約の締結の場合に初めて明示すれば足ります。

3　「無期転換申込機会」が労働条件の明示事項として追加された場合の対応

　明示事項③の「無期転換申込機会」の内容は、Aに記載したとおりですが、これが明示事項とされることによって、自分が無期転換申込

権を有していることを知らない有期契約労働者に対し、使用者は積極的に当該有期契約労働者が無期転換申込権を有することを知らしめなければならないことになりました。有期契約労働者が無期転換申込権を有することを知らないのをいいことに、使用者としてだんまりを決め込むことができなくなったということです。

　ところで、明示の具体的内容ですが、厚生労働省のモデル労働条件通知書に「契約期間」の項目の記入事項の例として、「【労働契約法に定める同一の企業との間での通算契約期間が5年を超える有期労働契約の締結の場合】本契約期間中に会社に対して期間の定めのない労働契約（無期労働契約）の締結の申込みをすることにより、本契約期間の末日の翌日（令和〇年〇月〇日）から、無期労働契約での雇用に転換することができる。この場合の本契約からの労働条件の変更の有無（無・有（別紙のとおり））」が挙げられていますので、これにならって記載していけばよいでしょう。

4　「無期転換後の労働条件」が明示事項として追加された場合の対応

　（1）　明示事項④の「無期転換後の労働条件」の具体的内容は、Aに記載したとおりです。有期契約労働者当時とは異なった待遇とするために「別段の定め」を設ける場合は、原則としてその内容を具体的に示す必要があります。しかし、明示が要求される時点において、具体的な特定が困難である場合も考えられるところ、そのような場合には、ある程度、包括的に示すことも許されると考えられています。しかし、その場合であっても、無期転換申込権行使の判断に資するよう、できる限り具体的に明示することは必要でしょう。

　（2）　ところで、無期転換後の労働条件の明示は、労働基準法施行規則5条5項の規定に基づき明示すべき事項について、事項ごとにそ

の内容を明示する方法のほか、同条1項の規定に基づき明示すべき有期労働契約の労働条件からの変更の有無及び変更がある場合はその内容を明示する方法で行うことも差し支えないとされています（令5・10・12基発1012第2　第1　1（1）ウ）。

　この点、「無期転換後の労働条件は有期労働契約の労働条件から変更がない」旨を書面で明示した場合、原則として、有期労働契約の労働条件として書面で明示している事項に関して、無期転換後も当該条件と変更がない旨を明示したものと解されます。その結果、口頭で明示する事項に変更があった場合には、変更の内容を口頭で明示して済ませることも可能です（Q&A4-3）。

（3）　無期転換申込権の行使によって成立する無期労働契約の労働条件の明示は、無期転換申込権が生じる有期労働契約の更新時及び労働者による無期転換申込権の行使による無期労働契約の成立時にそれぞれ行うことが必要です。ただし、無期転換申込権が生じる有期労働契約の更新時に、無期転換後の労働条件の明示を、労働基準法施行規則5条5項の規定に基づき明示すべき事項について事項ごとにその内容を示す方法で行った場合であって、当該明示した無期転換後の労働条件と無期転換申込権の行使によって成立する無期労働契約の労働条件のうち同条1項の規定に基づき明示すべき事項が全て同じである場合には、使用者は、無期労働契約の成立時にその旨を書面の交付等の方法により明示することとしても差し支えないとされています（令5・10・12基発1012第2　第1　1（1）ウ）。

　つまり、無期転換後の労働条件については、無期労働契約の成立時に必要な労働基準法15条1項に基づく明示を「無期転換後の労働条件として〇年〇月〇日に示したものと同じ」旨の書面の交付等の方法により明示することができるということです。しかし、注意を要するのは、「変更がない旨の明示」は、労働基準法施行規則5条1項に基づく

明示事項の全てに変更がない場合であって、書面で明示した事項には変更がないが、口頭で明示した事項に変更があるような場合には使えないとされている点です（Q＆A4－4、5参照）。この点で、(2)の場合との間に違いがあります。

　なお、無期転換申込権を行使しない旨を表明していた有期契約労働者に対しても、「無期転換申込機会」及び「無期転換後の労働条件」は明示しなければなりません（Q＆A4－1）。

アドバイス

　有期契約労働者に対する書面による明示事項としては、追加明示事項③及び④のほか、㋑労働契約の期間、㋺有期労働契約の更新の基準（更新上限の有無と内容を含みます。）、㋩就業の場所、従事する業務の内容（変更の範囲を含みます。）、㋥労働時間に関する具体的な条件、㋭賃金の決定、計算・支払の方法、賃金の締切りと支払の時期に関する事項、㋬退職に関する事項がありますが（労基則5①）、それ以外に、パートタイム・有期雇用労働法6条1項で㋣昇給の有無、㋠退職手当の有無、㋷賞与の有無、㋧パートタイム・有期雇用労働者の雇用管理の改善等に関する事項に係る相談窓口が挙げられていることは忘れてはならない点です。

　ところで、労働基準法15条1項は、使用者に対し、労働契約の締結に際し、所定の労働条件を明示することを求め、パートタイム・有期雇用労働法6条1項は、労働者を雇い入れたときに、労働基準法が明示を求める労働条件以外の特定の労働条件の明示を求めています。このように、2つの法律の求める明示の履行時期に違いがありますが、実務的には、労働基準法15条1項に基づく明示の履行の際に、文書の交付による明示を求められている事項を全てまとめて書面にし、これを交付するのが簡便です。

【11】 無期転換後の均衡を考慮した事項の説明とは

雇止め告示が改正され、「使用者は、労働基準法15条１項の規定により、労働者に対して無期転換後の労働条件を明示する場合においては、当該労働条件に関する定めをするに当たって労働契約法３条２項の規定の趣旨を踏まえて就業の実態に応じて均衡を考慮した事項について、当該労働者に説明するよう努めなければならない。」旨の規定が設けられたと聞きました。そもそも、無期転換申込権が発生する契約更新のタイミングごとに、無期転換後の労働条件を明示するだけでも大変ですのに、雇止め告示の求める均衡を考慮した事項の説明に努めるとは具体的に使用者に何をせよということでしょうか。

ご質問にある使用者の説明の努力義務は、雇止め告示５条に定められています。同条は、無期転換申込権が発生する契約更新のタイミングごとに、対象となる労働者に無期転換後の労働条件に関する定めに当たって、労働契約法３条２項の規定の趣旨を踏まえ、就業の実態に応じ、他の通常の労働者（正社員等のいわゆる正規型の労働者及び無期雇用フルタイム労働者）との均衡を考慮した事項（例：業務の内容、責任の程度、異動の有無・範囲など）について説明するよう努めることを使用者に求める規定です。

解　説

1　均衡を考慮した事項の説明

　雇止め告示５条にいう「就業の実態に応じて均衡を考慮した事項」

とは、Aに記載したように、例えば、業務の内容、責任の程度、異動の有無・範囲等が考えられるとされています（令5・10・12基発1012第2第2　2(3)）。

　また、同条にいう「説明」とは、労働者が内容を理解することができるよう、文書を交付し、個々の有期契約労働者ごとに面談等により説明を行うことが基本ですが、説明の方法は、特定の方法に限られるものではなく、説明すべき事項を全て記載した労働者が容易に理解できる内容の資料を用いる場合には、当該資料を交付して行う等の方法でも差し支えなく、また、説明会等において複数の有期契約労働者に同時に行う等の方法によっても差し支えないとされています（令5・10・12基発1012第2号　第2　2(2)）。

　そして、厚生労働省のパンフレットには次のような説明例が挙げられているので、参考になります（厚生労働省「2024年4月からの労働条件明示のルール変更　備えは大丈夫ですか？」）。

　「対象となる労働者への説明例
　〇どんなことを考慮するのか
　　比較対象：他の通常の労働者（正社員等のいわゆる正規型の労働
　　　　　　　者及び無期雇用フルタイム労働者）の処遇
　　考慮する事項：業務の内容、当該業務に伴う責任の程度、異動の
　　　　　　　　有無・範囲、その他考慮した事項
　　▶具体的な説明例（正社員用と、無期転換後用の賃金テーブルの
　　　双方を提示しつつ）
　　　Aさんは無期転換後も以前と変わらず、レジや接客が主な業務で、店舗の運営に責任を負いません。一方、正社員の人は、レジや接客、発注に加え、店舗運営に責任があり、クレーム処理などの業務も行います。こうした【業務の内容と責任の程度】の違いを考慮し、Aさんの給与水準を定めています。

○労働者の理解を深めるために

　上記の方法のほか、個々の待遇ごとに違いの有無とその内容及び理由を説明することは、無期転換後の労働条件に対する理解を深めることになります。

▶具体的な説明例

　（上記「具体的な説明例」に加えて）Ａさんの無期転換後の賞与額は、正社員の人と異なっています。賞与制度が、功労報償、正社員の職務を遂行しうる人材確保を図る目的のためにあるからです。」

　しかし、同条に基づく説明は、あくまで努力義務であり、かつ、説明の内容は、他の通常の労働者との均衡を考慮した事項にとどまります。個別の待遇について、他の通常の労働者との待遇の相違の内容及び理由を説明することまで求められているものではありません。しかし、パートタイム・有期雇用労働法14条２項に基づく説明と同様に、通常の労働者との待遇の相違の内容及び理由の説明を行うことは、無期転換後の労働条件に対する理解に資するものであるとされています（令５・10・12基発1012第２　第２　２（４））。

2　待遇の均衡

　労働契約法３条２項が規定する「労働契約は、労働者及び使用者が、就業の実態に応じて、均衡を考慮しつつ締結し、又は変更すべきものとする。」との考え方は、努力義務ですが、全ての労働契約に適用されるものです。

　そして、無期転換したパートタイム労働者（いわゆる無期雇用のパートタイム労働者）については、引き続きパートタイム・有期雇用労働法の対象になることにも留意しなければなりません。つまり、短時間正社員については、待遇が正社員としての実態を伴っていない場合

には、パートタイム・有期雇用労働法の適用があり、均衡・均等待遇が求められるということになります。そうしますと、同法に基づきパートタイム・有期契約労働者の待遇の見直しが行われる際には、均衡の観点から、フルタイムの無期転換者についても、労働契約法3条2項も踏まえて待遇の見直しをすることは検討すべきでしょう。

では、無期転換フルタイム労働者には、パートタイム・有期雇用労働法の適用がないから、使用者は、無期転換フルタイム労働者の労働条件を完全に自由に制度設計してよいかが問題となります。雇止め告示5条は、使用者に通常の労働者の労働条件との違いについて、使用者に、均衡を考慮した事項の説明の努力義務を課すことによって、使用者に無期転換フルタイム労働者の労働条件が通常の労働者の労働条件と均衡を保つ制度設計を行うことを期待した規定と理解することができます。

ちなみに、裁判所が、労働契約法18条1項に定める「別段の定め」が同法7条の合理性要件を満たすためには、一般に、新たに就業規則を作成する場合に比べ、他の通常の労働者の労働条件との「均衡」を考慮要素として重視していることについては、【Q44】を参照してください。このように、裁判所は、既に無期転換労働者の均衡待遇を就業規則の合理性問題として取り扱っていることは看過できない点です。

アドバイス

　有期契約労働者の労働管理に当たっては、雇止めの予告を求める雇止め告示2条、雇止め理由の明示を求める同3条も忘れてはならない点です。

　同2条は、「3回以上更新又は通算1年超」の有期契約労働者に対しては、契約更新しないこととする場合には、少なくとも30日前の雇止め予告を行うことを求めています。

雇止め通知が、30日前を切っている場合には、告示違反であることが雇止めの社会的相当性に影響する可能性があります。そのような場合、雇止めは解雇ではありませんが、足りない日数分の解雇予告手当に相当する金額を支払うことも対応策としては考えられます。
　次に雇止め告示3条は、
　「前条の場合において、使用者は、労働者が更新しないこととする理由について証明書を請求したときは、遅滞なくこれを交付しなければならない。
　2　有期労働契約が更新されなかった場合において、使用者は、労働者が更新しなかった理由について証明書を請求したときは、遅滞なくこれを交付しなければならない。」
と定めています。
　1項も2項も、「3回以上更新又は通算1年超」の有期契約労働者を対象とする雇止め予告を前提する規定です。
　なお、「更新しないこととする理由」及び「更新しなかった理由」は、契約期間の満了とは別の理由を明示することを要するとされています。

Ⅰ　無期転換申込権の行使

第1章　無期転換申込権の行使要件

第1　行使要件「『同一の使用者』との間で締結された」

【12】　有期契約労働者がかつて同じ法人で働いていたことを秘匿していた場合、無期転換申込権を行使できるか

当社では、有期契約労働者が無期転換申込権を行使して無期転換労働者となるのをできるだけ絞ろうと考えています。そのため有期契約労働者を採用するに当たっては、従前、どこで働いていたかについても、詳しく尋ねるようにしています。

ところが、今回、直近で、当社青森営業所においてアルバイトとして働いていた者をそれと気付かずに、東京本社において有期の契約社員として採用してしまいました。このように、面接で当社青森営業所において働いていたことを秘匿していた者も、無期転換申込権を行使できるのでしょうか。

使用者において、有期契約労働者が過去に他の営業所で勤務したことを認識していなくとも、無期転換申込権の発生要件を満たすのであれば、有期契約労働者は無期転換を申し込むことが可能です。

もっとも、使用者が採用時に有期契約労働者本人に確認したにもかかわらず、当該有期契約労働者が過去の勤務歴を故意に秘匿していた場合は、無期転換申込権の行使が権利濫用に該当し、無期転換が認められない可能性があります。

解 説

1 無期転換申込権の発生要件

無期転換申込権は、同一の使用者との間で2以上の有期労働契約が締結され、当該有期労働契約期間の通算期間が5年を超えた場合に発生します（労契18①）。

2 同一の使用者

無期転換申込権の発生要件にある「同一の使用者」とは、労働契約を締結する法律上の主体が同一であることをいうものであり、事業場単位ではなく、労働契約締結の法律上の主体が法人であれば法人単位で、個人事業主であれば当該個人事業主単位で判断されるものとされています（平24・8・10基発0810第2　第5　4（2）イ）。

そのため、ご質問のように、同じ法人であれば、雇用先が東京本社であっても、青森営業所であっても、「同一の使用者」に該当します。そして、青森営業所での契約期間満了から原則6か月未満の期間内に東京本社での契約が開始していれば、クーリング、つまり通算契約期間の計算がリセットされることなく、東京本社での契約だけでなく青森営業所での契約も通算されます（労契18②）。

3 有期契約労働者が秘匿していた場合

使用者が、有期契約労働者の他の営業所における勤務歴を把握していなくとも、過去の有期労働契約が無期転換申込権の発生要件を満たすのであれば、通算期間が5年を超えた時点で無期転換申込権が発生することになります。これは、無期転換申込権の発生について、使用者が有期契約労働者の過去の勤務歴を認識していたかどうかは要件とされていないからです。

もっとも、使用者が採用時に有期契約労働者本人に確認したにもかかわらず、有期契約労働者が過去の勤務歴を故意に秘匿していた場合は、有期契約労働者による無期転換申込権の行使が権利濫用（労契3⑤）に当たるとして、無期転換が認められない可能性があります。

対応するには

　使用者としては、予期しない無期転換が発生するのを回避するために、有期契約労働者を採用する際に、有期契約労働者が、過去に他の営業所で有期労働契約を締結したことがないか確認しておく必要があります。その方法としては、社内の人事記録等を確認したり、採用時に本人に確認したりするなどの方法があります。採用時に本人に確認したのであれば、その確認結果を記録として残しておくべきです。

　また、本社において、有期契約労働者ごとに契約の締結更新状況を一括管理できるように、人事管理情報を整備しておくことも重要です。

【13】 同一の使用者とは

当社（A社）では、派遣事業の許可取得も含めて積極的な事業展開を行っています。
そのため、当社には有期契約労働者として以下の者がいます。
① グループ会社B社に出向中の者
② グループ会社C社から転籍させ受け入れた者（転籍前も有期契約労働者）
③ グループ会社D社に派遣中の者
④ 合併や会社分割によって受け入れた者
⑤ 事業譲渡に伴って当社が譲受会社として受け入れた者

そこで、上記①ないし⑤の分類に則して、無期転換申込権の行使要件である「同一の使用者」をどのように考えればよいかを教えてください。

同一の使用者とは、労働契約を締結する法律上の主体が同一であるかどうかによって判断されます。
有期労働契約の通算契約期間の計算において、
① 出向の場合は、出向中であっても、A社が「同一の使用者」として扱われます。
② 転籍の場合は、無期転換は転籍先A社との間でなされますが、転籍元C社との間で有期労働契約が締結されていたとしても、通算契約期間の計算において、C社との契約期間は通算されません。
③ 派遣の場合は、派遣中であっても、労働契約関係にある派遣会社A社が「同一の使用者」として扱われます。派遣先会社D社に直接雇用された場合には、D社が使用者として扱われますが、A社との契約期間は通算されません。

④　合併の場合は、合併前後の会社が「同一の使用者」として、会社分割の場合は、有期労働契約が承継されたときは、分割会社と承継会社が「同一の使用者」として、扱われます。
⑤　事業譲渡の場合は、譲渡人と譲受人は、原則は、「同一の使用者」には当たらないので、契約期間が通算されないものと解されます。

解　説

1　同一の使用者

　無期転換となるのは、「同一の使用者」との間で２以上の有期労働契約が締結され、それらの契約の通算期間が５年を超える場合に、有期契約労働者が無期転換を申し込んだ場合です。

　この「同一の使用者」とは、労働契約を締結する法律上の主体が同一であることをいうものであり、労働契約締結の法律上の主体が法人であれば法人単位で、個人事業主であれば当該個人事業主単位で判断するものとされています（平24・8・10基発0810第2　第5　4（2）イ）。

　ご質問の場合では、グループ会社間で様々な人事異動がなされていますが、原則は、同じグループ会社であっても、法人格が異なる以上、「同一の使用者」には該当しません。そのため、同じグループ会社であっても、別法人との間で締結された有期労働契約である以上、それらの契約期間は通算されません。

2　出向の場合

　出向とは、Ａ社（出向元）の従業員がＡ社と労働契約関係を維持したまま、Ｂ社（出向先）との間における労働契約関係に基づきＢ社に対してその指揮命令に従って労務を提供することをいいます。

出向中であっても、A社との労働契約関係は残っており使用者であることに変わりないため、A社が「同一の使用者」として、A社との有期労働契約が2以上締結されて、その契約の通算期間が5年を超えれば、当該有期契約労働者は、A社に対して無期転換を申し込むことができます。

そのため、ご質問の場合でも、出向中の有期契約労働者が無期転換の要件を満たしてその申込みをしてきた場合は、無期労働契約に転換することになります。

3　転籍の場合

転籍とは、C社（転籍元）の従業員がC社との労働契約関係を終了させ、新たにA社（転籍先）と労働契約関係を成立させて、A社に対して労務を提供することをいいます。

転籍は、上記2の出向と異なり、転籍元であるC社との労働契約関係は消滅しますので、C社との関係では無期転換となりません。他方、A社との関係では、A社との間に有期労働契約が2以上締結されて、その通算期間が5年を超えた場合には、当該有期契約労働者はA社に対して無期転換を申し込むことができます。なお、A社とC社は別法人であり、「同一の使用者」には該当しないので、C社との間で有期労働契約が締結されていたとしても、通算契約期間の計算において、C社との契約期間は通算されません。

4　派遣の場合

労働者派遣とは、「自己の雇用する労働者を、当該雇用関係の下に、かつ、他人の指揮命令を受けて、当該他人のために労働に従事させることをいい、当該他人に対し当該労働者を当該他人に雇用させることを約してするものを含まないものとする」（労働者派遣2一）と定義されています。このように、労働者派遣では、派遣労働者と派遣会社A社

との間には労働契約関係がありますが、当該労働者と派遣先会社D社との間には労働契約関係がありません。

　そのため、派遣中であっても、使用者である派遣会社A社が「同一の使用者」として通算契約期間が計算され、A社との間で無期転換がなされます。もっとも、労働契約申込みなし制度（労働者派遣40の6）等により、労働者が派遣先会社D社に直接雇用された場合には、使用者はD社となるので、D社との間で無期転換がなされます。この場合、通算契約期間の計算においては、D社はA社と別法人であり、「同一の使用者」に該当しないので、A社との契約期間は通算されません。

　なお、直接雇用していた有期契約労働者の使用者を切り替えて派遣社員等の形態で受け入れるような場合について、通達は、使用者が、就業実態が変わらないにもかかわらず、無期転換申込権の発生を免れる意図をもって、派遣形態や請負形態を偽装して、労働契約の当事者を形式的に他の使用者に切り替えた場合は、法を潜脱するものとして、通算契約期間の計算において「同一の使用者」との労働契約が継続していると解されるものであること（平24・8・10基発0810第2　第5　4(2)イ）としていますので注意が必要です。使用者の切替えに関する問題点については、【Q31】をご参照ください。

5　合併・会社分割の場合

（1）　合併の場合

　合併とは、2以上の会社が契約によって1つの会社に合体することをいいます。合併によって、労働契約は包括的に承継されるので、合併前の会社と合併後の会社は「同一の使用者」として、通算契約期間が計算されます。

（2）　会社分割の場合

　会社分割とは、1つの会社を2つ以上の会社に分けることであり、事業に関して有する権利義務の全部又は一部を他の会社に承継させる制度のことです。

会社分割には、事業に関して有する権利義務の全部又は一部について、既存の会社に承継させる吸収分割と新たに会社を設立してその会社に承継させる新設分割があり、吸収分割の場合は吸収分割契約、新設分割の場合は新設分割計画で承継対象とされた労働契約の権利義務が承継会社に包括的に承継されます（会社759・764）。もっとも、労働者に不利益が生じる場合があることを踏まえ、労働契約承継法が労働者保護の観点から特例を定めています。

　会社分割において、有期労働契約が承継された場合における通算契約期間の計算に関しては、労働契約が包括承継されることから、分割会社と承継会社は「同一の使用者」に該当するとして、通算契約期間が計算されます。

6　事業譲渡の場合

　事業譲渡とは、事業の全部又は一部を他に譲渡することをいいます。

　事業譲渡では、譲渡人と譲受人の合意により、承継対象とする権利義務を個別に決めるとともに、労働契約の承継には労働者の同意が必要とされています。

　事業譲渡においては、労働契約が包括承継されるのではなく、また譲渡人からの退職又は解雇と譲受人による採用という手続を踏むことが多く、その場合の通算契約期間の計算に関しては、譲渡人と譲受人はあくまで別の事業主であるため、「同一の使用者」に該当しないとして、契約期間は通算されないものと解されます。しかし、「使用者たる地位の譲渡として有期労働契約がそのまま承継されていれば、実態を重視して労働契約を承継した事業主も『同一の使用者』と解すべきであろう」と指摘されているところです（菅野和夫・山川隆一『労働法』805頁（弘文堂、第13版、2024））。

第2　行使要件「2以上の有期労働契約」

【14】 労働契約の内容が同一でなくとも、「2以上の有期労働契約」が締結されたといえるか

当社には、パートタイマーを経て、契約社員となった有期契約労働者がいます。パートタイマー当時も契約の更新の度に勤務時間や時間給に変動があり、契約社員となると、パートタイマー当時とは異なり、フルタイム勤務となります。また、これに伴って時間給も大分上がっています。

このような場合も、無期転換申込権の発生要件である「2以上の有期労働契約」が存在するといえるのでしょうか。

通算契約期間の対象となる有期労働契約は、その契約内容が同一である必要はありません。異なる内容の労働契約であっても、複数の有期労働契約が締結されていれば、「2以上の有期労働契約」が締結されたものとして、それらの契約期間は通算されます。

解　説

1　無期転換における労働契約の同一性
（1）　無期転換申込権の発生要件

無期転換申込権は、同一の使用者との間で締結された「2以上の有期労働契約」の契約期間を通算した期間が5年を超えた場合に発生します（労契18①）。そして、行政通達は、「2以上の有期労働契約」の通算期間が5年を超える場合とは、更新が1回以上行われ、かつ通算契

約期間が5年を超えている場合としています（平24・8・10基発0810第2第5 4（2）ウ）。

（2） 2以上の有期労働契約

　使用者が有期労働契約を継続する方法として、まず同一内容の有期労働契約を繰り返し更新する方法が挙げられます。また、ご質問のように、有期労働契約の労働条件の一部を変更して更新を続けたり、アルバイトとしての有期労働契約が終了した後に契約社員としての有期労働契約を締結するなど雇用形態の異なる有期労働契約を連続して締結したりするような場合もあるでしょう。

　それでは、いずれの場合も、「2以上の有期労働契約」が締結されたとして、有期労働契約の通算期間が5年を超えれば、有期契約労働者は無期転換の申込みが可能となるのでしょうか。

　この点、労働契約法18条1項の文言上は、「2以上の有期労働契約」の要件に関して、労働契約の内容が同一であることまでは規定していません。また、労働契約法18条2項の定めるクーリングでは、同じ使用者と有期契約労働者との間で締結された有期労働契約の期間満了後に、空白期間をおいて有期労働契約が再度締結された場合に、その空白期間の長さによって、通算契約期間の計算がリセットされること（いわゆる「クーリング」です。）を定めています。しかし、ここでも、契約期間の通算の可否において、前後の労働契約の内容の同一性は求められていません。

　したがって、労働契約の内容が異なっていても、同じ使用者との間で2つ以上の有期労働契約が締結されていれば、「2以上の有期労働契約」という要件を満たすことになると考えられます。

　また、無期転換制度が設けられた趣旨からしても、上記と同様の解釈になると考えられます。すなわち、無期転換制度が設けられた趣旨は、有期労働契約が契約期間の満了時に更新されずに終了する場合が

ある一方で、労働契約が反復更新され、長期間にわたり雇用が継続する場合も少なくないことから、有期契約労働者について雇止めの不安によって正当な権利行使が抑制されるなどの問題点が指摘されており、このような現状を踏まえ、無期転換ルールを設けることにより有期労働契約の濫用的な利用を抑制し労働者の雇用の安定を図ることにあるとされています（平24・8・10基発0810第2　第5　4（1））。要するに、無期転換制度の目的は、長期間継続する有期契約労働者の雇用が不安定となることを回避し、安定化させるところにありますので、有期労働契約の内容が同一である必要はなく、異なる契約内容であっても、2以上の有期労働契約が締結されていれば、契約期間が通算されることになります。

第3　行使要件「契約期間を通算した期間が5年を超える」

【15】　通算契約期間の起算日、無期労働契約の始期とは

Q　当社には、令和2年4月1日入社で、契約期間を1年とする契約社員がいます。当初、毎年4月1日から翌年3月31日までの契約期間としていましたが、当社の決算期が毎年9月30日なので、それに合わせるよう、令和6年に同年4月1日から同年9月30日までの6か月の労働契約を結び、その後、同年10月1日からは、1年の労働契約に戻そうと考え、現に同年9月10日には、同年10月1日から令和7年9月30日までの労働契約を締結しています。無期転換申込権を行使できるのは、通算契約期間が5年を超える場合だと聞いていますので、当社の契約社員も、令和2年4月1日から起算して5年を超える令和7年4月1日以降、無期転換申込権を行使できると考えておけばよいのでしょうか。

A　ご質問にある契約社員は、契約を下記のように重ねています。
①　令和2年4月1日から令和3年3月31日まで
②　令和3年4月1日から令和4年3月31日まで
③　令和4年4月1日から令和5年3月31日まで
④　令和5年4月1日から令和6年3月31日まで
⑤　令和6年4月1日から同年9月30日まで
⑥　令和6年10月1日から令和7年9月30日まで
　この場合、当該契約社員は、令和6年10月1日から無期転換申

込権を行使することができますので、令和7年4月1日以降、初めてこれを行使することができるとの認識は誤りです。

解　説

1　通算契約期間5年の起算日

　有期契約労働者が無期転換申込権を行使できる要件の1つは、「契約期間を通算した期間が5年を超える」ことです。

　労働契約法は、有期労働契約の無期転換を定める労働契約法18条の規定は、平成25年4月1日（改正法施行日）以後の日を契約期間の初日とする有期労働契約について適用し、施行日前の日が初日である有期労働契約の契約期間は、通算契約期間には算入しないと定めています（労契平24法56附則②）。したがって、平成25年4月1日以降に更新又は締結された有期労働契約の契約期間の始期から計算して、通算契約期間が5年を超える場合に、無期転換申込権を行使できます。

2　「5年を超える」の意味

　しかし、ご質問のケースでは、令和2年4月1日からずっと1年契約が更新されてきたのではなく、一度、令和6年4月1日から同年9月30日までの半年契約が入っています。その結果、令和6年10月時点では、令和6年10月1日から令和7年9月30日までの契約が更新されており、令和2年4月1日から起算すると、5年超ではありませんが、5年超となる契約は始まっています。このような場合、ご質問のように、通算契約期間が5年を経過したときに、無期転換申込権を行使することができると誤解しているケースが見受けられます。

　しかし、施行通達には、「無期転換申込権は、当該契約期間中に通算契約期間が5年を超えることとなる有期労働契約の契約期間の初日から当該有期労働契約の契約期間が満了する日までの間に行使することができるものであること」と記載されています（平24・8・10基発0810第

2　第5　4(2)エ)。また、労働契約法18条1項の条文も「5年を超える労働者」であって「5年を超えた労働者」ではありません。

　ご質問の場合、令和6年10月1日を始期とする有期労働契約は、その契約期間中に通算契約期間が5年を超えますので、その契約期間の初日、つまり令和6年10月1日から無期転換申込権を行使できることになります。

　なお、令和6年10月1日から令和7年9月30日までの間に、無期転換申込権が行使された場合、無期労働契約の始期は、その有期労働契約の期間満了の翌日となりますので、令和7年10月1日から無期労働契約が始まります。また、5年超か否かを判断するに当たっては、育児休業等の休業期間や休職期間がその途中にあったとしても、いずれも、契約期間としてカウントします。

　ところで、客室乗務員らの訓練契約が、労働契約に該当するか否かが争われた事案があります。その争いが無期転換申込権行使が有効か否かに直結したのです。というのも、訓練契約が労働契約に該当することによって、はじめて「5年を超える」という要件を満たすことができたからです。

　裁判所は、訓練契約の労働契約該当性を認め、無期転換申込権の行使を有効と判断しました（ケイ・エル・エム・ローヤルダッチエアーラインズ事件＝東京地判令4・1・17労判1261・19）。

アドバイス

　会社の有期契約労働者がいつから無期転換申込権を行使できるかについては、個々の有期契約労働者ごとに違うケースもありますので、慎重に調査しておくことが肝要です。

【16】 「契約期間が連続すると認められる」基準は

当社では有期契約労働者が一旦当社を退職し、後に、当社に戻ってきたケースが多くあります。有期労働契約の契約期間の通算基準を教えてください。

同一使用者との間で締結されていた各有期労働契約の契約期間を単純に足せば、「契約期間を通算した期間」(以下「通算契約期間」といいます。)になるというものではありません。

ある有期労働契約と次の有期労働契約との間に無契約期間(同一の使用者との間に労働契約がない期間という意味で、第三者との間に労働契約がある場合も含まれます。以下、同じです。)がある場合の取扱いが問題となります。その取扱いを定めているのが労働契約法18条2項で、無契約期間が一定の長さを超えた場合(この期間を、条文では「空白期間」、一般的には「クーリング期間」と呼びます。)、クーリング期間より前の契約期間は、通算契約期間に算入されません。

そして、無契約期間がある場合に、その前の契約期間と後の契約期間とが連続するものと認められるか否かについては、労働契約法18条2項の規定を受けた基準省令が具体的にこれを定めています。

解 説

1 クーリングが設けられた理由

クーリング期間を置けば、それ以前の契約期間は、通算契約期間に算入されず、改めて契約期間の計算が開始されます(以下「クーリング」といいます。)。

クーリングが設けられた理由は、下記のとおりといわれています。
① 長期間過去に遡って、当該労働者との間に有期労働契約が締結されていたかの調査をする必要をなくすこと
② 労使双方に、一定期間を置けば、有期労働契約を再び利用することを認めること

2 基準省令

基準省令1条1項は、労働契約法18条2項の「契約期間が連続すると認められるものとして厚生労働省令で定める基準」を規定したもので、具体的には、その基準を次の①から③までのとおりと定めています（平24・8・10基発0810第2　第5　4（2）シ）。なお、基準内容の具体的説明については【Q17】を参照してください。

① 雇入れ時の有期労働契約の後、最初に到来する無契約期間が、その前にある有期労働契約の契約期間に2分の1を乗じて得た期間より短いときは、当該無契約期間の前後の有期労働契約は「連続すると認められるもの」として、契約期間が通算されます。そして、以後の無契約期間についても、同様の考えで、「連続すると認められるもの」か否かが判断されます。

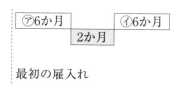

上記図の例で説明すると、無契約期間2か月はその前にある有期労働契約の契約期間6か月に2分の1を乗じて得た3か月より短いので、当該無契約期間の前後の各6か月の有期労働契約は「連続すると認められるもの」として契約期間が通算されます。

Ⅰ　第1章　無期転換申込権の行使要件　　　　　　79

② ①の無契約期間とその前にある有期労働契約の長さを比較する場合、その前にある有期労働契約の長さは、基準省令に照らして連続すると認められる複数の有期労働契約がある場合は、通算した期間の長さを指します。

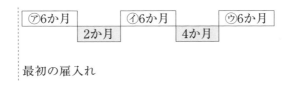

最初の雇入れ

　上記図の例で説明すると、4か月の無契約期間とその前にある有期労働契約の長さを比較する場合、その前にある6か月の有期労働契約⑦は、前述のとおり⑦の6か月の有期労働契約と通算されますので、4か月の無契約期間は6か月＋6か月＝12か月の2分の1を乗じて得た期間、つまり12か月×2分の1＝6か月より短いので、4か月の無契約期間の前後の12か月と6か月の有期労働契約は「連続すると認められるもの」として、契約期間が通算されます。
③ ①の「2分の1を乗じて得た期間」に1か月に満たない端数があるときは、1か月単位に切り上げ、6か月を超えるときは、無契約期間が6か月未満のときに前後の有期労働契約が連続する（逆に、その場合、無契約期間が6か月以上あると連続しない）として取り扱われます。

　その結果、6か月以上の無契約期間がある場合には当該無契約期間前に終了している全ての有期労働契約の契約期間は通算契約期間に算入されません。そのため、通算契約期間の算定に当たり、基準省令1条1項で定める基準に照らし連続すると認められるかどうかの確認が必要となるのは、労働者が無期転換の申込みをしようとする日から遡って直近の6か月以上の無契約期間後の有期労働契約についてという

ことになります。

　結局、次の表の左欄に掲げる有期労働契約の契約期間（②に該当する場合は通算後の期間）の区分に応じ、無契約期間がそれぞれ同表の右欄に掲げる長さのものであるときは、当該無契約期間の前後の有期労働契約が連続すると認められます。

有期労働契約の契約期間（②に該当する場合は通算した期間）	無契約期間
2か月以下	1か月未満
2か月超〜4か月以下	2か月未満
4か月超〜6か月以下	3か月未満
6か月超〜8か月以下	4か月未満
8か月超〜10か月以下	5か月未満
10か月超〜	6か月未満

＜参考資料＞
○労働契約法第18条第1項の通算契約期間に関する基準を定める省令第1条第1項について（平24・8・10基発0810第2（別紙））

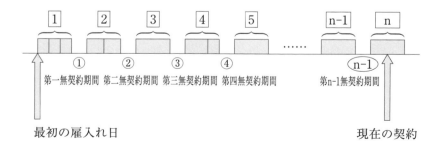

号	無契約期間の位置	次の基準を満たすときは、左欄の無契約期間の前後の有期労働契約が連続すると認められる
一	①（最初の雇入れの日後最初に到来する無契約期間）	①の期間が、1に2分の1を乗じて得た期間（★）未満であるときは、1と2が連続すると認められる。
二	②	次に掲げる場合に応じ、それぞれ次に定めるものであるときは、2と3が連続すると認められる。
イ	1と2が連続すると認められる場合	②の期間が、(1＋2)に2分の1を乗じて得た期間（★）未満であること。
ロ	イに掲げる場合以外の場合	②の期間が、2に2分の1を乗じて得た期間（★）未満であること。
三	③	次に掲げる場合に応じ、それぞれ次に定めるものであるときは、3と4が連続すると認められる。
イ	3以前の全ての有期労働契約が連続すると認められる場合	③の期間が、(1＋2＋3)に2分の1を乗じて得た期間（★）未満であること。
ロ	2と3が連続すると認められる場合	③の期間が、(2＋3)に2分の1を乗じて得た期間（★）未満であること。
ハ	イ又はロに掲げる場合以外の場合	③の期間が、3に2分の1を乗じて得た期間（★）未満であること。
四	④以降の無契約期間	当該無契約期間が、前三号の例により計算して得た期間未満であること。

※　★印は「6か月を超えるときは6か月とし、1か月に満たない端数を生じたときは、これを1か月として計算した期間とする。」の略。

【17】 クーリングにより無期転換申込権が発生しないパターンとクーリングされず無期転換申込権が発生するパターンとは

クーリングにより無期転換申込権が発生しないパターンとクーリングされず無期転換申込権が発生するパターンとがよく理解できません。そこで、具体例を示しながら、契約期間の通算の仕方をわかりやすく教えてください。

その理解のために必要な準則は次の2つです。

I 「契約期間が連続すると認められる」基準の大原則は、契約期間の2分の1（最長6か月・端数は1か月単位で切上げ）の無契約期間を空けずに再度有期労働契約を締結していることです。逆にいうと、次のとおりのクーリング期間を置くと契約期間は通算されません。

有期労働契約の契約期間	クーリング期間（空白期間）
1年以上	6か月以上
10か月超〜1年未満	6か月以上
8か月超〜10か月以下	5か月以上
6か月超〜8か月以下	4か月以上
4か月超〜6か月以下	3か月以上
2か月超〜4か月以下	2か月以上
2か月以下	1か月以上

（厚生労働省HP）

Ⅰ 第1章 無期転換申込権の行使要件　　83

Ⅱ 【A】と【B】の各契約期間の間に、クーリング期間に足りない無契約期間が置かれていた場合、【A】と【B】の契約期間は通算され、【B】の後に必要なクーリング期間は、通算された契約期間に対応するものでなければなりません（下図参照）。

　下図の場合、【A】【B】【C】の各3か月の契約期間は通算されます。

| 3か月の労働契約【A】 | 1か月の無契約期間 | 3か月の労働契約【B】 | 2か月の無契約期間 | 3か月の労働契約【C】 |

解　説

1　上記Ⅰの準則
（1）　無期転換申込権が発生しないパターン
　無契約期間が「それ以前の通算契約期間÷2」以上であれば、それ以前の契約期間は通算対象から除外されます。

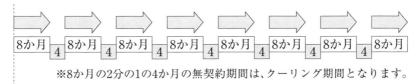

※8か月の2分の1の4か月の無契約期間は、クーリング期間となります。

最初の雇入れ

（2）　無期転換申込権が発生するパターン
　下図はクーリング期間が足りず、無期転換申込権が発生するパターンです。

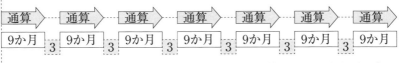

※クーリング期間としては、3か月では足りず、5か月以上必要です。

最初の雇入れ

2　上記Ⅱの準則

下図のように3か月の労働契約を3回重ね、1回目と2回目の契約の間に1か月の無契約期間、2回目と3回目の契約の間に2か月の無契約期間があった場合において、通算契約期間の考え方は以下のとおりです。

3か月の労働契約【A】	1か月の無契約期間	3か月の労働契約【B】	2か月の無契約期間	3か月の労働契約【C】

① 【A】と【B】の労働契約期間

　クーリング期間としては2か月以上必要であるため、契約期間は通算されます。つまり、通算契約期間は6か月となります。

② 【A】【B】【C】の労働契約期間

　【A】【B】の労働契約期間は通算され（通算契約期間6か月）、【B】と【C】の間に必要なクーリング期間は3か月以上必要となります。無契約期間が2か月ですので、通算契約期間は9か月となります。

3　上記Ⅰ及びⅡの準則の活用

（1）　無契約期間以前の通算契約期間が1年以上の場合

この場合、クーリング期間は6か月以上必要となります。無期転換申込権の発生しないパターンと発生するパターンを例示すると、以下のとおりです。

　ア　無期転換申込権が発生しないパターン

下図において、3回目と4回目の契約の間に、6か月以上の無契約期間がありますが、その無契約期間以前の通算契約期間は3年（①＋②＋③）です。3年の契約期間に必要なクーリング期間は6か月以上ですが、下図ではこの条件を満たしているため、①から③までと④及び⑤との契約期間は通算されず、クーリングにより無期転換申込権は発生しません。

○無契約期間以前の通算契約期間が「1年以上」の場合
　無契約期間が6か月以上であれば、それ以前の契約期間①～③は通算対象から除外

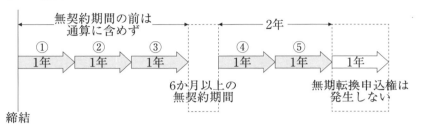

（厚生労働省「無期転換ルールハンドブック～無期転換ルールの円滑な運用のために～」）

　　イ　無期転換申込権が発生するパターン
　下図において、2回目と3回目の契約の間に6か月未満の無契約期間がありますが、その無契約期間以前の通算契約期間は2年（①＋②）です。2年の契約期間に必要なクーリング期間は6か月以上ですが、下図ではこの条件を満たしていません。その結果、①ないし④の契約期間は通算され、4年となります。そして、4年の契約期間に必要なクーリング期間は6か月以上ですが、下図ではこの条件を満たしていません。結局、①ないし⑤の契約期間は通算され、無期転換申込権が発生します。
○無契約期間以前の通算契約期間が「1年以上」の場合

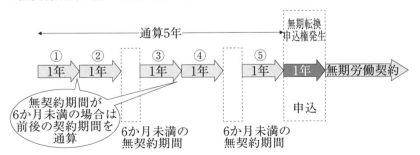

（厚生労働省「無期転換ルールハンドブック～無期転換ルールの円滑な運用のために～」）

(2) 無契約期間以前の通算期間が1年未満の場合

ア 無期転換申込権が発生しないパターン

下図の場合、①+②の労働契約期間は6か月となるため、クーリング期間としては、3か月以上必要となります。そして、3か月以上の無契約期間が置かれているため、①+②と4年9か月が通算されることはありません。

○無契約期間以前の通算契約期間が「1年未満」の場合

無契約期間が「それ以前の通算契約期間÷2」以上であれば、それ以前の契約期間は通算対象から除外

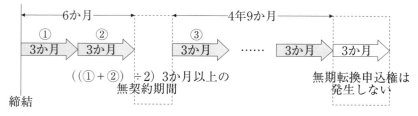

(厚生労働省「無期転換ルールハンドブック～無期転換ルールの円滑な運用のために～」)

イ 無期転換申込権が発生するパターン

下図の場合、①と②の間に必要なクーリング期間は2か月以上ですので、2か月未満の無契約期間では足りず、①と②の契約期間は通算され、6か月となります。6か月（①+②）の契約期間に必要なクーリング期間は3か月以上ですので、3か月未満の無契約期間では足りません。その結果、①ないし⑳の各3か月の契約期間は通算され、無期転換申込権が発生します。

○無契約期間以前の通算契約期間が「1年未満」の場合

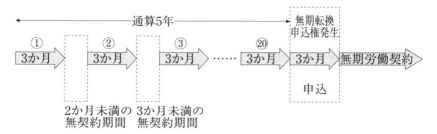

（厚生労働省「無期転換ルールハンドブック～無期転換ルールの円滑な運用のために～」）

4 令和4年3月の多様化する労働契約のルールに関する検討会の報告書について

同報告書では、通算契約期間及びクーリング期間に関して、次のような検討結果が述べられていますので、念のため記載しておきます。
・無期転換ルールが実質的に適用されるに至った施行後5年経過時からそれほど長期間経っていないこと、特に変えるべき強い事情がないと考えられることから、制度の安定性も勘案すれば、通算契約期間及びクーリング期間について、現時点で制度枠組みを見直す必要が生じているとは言えないと考えられる。
・一方で、契約更新上限を設けた上で、クーリング期間を設定し、期間経過後に再雇用することを約束して雇止めを行うことは、「有期労働契約の濫用的な利用を抑制し労働者の雇用の安定を図る」という労働契約法18条の趣旨に照らして望ましいものとは言えないことについて、更なる周知を行うことが適当である。

【18】 通算契約期間の計算方法は

当社には、以下の労働契約期間を経ている有期契約労働者がいます。
① 最初の労働契約の期間　平成31年４月５日～令和元年７月15日
② 無契約期間　令和元年７月16日～同年８月２日
③ ２回目の労働契約の期間　令和元年８月３日～同年10月１日
④ 無契約期間　令和元年10月２日～同年12月１日
⑤ ３～６回目の労働契約の期間（１年ごとの契約更新）　令和元年12月２日～令和５年12月１日
⑥ ７回目の労働契約の期間　令和５年12月２日～令和６年６月22日
このように有期労働契約の始期が月初、終期が月末ではなく、月の途中という場合、通算契約期間の計算をどのようにすればよいか教えてください。

１か月の計算は、暦に従い、契約期間の初日から起算し、翌月の応当日の前日をもって１か月とします（民143）。

また、通算の対象となるそれぞれの有期労働契約の契約期間に、１か月に満たない端数がある場合は、端数の合算について、30日をもって１か月とカウントします（基準省令1②）ので、ご質問の場合の通算契約期間は５年超となります。

> 解　説

1　通算契約期間の計算

有期労働契約の契約期間とそれに必要なクーリング期間は次のとお

りです（【Q17】参照）。

有期労働契約の契約期間	クーリング期間（空白期間）
1年以上	6か月以上
10か月超〜1年未満	6か月以上
8か月超〜10か月以下	5か月以上
6か月超〜8か月以下	4か月以上
4か月超〜6か月以下	3か月以上
2か月超〜4か月以下	2か月以上
2か月以下	1か月以上

（厚生労働省HP）

　なお、1か月の計算は、暦に従い、契約期間の初日から起算し、翌月の応当日の前日をもって1か月とします（民143）。

（1）契約期間の通算

　平成31年4月5日〜令和元年7月15日は「3か月＋11日」、同年8月3日〜同年10月1日は「1か月＋29日」となります。ちなみに、令和元年7月16日から同年8月2日までは無契約期間ですが、その無契約期間は1か月未満の18日しかありませんので、クーリング期間（上記表のとおり、クーリング期間としては、最低1か月以上必要です。）とはなりません。もっと正確にいえば、「3か月＋11日」の契約期間に対しては、2か月以上のクーリング期間が必要です。

　その結果、平成31年4月5日〜令和元年7月15日の契約期間と同年8月3日〜同年10月1日の契約期間は通算されます。

（2）基準省令による通算契約期間の計算

　通算の対象となるそれぞれの有期労働契約の契約期間に、1か月に

満たない端数がある場合は、端数の合算について、30日をもって1か月とカウントするとの準則（基準省令1②）により、両期間を通算すると「3か月＋11日」に「1か月＋29日」を加算し、「4か月＋40日」となります。準則を適用すると「5か月＋10日」ということです。

(3) 必要なクーリング期間

ご質問の場合、令和元年10月2日からいつまで無契約期間を置けば、令和元年10月1日以前の労働契約がクーリングされるかが問題となります。準則を適用した契約期間（「5か月＋10日」）は、上記表の「有期労働契約の契約期間」欄の「4か月超～6か月以下」に該当しますので、その通算契約期間に必要なクーリング期間は「3か月以上」です。しかし、実際の無契約期間は2か月しかありませんので、クーリングされないという答えになります。

2 通算契約期間5年超か否かの検討

通算契約期間が5年超となるか否かを検討してみます。上記1のとおり、「3か月＋11日」の契約期間に必要なクーリング期間は2か月以上、「5か月＋10日」の契約期間に必要なクーリング期間は3か月以上ですので、下記図の契約期間は、全て通算され「5か月＋10日」＋「4年（12か月×4）」＋「6か月＋21日」は「4年11か月＋31日」、つまり「5年＋1日」となり、5年超となります。

第4　行使要件「労働者」

【19】　「労働者」に該当する場合と該当しない場合は

Q 　学生アルバイトや、高い待遇で迎え入れた専門的技能等をもつ有期契約労働者など、無期への転換にはなじまないと考えられる有期契約労働者は、無期転換制度の適用対象とはならないと考えてよいのでしょうか。

　また、契約形式が請負や委任である場合には、その契約の相手方は「労働者」には該当せず、無期転換申込権が生じる余地はないといえますか。

A 　使用者との間で有期の労働契約を締結した労働者であれば、すべからく無期転換制度の対象に含まれます。業務内容や待遇等を理由として無期転換制度が適用されなくなるような例外はありません。同制度の適用の例外が認められるのは、立法措置による特例（**第6章**をご参照ください。）による場合だけです。

　また、労働契約法上の「労働者」に該当するか否かは、実質的に判断されるため、契約形式が請負や委託であっても、無期転換制度が適用されることはあり得ます。

　解　説

1　無期転換制度の適用対象

　無期転換申込権は、労働契約法18条1項前段の要件を満たす「労働者」に発生します。有期契約労働者についての、業務内容、職種、雇

用目的、呼称、待遇、期間の長短などは、無期転換制度の適用の有無には影響がなく、有期契約労働者であれば無期転換制度の対象に含まれます。

そして、労働契約法上の「労働者」は、「使用者に使用されて労働し、賃金を支払われる者」と定義されています（労契2①）。労働者該当性の判断につき、監督行政や裁判例では、「使用従属関係」の有無が基準とされており、労務提供の形態や報酬の労務対償性及びこれらに関連する諸要素を勘案して総合的に判断して、使用従属関係が認められる場合には、「労働者」に該当することとなります（平24・8・10基発0810第2　第2　2(2)イ）。

2　学生アルバイトや高待遇な有期契約労働者などへの無期転換制度の適用

学生アルバイトが無期労働契約に転換することは、使用者が想定しておらず、労働者においても考えていないことがほとんどであると思われます。しかし、そのような場合であっても、所定の要件を満たせば、当該学生アルバイトには無期転換申込権が発生します。

また、有期労働契約であるがゆえに有利な労働条件を設定している（いわゆる有期プレミアムがある）、専門的高度技能等を持つ労働者についても、所定の要件を満たせば無期転換申込権が発生することに違いはありません。

特に、この場合には、何ら対策をしていなければ、有期プレミアムの労働条件のまま労働契約が無期となります。しかも、そのような無期転換労働者に定年の定めがなければ、本人が自発的に退職するまで本人に有利に設定された労働条件の契約が継続することとなります。

つまり、そのような事態が発生する前に、「別段の定め」を設ける等のしっかりとした対策をしておくべきなのです。

3 労働契約以外の契約形式の場合における無期転換制度の適用

　民法632条の請負や同法643条の委任であっても、契約形式にとらわれず実態として使用従属関係が認められる場合には、労働契約法2条1項の「労働者」に該当します（平24・8・10基発0810第2　第2　2(2)ウ）。

　そのため、契約形式が請負契約や委任契約であっても、無期転換申込権の行使があり得ないとはいえません。契約更新が5年を超えてなされてきた請負契約や委任契約の相手方から無期転換申込権行使の主張がなされた場合には、実質面から見て「労働者」に該当するのであれば無期契約労働者に転換するという取扱いをせざるを得ません。

対応するには

　有期契約労働者であれば無期転換制度の対象に含まれますので、業務内容や待遇等にとらわれず、契約更新の限度の設定や、就業規則の整備等について事前準備を行う必要があります（〔参考文例〕【10】【11】参照）。

　また、請負契約や委任契約の相手方から、無期転換申込権の行使がされた場合に備え、「労働者」に該当する可能性が高いかどうかの検討も踏まえた上で、無期転換が認められた場合を想定して対応の準備をしておくことが必要な場合もあります。

第5　行使要件「契約の締結の申込み」

【20】　無期転換申込期間とその申込方法は

　無期転換申込みができる期間については、制限が設けられているのでしょうか。
　また、無期転換の申込方法についても制限があれば、教えてください。

　まず、無期転換の申込期間ですが、無期転換の申込みは、無期転換申込権が有期労働契約の通算契約期間の5年を超えることとなる契約期間の初日に発生しますので、その発生時から「現に締結している有期労働契約の契約期間が満了する日までの間」（労契18①）にする必要があります。

　また、無期転換の申込方法ですが、労働契約法は、上記の申込期間以外には、特に制限を設けていません。使用者が申込方法等をあらかじめ指定することの可否に関しては、【Q22】を参照してください。

解　説

1　申込期間

　同一の使用者との間で締結された2以上の有期労働契約の通算期間が5年を超えると無期転換申込権が発生し、有期契約労働者がこの無期転換申込権を行使すると、使用者が当該申込みを承諾したものとみなされ、現に締結している有期労働契約の契約期間満了日の翌日を労務提供開始日とする無期労働契約が成立します（労契18①）。また、無

期転換制度の通算契約期間のカウントは、平成24年改正労働契約法の施行日である平成25年4月1日以降に開始する有期労働契約が対象となります。

　この無期転換申込権の行使期間は、有期労働契約の通算契約期間が5年を超えることとなる契約期間の初日に発生し、その行使は「現に締結している有期労働契約の契約期間が満了する日までの間」(労契18①)にする必要があります。

　具体例を挙げると、平成31年4月1日を始期とする1年の有期労働契約が4回更新されているとします。その場合、現在の有期労働契約の期間満了日は令和6年3月31日です。そして、令和6年3月8日に、契約期間を令和6年4月1日から令和7年3月31日までとする有期労働契約の契約書を交わしたとします。無期転換申込権は、有期労働契約の通算期間が5年を超えることとなる契約期間の初日に発生しますので、この例では、令和6年4月1日から無期転換申込権を行使できることになります。また、その行使は、「現に締結している有期労働契約の契約期間が満了する日までの間」ですので、令和7年3月31日まで行使可能ということになります。

　もっとも、労働者が無期転換申込権を行使するかどうかは自由であり、中には有期労働契約のメリットを享受するために、無期転換申込権を行使しない労働者も出てくるものと予想されます。無期転換申込権を行使期間内に行使しなければ、その無期転換申込権は消滅すると考えられますので、行使期間を過ぎて行使することはできません。

　なお、そのような場合も、再度有期労働契約が更新された場合は、新たに無期転換申込権が発生しますので、有期契約労働者は、更新後の有期労働契約の契約期間が満了する日までの間に無期転換申込権を行使することが可能です(平24・8・10基発0810第2　第5　4(2)エ)。

2　申込方法や申込期間についてあらかじめ指定することの可否

　無期転換の申込方法について、労働契約法は、無期転換申込権の行使期間以外には特に制限を設けていません。そのため、法律上は、申込みの方法は書面でも口頭でも構いません。また、無期転換申込権の行使期間については、上記1のとおり、無期転換申込権が発生する契約期間内に行使していれば足ります。

　なお、使用者が、あらかじめ無期転換の申込方法を指定した場合、そのような指定が有効かどうかについては、【Q22】を参照してください。

【21】 無期転換後の労働条件について、労働者に有利な内容の申込みがなされた場合の効力は

当社の有期契約労働者から、無期転換の申込書が送られてきました。無期転換申込権行使の要件は備えていると思いますが、問題は申込書に記載されている内容です。

①無期転換後の労働契約の就労開始日は、現在の有期労働契約の終了の日の1か月後と記載され、②勤務日数も、現在の週4日から週3日に減らされ、③逆に時間給は、現在の時給より50円引き上げられています。

このような申込書でも、労働契約法18条に基づく無期転換の申込みとして有効なのでしょうか。仮に、この申込書で無期転換するとした場合、無期転換後の労働条件はどうなるのでしょうか。

無期転換の申込みとして有効と扱うか否かは、結局のところ、当該申込書から、申込者のどのような合理的意思が読み取れるかによって決せられると考えます。

ご質問のケースにおける申込者の合理的意思解釈としては、労働契約法18条に基づく無期転換申込権の行使ではなく、それとは別の無期労働契約を申し込んだものと解されます。

したがって、使用者において、その申込みを承諾したものとみなされることはなく、無期転換は発生しません。

解説

1 無期転換後の無期労働契約の就労開始日

　無期転換制度では、有期契約労働者が無期転換申込権を行使すれば、使用者がその申込みを承諾したものとみなされ、その時点で無期労働契約が成立します。ここで成立する無期労働契約は、現に締結している有期労働契約の契約期間満了日の翌日から労務の提供がなされる契約です（労契18①、平24・8・10基発0810第2　第5　4（2）ケ）。

　したがって、有期契約労働者からなされる無期転換の申込みは、就労開始日について現在締結している有期労働契約の期間満了日の翌日からとする無期労働契約の転換を申し込むものでなければなりません。

　この点、ご質問のケースでは、①で無期転換後の労働契約の就労開始日が現在の有期労働契約の終了の日の1か月後としているため、これが無期転換の申込みとして有効か否かが問題となります。

2 無期転換後の労働条件

　無期転換制度では、労働契約の期間が有期から無期に変更されるだけであり、契約期間以外の労働条件が変更されるわけではありません。もっとも、労働協約、就業規則又は個々の労働契約によって、「別段の定め」をすることにより、期間の定め以外の労働条件を変更することは可能です（労契18①、平24・8・10基発0810第2　第5　4（2）ク）。

　この点、ご質問のケースでは、有期契約労働者から無期転換の申込みがなされていますが、その申込みに際して、②では1週間の勤務日数について、③では時間給について、無期転換後の労働条件を当該労働者に有利（ただし、勤務日数については、必ずしも、当該労働者に有利とは言い切れません。）に変更する旨の意思表示をしています。

そのため、上記1と同様に、無期転換の申込みとして有効か否かが問題となります。

3 無期転換の申込みとしての有効性

無期転換制度は、有期契約労働者が無期転換の申込みをすれば、使用者が承諾したとみなされることにより、無期労働契約が成立するものです（労契18①）。

ところが、ご質問のケースの①ないし③を無期労働契約の内容とする無期転換の申込みは、上記1及び2のとおり、労働契約法18条1項に基づく無期転換申込権が行使された場合の無期労働契約の内容と全く異なるものとなっています。そうすると、当該申込書による無期転換の申込みは、当該有期契約労働者の合理的意思解釈として、労働契約法18条1項に定める無期労働契約の締結の申込みとしては無効と解するほかないと考えます。

対応するには

1 不適切な申込みがなされた場合

ご質問のケースのような申込みがなされた場合、使用者は、当該申込みをした有期契約労働者に対して、不適切な申込みであることを説明した上で、無期転換前と同一の労働条件であっても無期転換を希望するのかどうか確認する必要があります。そして、当該有期契約労働者が、それでも無期転換を希望するのであれば、無期労働契約の始期も含めて無期転換後の労働条件を変更した部分を削除させて、改めて適切な申込みをするように促すべきでしょう。

2 不適切な申込みがなされないために

ご質問のケースのような不適切な申込みがなされる理由は、有期契

約労働者が無期転換制度を十分に理解していないところにあると思われます。そのため、できるだけ早期に、対象となる有期契約労働者に対して、無期転換制度に関する手続の詳細を周知することが必要です（〔参考文例〕【5】参照）。令和6年4月1日施行の労働基準法施行規則は、それを求めています。詳細は、【Q10】を参照してください。

また、無期転換の申込書の書式を準備し、就業規則により、無期転換の申込みは所定の申込書によるとあらかじめ指定しておくことで、不適切な申込みを防ぐことができます（〔参考文例〕【4】、【6】参照）。

なお、使用者による無期転換の申込方法の指定については、【Q22】を参照してください。

アドバイス

　ご質問のケースと異なり、無期転換の申込書に、無期転換後の無期労働契約の始期が現在の有期労働契約の期間満了日の翌日、勤務日数も週4日と記載され、時間給のみ現在より20円引き上げられていた金額が記載されていた場合で、しかも、従来、有期労働契約の更新時には、時間給が10円か20円引き上げられることが多かったという場合を想定します。

　合理的意思解釈は総合的な判断によるところですが、そのようなケースでは、有期契約労働者は、従前の有期労働契約の契約内容を前提として労働契約法18条1項に基づく無期転換を申し込んだと解釈することが可能な場合もあります。

【22】 就業規則に無期転換申込手続を定める必要性の有無とその内容は

 　　有期契約労働者に適用される就業規則に無期転換申込手続に関する規定を設けておくべきでしょうか。
　また、就業規則の規定を設ける場合には、どのような内容を盛り込んだらよいのでしょうか。その場合、当社としては、無期転換の申込方法を指定し、申込期限を設けたいのですが、許されるでしょうか。

　　　無期転換申込手続は、有期契約労働者のみの事業場でない限り、就業規則の必要的記載事項とはならないと考えます。
　また、就業規則により、無期転換の申込方法を指定し、申込期限を設けることについては、その制約が合理的である限り、有効であるとして、許されるものと考えます。

　解　説

1　就業規則の記載事項

　常時10人以上の労働者を使用する使用者は、就業規則を作成し、行政官庁に届け出なければなりません（労基89）。「常時10人以上」かどうかは、企業単位ではなく事業場単位で計算すべきものと解されており、事業場ごとに作成する必要があります。また、「常時10人以上の労働者」の範囲は、正社員だけでなく、契約社員やパートなど雇用形態の異なる労働者も含まれます。
　そして、就業規則に記載すべき事項には、いかなる場合であっても

必ず記載しなければならない「絶対的必要的記載事項」（労基89一～三）と、制度を設けている場合には必ず記載しなければならない「相対的必要的記載事項」（労基89三の二～十）があります。

2　無期転換申込手続は必要的記載事項に該当するか

　まず、労働基準法89条1号から9号は、具体的な事項を列挙していますが、無期転換申込手続はいずれにも該当しません。

　次に、労働基準法89条10号が、「前各号に掲げるもののほか、当該事業場の労働者のすべてに適用される定めをする場合においては、これに関する事項」と定めていますが、無期転換申込手続はこれに該当するでしょうか。

　この「当該事業場の労働者のすべてに適用される定め」とは、「現実に当該事業場の労働者のすべてに適用されている事項のほか、一定の範囲の労働者のみに適用される事項ではあるが、労働者のすべてがその適用を受ける可能性があるものも含まれると解すべきであろう」とされています（厚生労働省労働基準局『令和3年版労働基準法下』1012頁（労務行政、令和3年版、2022））。そのため、例えば「旅費に関する一般的規定をつくる場合」には、労働基準法89条10号の相対的必要的記載事項に該当するとして、就業規則に記載しなければならないとされています（昭25・1・20基収3751、平11・3・31基発168）。

　そうすると、有期契約労働者のみの事業場であれば、無期転換制度は労働者全てに適用される可能性があるので、「当該事業場の労働者のすべてに適用される定め」に該当し、就業規則に規定を定めなければならないと考えます。

　他方で、正社員など無期労働契約の労働者もいる事業場であれば、無期転換制度は、正社員には適用される可能性はなく、「当該事業場の労働者のすべてに適用される定め」に該当しないので、就業規則に規定を定める義務はないということになります。

3　無期転換申込手続に関して就業規則に定めておく内容

（1）　無期転換申込権の発生要件等

　無期転換申込手続に関して、就業規則に規定を設ける場合、有期契約労働者において自身が無期転換の対象となるかどうか確認できるように、労働契約法18条の定める無期転換申込権の発生要件やクーリング等について定めるべきでしょう。

（2）　申込方法や期限の指定

　就業規則には、無期転換の申込方法や申込期限についても定めておくのがよいでしょう。使用者が、無期転換の申込方法についてあらかじめ指定し、申込方法を統一化することにより、無期転換の申込みに対して円滑に対応することが可能となります。具体的には、「無期転換の申込みは所定の申込書によること」「無期転換の申込みは現在の有期労働契約の期間満了日の1か月前までに行うこと」が挙げられます。

　この点に関しては、そもそも、使用者が申込方法や申込期限について指定することが許されるかという問題があります。それは、労働契約法が、無期転換の申込時期について、「現に締結している有期労働契約の契約期間が満了する日までの間」（労契18①）と規定しており、他方、申込方法については何も定めていないため、法律上は、口頭により、現在の有期労働契約の期間満了までに行っていれば足りるからです。

　しかし、使用者が、無期転換の申込みに対して適切な対応ができるように一定の制約をすることは合理性があるため、無期転換の申込方法や申込期限に関する指定が合理的なものである限り有効であると解されます。そして、上記の具体例で挙げたような制約内容は、合理性が認められるものとして、有効と判断され、許されるものと考えます。

　他方、無期転換申込権は、法が保障した労働者の権利であることか

ら、不合理な制約であれば無効と判断される可能性があるので、注意を要します。例えば、無期転換申込権の行使期限を契約期間満了の相当前（例えば4、5か月前）とするような場合です。

さらに、使用者が無期転換の申込方法を指定した場合における付随的な問題として、申込方法の指定に反して、無期転換申込みがなされた場合にその申込みは有効となるかという問題があります。これについては、当該申込みが労働契約法18条に違反しておらず、また無期転換申込権が法の保障する労働者の権利であることからすると、使用者の指定した手続に違反したからといって無効とはされず、当該申込みも有効と判断されると考えます。

なお、無期転換申込手続に関する就業規則の規定例は、〔参考文例〕【4】を参照してください。また、厚生労働省が公表している有期契約労働者に対する労働条件通知書には、「労働契約法第18条の規定により、有期労働契約（平成25年4月1日以降に開始するもの）の契約期間が通算5年を超える場合には、労働契約の期間の末日までに労働者から申込みをすることにより、当該労働契約の期間の末日の翌日から期間の定めのない労働契約に転換されます。ただし、有期雇用特別措置法による特例の対象となる場合は、無期転換申込権の発生については、特例的に本通知書の「契約期間」の「有期雇用特別措置法による特例の対象者の場合」欄に明示したとおりとなります。」と記載されています（【Q52】の＜書式＞参照）。

対応するには

実務上の対応としては、就業規則の規定により、無期転換の申込方法や申込期限に関する指定をしつつ、その指定に反する申込みがあっ

たとしても、労働契約法18条1項の行使要件を満たしていれば原則有効として取り扱うのがよいでしょう。

> アドバイス
>
> 　使用者が無期転換の申込方法を指定した場合、申込方法の手続に違反した有期契約労働者が、次のような一定の不利益を受けるのは、やむを得ないことと考えます。
> 　例えば、無期転換の申込期限を有期労働契約の期間満了日の1か月前とする就業規則の規定があった場合を取り上げて考えてみます。
> 　当該有期契約労働者が契約期間満了前1週間の時点で、無期転換申込権を行使し、さらに当該有期契約労働者は、短時間勤務であったにもかかわらず、無期転換労働者に適用される就業規則上、無期転換後はフルタイム勤務と定められていたとします。
> 　このようなケースでは、有期契約労働者による無期転換の申込みが契約期間満了の直前になされたことにより、フルタイム勤務としての受入れが間に合わず、当該有期契約労働者が、本来の就労開始日（有期労働契約の期間満了日の翌日）からフルタイム勤務できない事態も想定されます。もっとも、当該有期契約労働者が契約期間満了日の翌日からフルタイムとしての労務を提供できない理由が、専ら有期契約労働者が使用者の指定する申込期限に違反して、期間満了直前に無期転換の申込みをしたところにあるのであれば、それは使用者に帰責事由のない履行不能であるとして、使用者はフルタイムとしての賃金請求を拒否できると考えられます（民536①）。

第2章　無期転換申込権の行使の効果

【23】　無期転換申込権行使の効果とその効力発生時期は

Q 無期転換申込権を行使した場合、どのような効果が発生するのでしょうか。また、その効果の発生時期も教えてください。

A 無期転換申込権が行使された場合、無期転換申込権を行使した当該労働者と使用者の間に、従前の有期労働契約の期間満了日の翌日を就労の開始時期とする期間の定めのない労働契約が成立し、その成立する労働契約の内容は、別段の定めのない限り、現に締結している有期労働契約と同一となります。

また、当該労働契約は、労働者が無期転換申込権を行使する旨を使用者に伝えた時点で成立します。

解　説

1　無期転換申込権の効果

　無期転換申込権が生じている労働者が、現に締結している有期労働契約の契約期間が満了する日までに、当該満了する日の翌日から労務が提供される期間の定めのない労働契約（以下「無期労働契約」といいます。）の締結の申込みをしたとき（以下「無期転換申込権の行使」といいます。）、使用者は、当該申込みを承諾したものとみなされます（労契18①前段）。

このように、使用者が当該申込みを承諾したものとみなされるため、無期転換申込権の行使を行った労働者と使用者との間に無期労働契約が成立します。

　なお、当該使用者が当該労働者に対して、承諾しない旨を伝えたとしても、法律上、承諾したものと擬制されますので、無期労働契約の成立を否定することはできません。その意味で、実質的には、無期労働契約の成立という法的効果をもたらす形成権を労働者に与えたものといえます。

2　無期転換申込権に基づく無期労働契約の成立時期

　労働者が無期転換申込権を行使した場合、当該労働者と使用者との間に無期労働契約が成立しますが、その成立時期は、当該労働者の無期労働契約の締結の申込みの意思表示が使用者に到達した時点となります（菅野和夫ほか『詳説　労働契約法』191頁（弘文堂、第2版、2014））。

　なお、無期労働契約の成立時期は、前述のとおりですが、当該無期労働契約の就労の開始時期は、従前の有期労働契約の期間満了日の翌日となります。

　例えば、従前の有期労働契約の期間が令和6年4月1日から令和7年3月31日であった場合、労働者が、令和6年10月1日に、使用者に対して、無期労働契約の締結の申込みの意思表示をした場合、当該労働者と使用者との間には、令和6年10月1日に、令和7年4月1日を就労の開始時期とする無期労働契約が成立します。

3　無期転換申込権の行使によって成立する無期労働契約の内容

　無期転換申込権の行使によって成立する無期労働契約の内容である労働条件は、契約期間の定めはなくなりますが、その他の労働条件は、別段の定めのない限り、従前の有期労働契約の内容と同一となります（労契18①後段）。

なお、無期転換申込権の行使によって新たに無期労働契約が成立する以上、当該無期労働契約の締結に関しても、労働基準法15条1項は適用されます。その場合の労働条件通知書については、〔参考文例〕【9】を参照してください。

対応するには

1　無期転換申込権行使の手続の就業規則における規定化

　無期転換申込権は、従前の有期労働契約を無期労働契約に転換させるという重要な効果を持つ権利であり、労働者が当該無期転換申込権の行使を行い、無期労働契約が成立したのか、また、無期労働契約がいつ成立したのかを明らかにするため、無期転換申込権の行使は書面をもって行うことやその申込期限を設けることが考えられます。

　この点、無期転換申込権が重要な効果を持つものであることから、書面によることを求めることは合理的といえ、また、申込期限を設けることも処遇の変化に対応するなどの必要に応じた合理的な範囲内のものであれば、否定すべきものではないであろうと考えられています（菅野和夫ほか『詳説　労働契約法』190頁（弘文堂、第2版、2014））。

　なお、就業規則に、無期転換申込権の行使に関して合理的な範囲内と考えられる申込期限等を設けたが、これに違反する無期転換申込権の行使がなされた場合に、その行使が効力を有するか否かについては、【Q22】を参照してください。

　したがって、無期転換申込権の行使は書面をもって行うことやその申込期限を設けることを、有期契約労働者の就業規則に定めるべきと考えます（〔参考文例〕【4】参照）。

2　無期労働契約の労働条件の就業規則における規定化

　また、無期転換申込権の行使によって成立する無期労働契約の内容は、別段の定めを設けて、定めることができます。

　したがって、無期労働契約の内容と従前の有期労働契約の内容に差を設けるのであれば、無期転換申込権が生じる前に、無期転換申込権の行使を行った労働者用の就業規則を定める必要があります（どのような内容まで別段の定めを設けることができるかは、【Q24】を参照してください。）。

　なお、無期転換申込権の行使を行った労働者に、どの就業規則が適用されるのかという問題が生じ得ますので（例えば、正社員の就業規則が、期間の定めのない労働者を対象としている場合に、正社員の就業規則が適用されるのではないか）、そのような問題を回避するためには、無期転換申込権の行使を行った労働者にどの就業規則が適用されるのかは明確にすべきと考えます。

【24】 別段の定めを置くことによって、無期転換後の労働条件を自由に設定できるか

無期転換労働者については、あらかじめ「別段の定め」を置くことによって、契約期間の定め以外の転換前の労働条件を変更することができると聞きました。その場合、変更は自由にできるのでしょうか。制約があれば、その点についても教えてください。

「別段の定め」としては、個別合意、就業規則及び労働協約がありますが、いずれの方法を利用するのかによって、また、就業規則に関してはいつ定めるのかによって、結論が異なります。

解　説

1　「別段の定め」

労働契約法18条1項後段の「別段の定め」としては、個別合意、就業規則及び労働協約が考えられ、いずれの方法を利用するかによって、また、就業規則に関しては定める時期によって、無期転換申込権行使後の労働契約（以下「無期労働契約」といいます。）に関して、従前の労働条件と異なる労働条件を定めることができるかに差異が生じます。

2　「別段の定め」が個別合意の場合

使用者が、労働者に対して、無期労働契約の労働条件についてよく説明した上で、労働者が当該労働条件を同意しているのであれば、労

働協約や就業規則に違反せず、かつ、そのような合意をする「合理的な理由」が「客観的に存在」しているのであれば、当該合意によって従前の労働条件と異なる労働条件を定めることができます（労契12、労組16、山梨県民信用組合事件＝最判平28・2・19判時2313・119）。

なお、個別合意によって、無期労働契約の労働条件を定める場合の留意点に関しては、【Q25】を参照してください。

3　「別段の定め」が就業規則の場合

就業規則を「別段の定め」として利用して、無期労働契約の労働条件に関して、従前の有期労働契約の労働条件よりも不利益に定める場合、労働契約法7条が適用されるのか、同法10条が類推適用（就業規則の規定の新設であり、就業規則の変更ではないので、直接適用ではありません。）されるのかについて争いがありますが、当該就業規則を定める時期によって、適用法令が変わってくるものと考えます。

（1）　労働者が無期転換申込権を取得する前に、使用者が就業規則で無期労働契約の労働条件を従前の労働条件よりも不利益に定めた場合

まず、労働者が無期転換申込権を取得する前に、使用者が就業規則で無期労働契約の労働条件を従前の労働条件よりも不利益に定めた場合、就業規則が定められた後に新たな無期労働契約が締結されたのですから、労働契約法7条が適用されることになります（菅野和夫・山川隆一『労働法』812頁（弘文堂、第13版、2024））。

そして、労働契約法7条が適用されることから、就業規則の労働条件自体が、合理的なものであれば、無期労働契約の労働条件となります。ただし、「別段の定め」に必要な「合理性」は、通常の場合より厳格に解されるのでないかとの議論があります（【Q44】参照）。

なお、無期転換申込権を取得する前であっても、既に有期労働契約

を締結している以上、後記（3）と同様に考えて、労働契約法7条ではなく、労働契約法10条が類推適用されるとの見解もあります。

しかし、無期転換申込権を取得していない段階において、無期労働契約が締結されるか不確定である以上、労働契約の変更というより、新たに労働契約を締結する前に就業規則を定めた場合に近いといえますので、新たに締結される労働契約に関する就業規則の労働契約規律効（労契7）として処理するのが妥当と考えます。

（2）　労働者が無期転換申込権を行使した後に、使用者が就業規則で無期労働契約の労働契約を従前より不利益に定めた場合

次に、労働者が無期転換申込権を行使した後に、使用者が就業規則で無期労働契約の労働契約を従前より不利益に定めた場合、既に労働者と使用者との間に無期労働契約が成立している以上、労働契約法9条及び10条が類推適用されることになります（菅野和夫・山川隆一『労働法』812～813頁（弘文堂、第13版、2024））。

そして、労働契約法10条が類推適用されることから、就業規則に定められた労働条件が従前よりも不利益となることについて、その不利益の程度、変更の必要性、内容の相当性、無期転換申込権を取得する可能性がある労働者の意見を徴したか否かその他の事情に照らして合理的であれば、当該労働条件が、無期労働契約の労働条件となります。

その場合、当該労働者が無期転換するかどうかを選択できることも考慮要素です。

（3）　労働者が無期転換申込権を取得したが、いまだ行使していない段階で、使用者が就業規則で無期労働契約の労働契約を従前より不利益に定めた場合

第三に、労働者が無期転換申込権を取得したが、いまだ行使していない段階で、使用者が就業規則で無期労働契約の労働契約を従前より不利益に定めた場合、無期労働契約は成立していないものの、いつで

も無期転換申込権を行使することにより、従前の労働条件を承継しつつ無期労働契約に転換できる状態ですから、無期転換申込権を行使した場合と同様に、労働契約法9条及び10条を類推適用して、その有効性を判断することになると考えます（菅野和夫・山川隆一『労働法』813頁（弘文堂、第13版、2024））。

4　「別段の定め」が労働協約の場合

　使用者が、無期転換申込権を行使した労働者が所属する労働組合との間で、無期労働契約の労働条件を従前より不利益とする労働協約を締結した場合、そのような規定にも規範的効力が生じるのかということが問題となります。

　この点、労働協約は、労働者に不利な事項についても原則として規範的効力を有し、特段の不合理性がある場合には、規範的効力が否定されると考えられています。そして、特段の不合理性に関しては、交渉プロセス（組合内の意見集約・調整プロセスの公正さ等）を検討し、一部組合員に特に不利益な協約については内容に著しい不合理性がないかの判断を付け加えて検討することになります（菅野和夫・山川隆一『労働法』1048頁（弘文堂、第13版、2024））。

　したがって、使用者が、無期転換申込権を行使した労働者が所属する労働組合との間で、無期労働契約の労働条件を従前より不利益とする労働協約を締結した場合、無期労働契約の労働条件は、原則として当該労働協約によって定められた労働条件によるものといえますが、有期契約労働者の意見を全く聴いていないといった組合内の意見集約・調整プロセスの公正さを欠く等、その労働条件に著しい不合理がある場合には、従前の労働条件によるものと考えられます。

　なお、労働者が無期転換申込権の行使後に所属しない労働組合との間で、使用者が無期転換申込権を行使した後の労働条件について労働

協約を締結している場合、当該労働者と当該労働組合の組合員とが「同種の労働者」といえない限り、たとえ、当該組合員が、事業場の4分の3以上を占めるとしても、労働組合法17条は適用されず、当該労働協約は「別段の定め」とはなりません。

対応するには

「別段の定め」としては、個別合意、就業規則及び労働協約が考えられますが、個別合意に関しては労働者の同意が得られない可能性が高く、また、労働協約に関しては、無期転換申込権を行使した者が所属する労働組合というものが存在しない可能性が十分に想定されます。

そこで、実務的には就業規則を「別段の定め」として利用することが考えられますが、当該就業規則を定める時期によって、従前の労働条件と異なる労働条件を定めることが認められる範囲が異なってきます。

そのため、無期転換申込権が発生するまでに、就業規則を定めることが重要です。

【25】 使用者と有期労働契約者との間の個別合意は「別段の定め」になるか

当社は、規模も小さく、無期転換申込権を行使する有期契約労働者が現れても、その数は知れています。そこで、無期転換前に、有期契約労働者と個別に話し合って、勤務成績の良い者には、従前より良い労働条件を提示し、勤務成績の悪い者には、従前より多少なりとも悪い労働条件で我慢してもらおうと思っています。何か問題がありますか。

労働者に対してよく説明した上で、同意が得られるのであれば、そのような合意も可能です。もっとも、賃金といった重要な労働条件に関して従前よりも不利益な労働条件で個別合意を行う場合には、労働者に対して十分に説明し、労働者に検討する時間を十分に与えるなどといった慎重な対応が必要です。しかも、不利益変更に同意することに「合理的な理由」が「客観的に存在」することまで求められると考えて、臨まなければなりません。

なお、就業規則に反する労働契約は無効となり、また、労働協約に反する労働契約も無効となりますので、従前の労働条件よりも不利益な労働条件で個別に合意する場合には、当該個別合意が就業規則や労働協約に違反しないかを確認する必要があります。

結果として、無期転換の労働条件を個別合意で取り決められるのは、制度化されない個別的な労働条件や一部労働者との間で特約化される労働条件の場合と考えられます（菅野和夫・山川隆一『労働法』810頁（弘文堂、第13版、2024））。

解　説

1　個別合意が「別段の定め」になるか

　労働契約法18条1項後段の「別段の定め」としては、個別合意、就業規則及び労働協約が考えられます。

　したがって、無期転換申込権取得後、その行使前に、使用者が労働者との間で、無期転換申込権行使後の労働契約（以下「無期労働契約」といいます。）の労働条件に関して個別に合意することは可能です。

　なお、無期転換申込権行使後であれば、既に無期労働契約が成立していることから、労働契約法18条1項後段ではなく、同法8条に基づき、無期労働契約の労働条件の変更が可能となりますが、実質的な違いはないといえます。

2　個別合意を行う際の注意点

　もっとも、無期転換申込権行使の前後いずれかを問わず、無期労働契約の労働条件を従前よりも不利益にするのであれば、労働者に対しては、よく説明した上で、同意を得る必要があります。

　この点、山梨県民信用組合事件（最判平28・2・19判時2313・119）では、賃金や退職金に関する同意の有無の判断に関しては、慎重にされるべきであるとして、不利益の内容及び程度、労働者により当該行為がされるに至った経緯及びその態様、当該行為に先立つ労働者への情報提供又は説明の内容等に照らして、労働者の自由な意思に基づいてされたものと認めるに足りる合理的な理由が客観的に存在するか否かという観点からも、判断されるべきものと解するのが相当であると判断しています。

　したがって、不利益となる労働条件が賃金や退職金といった重要なものである場合には、労働者から同意を得るためには、より慎重な対

応が求められ、そのような重要な労働条件の不利益変更に関する労働者の同意には、「労働者の自由な意思に基づいてされたものと認めるに足りる合理的な理由が客観的に存在」（以下「自由な意思と認める合理的な理由の存在」といいます。）することまで必要となるということです。

上記最高裁判決にいう「自由な意思と認める合理的な理由の存在」の詳細については、【Q32】の 解　説 を参照してください。

3　就業規則・労働協約に反する労働契約は無効

なお、当然のことながら、就業規則に反する労働契約は無効となり（労契12）、また、労働協約に反する労働契約も無効となりますので（労組16）、従前の労働条件よりも不利益な労働条件で個別に合意する場合には、当該個別合意が就業規則や労働協約に違反しないかを確認する必要もあります。

対応するには

従前の労働条件よりも不利益な労働条件で同意する場合、後々、労働者から同意していなかった等と主張されないためにも、十分に説明し、また、労働者に検討する時間を十分に与えるなど慎重な対応を行うべきです。

【26】 無期転換申込権の発生前の契約更新時に労働条件を低く更新し、無期転換後の労働条件を実質的に引き下げることは可能か

無期転換申込権を行使されても、契約期間以外の労働条件に関しては、従前の労働条件と同じと聞きました。そこで、無期転換申込権の発生前の更新時に労働条件を従前よりも低くしておけば、その労働条件が無期転換後の労働条件となり、実質的に労働条件を引き下げることができると考えますが、何か問題がありますか。

契約更新時に、労働者に対して、労働条件をよく説明した上で、同意が得られるのであれば、問題ありません。もっとも、賃金といった重要な労働条件に関して従前よりも不利益な労働条件で個別に同意を得る場合には、労働者に対して十分に説明し、労働者に検討する時間を十分に与えるなどといった慎重な対応が必要です。

なお、労働者の同意が得られない場合、雇止めを行うことも考えられますが、当該労働契約が労働契約法19条各号のいずれかに該当するのであれば、同意が得られないことを理由に雇止めを行うことは、通常、できないと考えられます。したがって、無期転換後の労働条件を変更するために、このような方法を採用するのか否かについては慎重に検討する必要があります。

解　説

1　労働契約更新時の労働条件の変更

従前の労働条件よりも不利益な労働条件で労働契約を更新するということですので、使用者は、更新時に、労働者に対して、労働条件をよく説明した上で、同意を得る必要があります。

この点、山梨県民信用組合事件（最判平28・2・19判時2313・119）では、賃金や退職金に関する同意の有無の判断に関しては、慎重にされるべきであるとして、不利益の内容及び程度、労働者により当該行為がされるに至った経緯及びその態様、当該行為に先立つ労働者への情報提供又は説明の内容等に照らして、労働者の自由な意思に基づいてされたものと認めるに足りる合理的な理由が客観的に存在するか否かという観点からも、判断されるべきものと解するのが相当であると判断されています。

　確かに、山梨県民信用組合事件は同じ労働契約が継続している間に退職金の不利益変更をして、同意書を徴求した事案に関するものです。一方で、ご質問のケースは更新前と更新後の労働契約が異なる事案ですので、その考え方を及ぼしてよいかについては、少々疑問もありますが、裁判実務に及ぼす流れであることは間違いありません。

　したがって、不利益となる労働条件が賃金や退職金といった重要なものである場合には、労働者から同意を得るためには、より慎重な対応が求められ、賃金を引き下げた労働契約書に有期契約労働者が署名・押印したからといって安心できません。

　なお、当然のことながら、就業規則に反する労働契約は無効となり（労契12）、また、労働協約に反する労働契約も無効となりますので（労組16）、従前の労働条件よりも不利益な労働条件で個別に合意する場合には、当該個別合意が就業規則や労働協約に違反しないかを確認する必要もあります。

2　雇止めの可否

　従前の労働条件よりも不利益な労働条件で労働契約を更新することに関して労働者の同意が得られない場合の対応として、当該労働者を雇止めすることが考えられます。

　しかし、当該労働者との労働契約が労働契約法19条各号のいずれかに該当する場合、労働者が、当該労働契約の更新の申込みをすれば、

使用者は、当該申込みを拒絶することに関して客観的に合理的な理由があり、社会通念上相当であると認められなければ、従前の労働契約の内容である労働条件と同一の労働条件で当該申込みを承諾したものとみなされます（労契19）。

この点、無期転換後の労働条件を実質的に引き下げる目的で、従前よりも不利益な労働条件を提示し、これを拒否した労働者を雇い止めするのは、他に特段の理由がない限り、客観的に合理的な理由を有し、社会通念上相当であるとは認められず、当該雇止めは無効になるものと考えます。

なお、変更解約告知（労働条件を変更する手段としての労働契約の解約）が雇止めにおいても使い得ること、その雇止めの有効性は、主として使用者が企図する労働条件変更の合理性によって判断されることを示した裁判例として、学校法人河合塾（雇止め）事件（東京地判令3・8・5労判1250・13）があります。

対応するには

対象となる全労働者から同意が得られるのであれば、無期転換後の労働条件を実質的に引き下げる目的で、無期転換申込権の発生前の更新時に労働条件を従前よりも低くして更新することも考えられます。

しかし、通常、全労働者から上記のような同意が得られるとは想定できません。また、使用者と労働者の労働契約が労働契約法19条各号に該当する場合には、同意が得られなかった労働者に関して、雇止めもできないことからすれば、使用者に協力して同意をした労働者の労働条件の方が同意をしなかった労働者の労働条件よりも不利益となり、人事労務政策上、極めて問題といえます。

そこで、無期転換後の労働条件を従前の労働条件と変えるのであれば、「別段の定め」で対応すべきです（【Q24】参照）。

Ⅱ　無期転換制度の実務

第3章　無期転換に対応するグランドデザイン

【27】　無期転換制度の対応状況及び導入事例は

当社には、多数の有期契約労働者がおり、参考のために、他社での無期転換制度への対応状況や導入事例を教えてください。

最新の調査結果によると、無期転換制度への対応状況は以下のとおりです（独立行政法人労働政策研究・研修機構「無期転換ルールへの対応状況等に関する調査」結果（2020））。

① 何らかの形で無期契約にしていく企業の割合が、フルタイム有期契約労働者で77.0％、パートタイム有期契約労働者でも73.6％

② 調査時点（平成30年11月時点）で「無期転換できる機会は一切設けていない」割合は、フルタイム有期契約労働者で20.5％、パートタイム有期契約労働者で24.0％

また、無期転換制度の導入事例ですが、導入に当たって、創意工夫をこらす会社も少なくないようです。契約期間を除き、有期契約労働者当時と同一に取り扱う類型と独自の雇用形態として取り扱う類型の具体例を、 解　説 に掲げました。

解　説

1　具体的な対応状況

無期転換制度に対する各社の対応状況は、まとめるとAのとおりで

すが、もう少し詳しく見てみると、次のように説明されています。
㋐　有期契約労働者を雇用している企業等（定年後の再雇用者のみを除く）を対象に、有期労働契約から無期労働契約（正社員を含む）へ移行（無期転換）できる機会の設定状況・方針を尋ねると、「契約期間を通算して5年（あるいは、それより短い期間）を超えることのみを要件として、有期労働契約時と同じ働き方のまま、無期転換できる機会を設けている」割合がもっとも高く、「フルタイムの有期契約労働者」を雇用している企業等で43.8％、「パートタイムの有期契約労働者」を雇用している企業等で48.6％となった。

㋑　次いで挙がったのは、「㋐に加えて他の内容でも無期転換できる機会を設けている（㋐もあるが、従前からの正社員転換など他の機会もある）」割合であり、「フルタイムの有期契約労働者」を雇用している企業等で20.1％、「パートタイムの有期契約労働者」を雇用している企業等で13.2％となった。

㋒　このほか、「㋐はないが、他の内容で無期転換できる機会を設けている（㋐はないが、従前からの正社員転換など他の機会ならある）」割合が、「フルタイムの有期契約労働者」を雇用している企業等で13.1％、「パートタイムの有期契約労働者」を雇用している企業等で11.8％となった。総じて、何らかの形で無期転換できる機会を設けている企業等の割合は、それぞれ77.0％、73.6％と算出された。

㋓　一方、調査時点（平成30年11月時点）で「無期転換できる機会は一切、設けていない」割合は、フルタイムの有期契約労働者」を雇用している企業等で計20.5％、「パートタイムの有期契約労働者」を雇用している企業等で計24.0％と算出された。

㋔　また、「無期転換できる機会は一切設けておらず、今後、設ける予定もない」企業等では、契約の更新回数や通算の勤続年数の上限を設けている割合が高くなっている。

そして、その対応状況を具体的な対応類型に分けると次のとおりとなります（【Q34】参照）。
① 契約期間を除き、有期契約労働者当時と同一に取り扱う類型（従前同様の類型）
② 独自の雇用形態として取り扱う類型（独自の類型）
③ 正社員として取り扱う類型（正社員となる類型）
④ これらの複数を選択できる類型（複数選択の類型）

なお、上記①ないし④につき、法定どおりではなく、法定を上回るタイミングで、無期転換申込権を順次、付与していく方式があります。

①の類型については、有期契約労働者の選択によらずに一斉転換する方式や、無期転換した後に、限定正社員・正社員に登用する等して、段階的に待遇をステップアップする方式も考えられます。

②及び③の類型では、就業規則や労働協約に「別段の定め」を置き、変更後の労働条件をあらかじめ定め、周知しておく必要がありますが、中小企業群を中心に、そこまで踏み込んだ対応は必ずしも検討されておらず、上記㊀の「無期転換できる機会は一切、設けていない」企業群は、更新上限規制（条項）を行っている企業を別にすれば、上記調査結果には「そもそも無期転換ルールの具体的な内容を知っている割合が低い」と記載されているところです。

2　導入事例

（1）　法定を上回るタイミングで、上記1①が実行された事例

A生活協同組合（小売業）では、平成26年3月15日時点で勤続5年以上の労働者について、希望する者は一律で無期労働契約としました。勤続年数以外の基準での選抜は一切行わず、また、業務内容や労働条件なども変更していません。その結果、雇用形態は、次のとおりとなっています。

名　称	賃金形態	雇用形態	勤務時間	異動
正規職員	月給	無期労働契約	フルタイム	あり
嘱託職員 （特別な能力や経験を有するものでシステムエンジニアやバイヤーなどが該当）	月給	1～5年目：有期労働契約（1年契約） 6年目以降：無期労働契約	フルタイム	なし
	時給	1～5年目：有期労働契約（1年契約） 6年目以降：無期労働契約	パートタイム	
定時職員	時給	1～5年目：有期労働契約（1年契約） 6年目以降：無期労働契約	パートタイム	あり
アルバイト	時給	1～5年目：有期労働契約（1年契約） 6年目以降：無期労働契約	パートタイム	なし

（厚生労働省「無期転換の準備、進めていますか？～有期契約労働者の円滑な無期転換のためのハンドブック～」）

（２）　法定を上回るタイミングで、上記１②が実行された事例

B海上火災保険株式会社（保険業）において、スタッフ社員が担当する正確・迅速・丁寧な事務や電話応対等は、損害保険事業におけるサービス力そのものです。そのため、これらの業務を担っている全国約5,000人のスタッフ社員の力量が同社の競争力、成長を左右してい

るとの考えに基づき、無期雇用の社員区分に「アソシエイト社員」を新設し、社員区分転換（平成28年4月1日付）を開始しました。従来から実施している「地域社員」への社員区分転換に比べ、「アソシエイト社員」は専門分野を業務範囲とするため、「地域社員」への転換と比べ緩やかな登用条件としています。

その結果、「アソシエイト社員」への転換は、培ったスキルを直接活かせる職種への転換であるとともに、任される業務範囲が拡大し、処遇等も大幅に向上することから、従来からあった「地域社員」への転換と比して応募者数が4倍以上となっています。

同社の雇用形態は、次のとおりです。

名　称	賃金形態	雇用形態	勤務時間	異動 転居転勤	異動 部門間
全域社員（総合職）	月給	無期労働契約	フルタイム	あり	あり
地域社員（総合職）	月給	無期労働契約	フルタイム	原則なし	あり
アソシエイト社員（専任職）	月給	無期労働契約	フルタイム	原則なし	原則なし
スタッフ社員	時給	有期労働契約（1年契約）	フルタイムパートタイム	原則なし	原則なし

（厚生労働省「無期転換の準備、進めていますか？〜有期契約労働者の円滑な無期転換のためのハンドブック〜」）

（3）　上記1③が実行された事例

厚生労働省の「有期契約労働者の無期転換ポータルサイト」の「導入企業事例」に少なからずの事例が掲載されています。ただし、上記

1④の「複数選択の類型」については、全く別の機会に、正社員や限定正社員に登用される制度が設けられている事例は掲載されていましたが、一定の雇用年数が経過した時点で、例えば「従前同様の類型」と限定正社員のどちらかを選択できるような事例の掲載はありませんでした。

アドバイス

　具体的な対応状況を見ると、各企業において種々工夫をこらしていることが分かります。
　1つ目のポイントは、無期転換制度が動き出していること、2つ目のポイントは、有期契約労働者につき、賃金を含めた処遇内容や有期契約であることが、有期契約労働者のロイヤリティーやモチベーション向上の妨げとなり、また新規採用の障壁や早期退職の悪因となっていることを何とか改善したいという思いがあることがその工夫の根底にあるようです。
　導入事例等を参考にして、自社に合った対応ができるよういろいろと工夫することが重要といえます。

Ⅱ 第3章 無期転換に対応するグランドデザイン

【28】 企業はどのような視点で無期転換に対応するグランドデザインを描き、どのような手順で無期転換制度を導入したらよいか

当社では、無期転換労働者が出てきておらず、同制度に対する準備ができていませんでした。今般、労働条件の明示事項として「無期転換申込機会」が追加されたと聞きました。これを機会に無期転換労働者が出てくることも予想されます。

それに対応するため、無期転換労働者をどのように活用するかのグランドデザインを描く上での視点を教えてください。また、無期転換制度を導入する場合の手順も教えてください。

グランドデザインを描く上での視点としては、以下のものがあります。
① 人材活用戦略に基づいて、将来的に無期転換労働者にどのような役割を担ってもらうかを検討すること
② ①を実現するために、長期的あるいは中期的な視点に立って、無期転換労働者育成を実施する仕組みを作ること
③ ②に伴って、人事考課の導入や考課結果に応じて、労働条件が上下する制度の導入を検討すること

次に、無期転換制度を導入する場合の手順は、以下のとおりです。

有期契約労働者の就労実態を調べることが、最初に行うべき作業です。その上で、上記①ないし③を検討します。そして、無期転換労働者に適用する労働条件を検討し、その就業規則を作成する作業に進みます。これが完成すると、有期契約労働者に無期転

換制度を周知し、いよいよ同制度の運用が始まります。運用開始後の見直しも忘れてはならない作業といえます。

> [!NOTE]
> 解　説

1　無期転換への対応

　無期転換への対応には、大別して、「無期転換を受け入れない場合の対応」と「無期転換を受け入れる場合の対応」があります（第4章、第5章参照）。しかし、無期転換を受け入れない場合の対応は、実務上、困難を伴います（第4章参照）。

　確かに、有期契約労働者を新規に受け入れる場合に、通算契約期間を最長5年とする更新上限規制（条項）を、当初の契約書から入れておくことは、無期転換を発生させない有効な方法です（〔**参考文例**〕【1】参照）。この方針をとる場合、優秀な労働者については、5年の間に準社員、限定正社員、正社員等に登用し、それらの雇用形態に転進できなかった労働者については、最長5年で契約を終了するという考えが根底にあります。しかし、求人難のこの時代に、有期契約労働者の採用に当たって、最長5年という更新上限規制（条項）を入れたのでは、よほど魅力的な会社でなければ、そもそも、良い人材を採用することが難しいでしょう。

　その結果、5年超を前に無理な雇止めをして、トラブルを発生させるより、無期転換を受け入れる場合の対応をとらざるを得ないというのが実情です。

2　無期転換に備えたグランドデザインを描く上での視点

　しかし、無期転換労働者を、契約期間以外、従前の有期契約労働者当時と同一にずっと取り扱えばよいというものではありません。

有期契約労働者当時は、有期労働契約が良い意味でも、悪い意味でも、雇止めされないために、真面目に働かなければならないとの原動力になっていました。無期転換したことによって、雇用の不安定が解消され、その足かせが払拭される一方、待遇が据置きであれば、使用者等に対する不満が顕在化するおそれが多分にあります。その結果、労働意欲を失う、職場の一体感を損なう等の問題が発生することになります。

　一方、「職務の内容」や「人材活用の仕組み・運用等」を有期契約労働者当時と同一にしたまま、無期転換労働者の賃金のみを引き上げるなら、有期契約労働者からパートタイム・有期雇用労働法9条の均等待遇の原則違反の指摘を受ける可能性があります（【Q5】参照）。

　そこで、無期転換に備えたグランドデザインを描く上での視点としては、以下のものが必要です。

① 人材活用戦略に基づいて、将来的に無期転換労働者がどのような役割や責任を担うかを検討すること

　もちろん、無期転換労働者を一律に扱うのでなく、優秀な人にはこの役割を、普通の人にはこの役割を、低位の人にはこの役割をといった区分があって然るべきです。何を担うかによって、有期契約労働者当時とは「職務の内容」や「人材活用の仕組み・運用等」に変化をつけることになります。

② ①を実現するために、長期的あるいは中期的な視点に立って、無期転換労働者育成を実施する仕組みを作ること

③ ②に伴い、人事考課の導入や考課結果に応じて、労働条件が上下する制度の導入を検討すること

3　無期転換制度導入の手順

　無期転換制度導入の手順は、次のとおりです（厚生労働省「無期転換の

準備、進めていますか？～有期契約労働者の円滑な無期転換のためのハンドブック～」参照)。

STEP 1　有期契約労働者の就労実態を調べる。
① 契約社員、パートタイマー、アルバイト等の名称を問わず、有期契約労働者の人数を調べる。
② 各有期契約労働者ごとに、入社年月日、職務内容、労働時間、契約期間、無期転換申込権の発生時期等を調べる。

STEP 2　社内の仕事を整理し、労働者区分ごとに担当する仕事を検討する。

　この点については、上記2①～③のとおりです。また、無期転換労働者の受入れの類型ごとの留意点については、【Q34】～【Q38】を参照してください。

STEP 3　無期転換労働者に適用する労働条件を検討し、その就業規則を作成する。

　作成上の留意点は、【Q39】～【Q44】を参照してください。

STEP 4　有期契約労働者に適用されている就業規則に無期転換申込手続に関する規定を設ける。

　規定を設ける必要性とその内容については、【Q22】を参照してください。

STEP 5　無期転換制度の説明会の開催・周知文を配布する。

　無期転換制度を正確に理解してもらうために、説明会を開催し、あるいは周知文を配布して、無期転換制度の内容と使用者側の対応方針を説明しておくのが望ましいと思われます。

　なお、周知文については、**参考文例【5】**を参照してください。

STEP 6　無期転換制度の運用を開始し、その改善を行う。

4　中長期的な正社員への登用の方法例

　既に雇用している有期契約労働者やこれから採用する有期契約労働

者を無期転換していく際に、当該労働者本人の意向等を踏まえつつ決定していくことと同時に、その後の登用のあり方をあらかじめ想定しておくことも大切です。

　厚生労働省のハンドブックでは、それぞれのタイプの社員の中長期的な登用における考え方を示しています。会社の状況に合わせて検討してください。

有期契約労働者の登用の考え方

	正社員への転換	多様な正社員への転換	雇用期間の変更
無期契約	正社員 ← 多様な正社員	多様な正社員	無期転換社員
有期契約	有期契約労働者	有期契約労働者	有期契約労働者
	有期契約労働者から正社員へ直接登用するほか、正社員候補であっても、まずは多様な正社員として雇用し、能力を発揮できることを確認した上で、さらに正社員として登用するという2段階のステップを踏むと登用を円滑に行うことができます。	初めは多様な正社員に起用しますが、一定の年限を経過した後に要件を満たせば、正社員に転換できる道を用意しておくと、労働者のモチベーションを継続的に維持し、高めることができます。	まずは雇用期間の限定をなくすことにとどまりますが、能力や意欲が高まった場合など要件を満たせば、多様な正社員や正社員に転換できる道を用意しておくと、労働者のモチベーションを継続的に維持し、高めることができます。

（厚生労働省「無期転換ルールハンドブック～無期転換ルールの円滑な運用のために～」）

第4章　無期転換を受け入れない場合の対応

【29】　無期転換申込権が発生しないケースとは

当社には、有期契約労働者がいますが、無期転換労働者を受け入れる体制が整っていません。そこで、体制を整えると同時に、有期契約労働者に、今後、無期転換申込権が発生しないケースにはどのようなものがあるかについても知っておきたいのですが、どのような方法をとれば無期転換申込権が発生しないのでしょうか。

①無期転換申込権発生前に、有期契約労働者を「雇止め」する方法、②無期転換申込権を行使しない合意（不行使合意）をする方法、③無期転換申込権発生前に、使用者を切り替える方法、④更新回数に上限を設ける旨（更新上限条項）の合意をする方法や、⑤有期労働契約の更新を行わない旨（不更新条項）の合意をする方法が考えられます。いずれの方法も、法的リスクのある方法ですので、導入には注意が必要です。

解　説

1　無期転換申込権が発生しないケース

　無期転換申込権が発生するためには、「同一の使用者」との間に、2以上の有期労働契約が通算5年を超えることが必要です。
　したがって、同一の使用者との有期労働契約が通算5年を超える前

に終了すれば、無期転換申込権は発生しません。また、無期転換申込権が発生しても、有期契約労働者が、無期転換申込権を行使しなければ、無期転換労働者となることはありません。

そこで、同一の使用者との有期労働契約が通算5年を超える前に終了するケースとして、以下の5つが考えられます。

① 無期転換申込権発生前に、有期契約労働者を「雇止め」する方法
② 無期転換申込権を行使しない合意（不行使合意）をする方法
③ 無期転換申込権発生前に、使用者を切り替える方法
④ 更新回数に上限を設ける旨（更新上限条項）の合意をする方法
⑤ 有期労働契約の更新を行わない旨（不更新条項）の合意をする方法

しかし、いずれの方法も、厳格な要件をクリアしなければ有効とは認められず、安易に利用することには法的リスクが伴います。このうち、②ないし⑤の方法については、【Q30】～【Q33】にて詳しく解説します。

ここでは、無期転換の受入れを防ぐために、①の「雇止め」する方法をとることが有用か否かについて、検討をします。

2　「雇止め」の有用性

無期転換を受け入れたくないという理由で、無期転換申込権が発生する直前に、雇止めをすることは、労働契約法19条の「客観的に合理的な理由を欠き、社会通念上相当であると認められないとき」に当たりますので、無効と判断されるリスクが高いです。

特に、今まで、有期契約労働者を雇止めしたことのないような使用者が、一斉に、有期契約労働者の雇止めを行った場合には、「無期転換を受け入れたくないから雇止めをした」と判断されるリスクが高くなります。

「能力不足」や「職務怠慢」などといって、特段客観的証拠もないのに、それらしい理由を考えて、雇止めをする場合も同様にリスクが伴います。

無期転換申込権が発生する直前ということは、既に、2以上の有期労働契約が5年近く反復継続して更新されてきたということですから、当該有期契約労働者が恒常的業務に従事している場合、雇止め自体が困難です（【Q3】参照）。

雇止めが無効とされ、労働契約法19条2号により3回目の更新がされたと認められて、その契約期間中に無期転換申込権を行使したことから、同法18条1項により期間の定めのない労働契約に転換していると判断された長崎大学事件（長崎地判令5・1・30（令元(ワ)393）裁判所ウェブサイト）など（他に公益財団法人埼玉県公園緑地協会・狭山市事件＝さいたま地判令3・4・23労判1264・57）の裁判例があります。

令和6年4月1日施行の労働基準法施行規則の改正等を踏まえ、有期契約労働者の無期転換制度への関心も高まりますので、この時期に、安易な雇止めを行うことはより一層リスクがある行為であるといえます。

対応するには

無期転換申込権が発生しないケースは、主に5つ考えられますが、それぞれの方法にも法的リスクがありますので、安易な活用をせず、それぞれのリスクを回避するような活用法を模索しましょう。

その場合、解説 1の①及び②の方法は、リスクが高すぎると思いますが、③ないし⑤の方法については、そのやり方を工夫する、あるいは、一定の条件の下で行うことによって、法的リスクを軽減できます。具体的には、【Q30】～【Q33】を参照してください。

【30】 あらかじめ無期転換申込権不行使の合意をしておくことは可能か

　　　　当社では、有期契約労働者の無期転換による混乱を避けるため、無期転換申込権が発生する前に、あらかじめ、有期契約労働者と締結する労働契約書に、「有期契約労働者は、契約終了までに、無期転換申込権を行使しない」という条項を盛り込んでおこうと考えています。このような合意は有効でしょうか。

　　　　あらかじめ無期転換申込権を行使しないという合意をしておくことは、強行法規である労働契約法18条の趣旨に反し、公序良俗違反となるため、原則として、無効となります。

　しかし、「特段の合理的な事情が認められ、労働契約法18条の趣旨を損なわないため、公序良俗違反とはならない」場合には、有効となるケースもないわけではありません。

解　説

1　事前の無期転換申込権不行使合意の効力

　無期転換申込権について、その発生前に、有期契約労働者との間で締結する労働契約書に無期転換申込権の不行使合意条項を盛り込んだり、有期契約労働者に適用される就業規則に同様の規定を設けることは、強行法規である労働契約法18条違反となり、公序良俗（民90）に反し、原則として、無効と解されます（平24・8・10基発0810第2　第5　4（2）オ）。

確かに、ご質問に挙げられたような条項が労働契約書に盛り込まれていた場合、有期契約労働者においては、「無期転換申込権の不行使に合意しなければ、契約の更新をしてもらえない」と危惧することは十分予想されるところです。その意味で、かかる条項を労働契約書に盛り込んだとしても、「原則として、公序良俗に反し、無効である」とする解釈は、妥当といわざるを得ません。

2　事前の無期転換申込権不行使合意が有効となるのはどのようなケースか

　事前の無期転換申込権不行使合意が、公序良俗違反か否かは、個別具体的事情に基づいて判断されるべきものです。無期転換申込権は、労働契約法18条1項においても、有期契約労働者がそれを行使するか否かは自由とされています。また、有期雇用であっても、特別の専門的知識・技術・経歴・資格を有し、有期プレミアム（期間の定めのあることで有利な条件を設定している場合）を獲得する交渉力を有する労働者もいます。そうすると、そのような有期契約労働者が、更なる有利な労働条件を得るために、無期転換申込権を事前に放棄した場合にまで、一律に無効と解するのは、あまりにも、硬直的です。

　有力な学説においても、「合理的な理由があってそれが本人の真意に出ていると認められれば放棄できると考えられる」（菅野和夫・山川隆一『労働法』808頁（弘文堂、第13版、2024））とされているように、有期契約労働者において、特段の合理的な事情があり、無期転換申込権の不行使につき、真意に基づいて同意したようなケースでは、有効と解される余地はあります。

3　特段の合理的な事情

　ここで重要なのは、特段の合理的な理由が認められるか否かです。

近時最高裁は、労働者に不利益となる合意の認定につき、「労働者の自由な意思に基づいてされたものと認めるに足りる合理的な理由が客観的に存在」するか否かという基準を使っています（広島中央保健生活協同組合事件＝最判平26・10・23判時2252・101、山梨県民信用組合事件＝最判平28・2・19判時2313・119参照）。特段の合理的な事情があり、真意に基づいた同意があったかについては、これらの判例が参考になります。

　なお、使用者である被告が「原告（労働者を指します。）との平成31年4月1日付け労働契約の締結に際して、令和元年12月末日を最終出勤日とする旨の合意が成立したことをもって、原告は無期転換申込権を放棄した旨」主張した事案があります。これに対し、裁判所は、「そもそも原告、被告代表者ともに、平成31年4月時点では労働契約法18条1項に基づく無期労働契約への転換という制度についての認識はなかった（原告本人、被告代表者）うえ、仮に令和元年12月末日を最終出勤日とする（その後一定の期間を経て退職する）旨の合意が有効に成立したとしても、同日に先立って無期転換申込権が行使されれば、無期転換後に当該合意の効果が発生すると解されるから、当該合意とその後の無期転換申込権の行使は何ら矛盾しない。」と判断しています（東京地判令4・2・25（令2（ワ）9055））。

対応するには

1　無期転換申込権不行使と金銭補償

　無期転換申込権を行使しないことを条件に、一定の金銭補償をするという代償措置の制度として、例えば、有期契約労働者の月収や勤続年数に応じて、有期労働契約終了時ごとに一時金を支給することにより、無期転換申込権を放棄してもらうという制度が考えられます。

　このような制度の有効性についても、「無期転換権を売買すること

になり、公序良俗違反である」とされ、原則無効と解されるおそれが高いと思われます。

　しかし、有期契約労働者の中には、前述のように、特別の専門的知識・技術・経歴・資格を有し、転職等のキャリアアップのために、必ずしも無期雇用を選択しない労働者もいるものと思われます。そのような場合、単に、契約が終了するのではなく、一定の金銭補償がなされることの方が、かえって有期契約労働者の利益に資することになります。

　いずれにせよ、このような代償措置の制度についても、有期契約労働者において、特段の合理的な事情があって、本人の真意に基づく同意があったか否かが問題となると考えられます。

2　無期転換申込権発生後の事後放棄

　有期契約労働者に無期転換申込権が発生した後、契約期間満了までの間に、使用者との間で、「有期契約労働者は、本契約期間中、無期転換申込権を放棄する」旨の合意をすることは可能でしょうか。

　このような事後放棄の場合については、有期契約労働者が自己に発生した権利内容を知った上で、自由意思に基づいて放棄するのであれば、事前放棄の場合よりは、労働契約法18条の趣旨を損なうリスクは小さくなります。

　したがって、事後放棄の場合には、事前の不行使合意よりも、有効と解される余地は大きいものと考えます。

3　対応上の留意点

　留意すべきは、金銭補償の場合も、事後放棄の場合もそれが有効であるとしても、有期契約が更新され、改めて、労働契約法18条の要件を具備した場合、金銭補償や事後放棄の対象とならない新たな無期転

換申込権が発生するという点です。

当面、有期契約が順次更新されることが予定されているような労働者の場合には、金銭補償や事後放棄では、実効性を欠くことになります。

＜条項例＞
○労働契約書（事前の無期転換申込権不行使合意）

> （無期転換申込権の不行使合意）
> 第○条　乙（有期契約労働者）は、甲（使用者）に対し、本契約期間中、労働契約法第18条第1項に基づく無期転換申込権を行使しない。

＜書式＞
○無期転換申込権の事後放棄書

> 　　　　　　　　　　　　　　　　　　　　令和○○年○○月○○日
> ○○株式会社　御中
> 　　　　　　　　　　　　　　　　　　　　　所属　○○○○
> 　　　　　　　　　　　　　　　　　　　　　氏名　○○○○　㊞
>
> 　　　　　　　　　　　放　棄　書
>
> 　私は、貴社との間で締結している令和○○年○○月○○日付有期社員労働契約書の有期契約期間中（令和○○年○○月○○日〜令和○○年○○月○○日）は、労働契約法第18条第1項に基づく無期転換申込権を放棄し、同期間中に無期転換申込権を行使することはありません。
> 　　　　　　　　　　　　　　　　　　　　　　　　　　　　　以上

【31】 使用者を切り替えた場合、無期転換申込権は発生するのか

　　当社と1年更新の労働契約を締結している有期契約労働者について、契約期間が2年を経過したときに、その有期契約労働者の業務を6か月だけグループ会社内の請負会社に発注し、その上で、その有期契約労働者を請負会社に転籍させ、6か月間のクーリング期間経過後に、当社に有期契約労働者として復帰させることを検討しています。このような運用をした場合、無期転換申込権は発生するのでしょうか。

　　有期契約労働者の就業の態様に変化がないにもかかわらず、無期転換申込権の発生を免れることを目的として、形式的に、請負契約を締結し、使用者を切り替えることは、脱法行為であると解されます。したがって、ご質問のような運用をしても、「同一の使用者」(労契18①)との労働契約が継続していると解される可能性が高く、有期労働契約締結から5年が経過すれば、無期転換申込権が発生することとなります。このような使用者の切替えは、有用であるどころか、むしろ偽装請負とされ、リスクを伴う違法な行為となります。

解　説

1　使用者切替え手段の有効性
（1）　「同一の使用者」の要件

　無期転換申込権は、「同一の使用者」との間で締結された2以上の有期労働契約が、通算契約期間5年を超えた場合に発生します。

この「同一の使用者」の要件は、「使用者が、就業実態が変わらないにもかかわらず、法第18条第1項に基づき有期契約労働者が無期労働契約への転換を申し込むことができる権利（以下「無期転換申込権」という。）の発生を免れる意図をもって、派遣形態や請負形態を偽装して、労働契約の当事者を形式的に他の使用者に切り替えた場合は、法を潜脱するものとして、同項の通算契約期間の計算上「同一の使用者」との労働契約が継続していると解されるものであること。」とされています（平24・8・10基発0810第2　第5　4（2）イ）。

これについては、「これは、A会社が有期で雇用していたBを、A社の支配下にあり、かつ組織的にも独立の企業としての実体がないC社の有期契約社員に切り替えて、引き続きA社に派遣させるような事例を想定していると思われる。」との解釈があります（菅野和夫・山川隆一『労働法』804頁（弘文堂、第13版、2024））。

（2）　有効性の判断基準

例えば、C社の法人格が形骸化又は濫用されていて、C社の法人格を否認するという「法人格否認の法理」が適用できるケースや、実質的にみてBに賃金を支払う者がC社でなくA社であり、しかもBの労務提供の相手方がC社でなくA社であるといった場合に認められる黙示の労働契約がA社とBとの間に認定できるケースでは、5年という通算期間の計算上「A社」との労働契約が継続しているといえるでしょう。

2　関連会社間やグループ会社間での切替え

ご質問のケースが、グループ会社内の請負会社の法人格が否認できるケースでもなければ、「当社」との間の黙示の労働契約が認められるケースでもないとすると、どう考えるべきでしょうか。

具体的には、有期契約労働者の契約期間が5年を超えるまでに、関

連会社やグループ会社に転籍させ、関連会社やグループ会社と新たな有期労働契約を締結し、クーリング期間を置いた後に、再度、自社に有期契約労働者として復帰させるケースです。

(1) 就労実態に変わりがない場合

このような場合であっても、有期契約労働者の勤務場所や業務等の就労実態に変化がなく、単に、形式的に使用者だけを切り替えた場合には、5年の通算期間を免れるための脱法行為であると判断されるリスクがあります。

これは、「「同一の使用者」という概念を一定程度規範的に捉える解釈も可能なので、本条の規制を潜脱する目的で、派遣事業者や請負事業者を形式的に介在させるものの、実質的には従前の使用者との労働契約が存続していたと評価されるような不自然な状況が認められる場合には、「同一の使用者」という要件が充足されるとみてよいであろう」（菅野和夫ほか『詳説　労働契約法』182頁（弘文堂、第2版、2014））との考え方に基づくものです。

(2) 就労実態に変更がある場合

この点、関連会社やグループ会社での業務が従前業務と異なり、就労場所も全く異なるような場合には、関連会社やグループ会社での雇用期間中に、クーリング期間（例えば6か月）が経過すれば、再度、自社での雇用時には、無期転換申込権発生要件の5年の通算がゼロからカウントされることとなります。

しかし、関連会社やグループ会社間で組織ぐるみで、専ら無期転換申込権の発生を避けるために、2社間・3社間で、有期契約労働者の雇用主や職場を1年ごとに入れ替えるという運用をする場合であれば、クーリング期間の濫用、つまり脱法行為と認められるおそれはあります。

3 通達

通達では、「通算契約期間又は有期労働契約の更新回数の上限を設けた上で、クーリング期間を設定し、クーリング期間経過後に再雇用することを約束して雇止めを行うことは、『有期労働契約の濫用的な利用を抑制し労働者の雇用の安定を図る』という法第18条の趣旨に照らして望ましいものではないこと。」とされています（平24・8・10基発0810第2　第5　4（2）サ）。

対応するには

使用者の切替えにより、クーリング期間の制度を濫用していると認められる事情がないよう運用するには、下記の点に注意が必要です。
① 有期契約労働者の「使用者」となる会社が形骸化している等、使用者の切替えが濫用と認められないこと
② 有期契約労働者の業務や就労場所も異なる等、就労実態に変更があると認められること
③ あらかじめクーリング期間を設定し、クーリング期間経過後に再雇用することを約束して雇止めを行わないこと

＜参考判例＞

○労働者派遣法上のクーリング期間3か月は派遣労働者をサポート社員として有期契約で直接雇用し、その後、再び派遣労働者として継続的に受け入れた後に雇止め等をした。この場合、派遣元と派遣労働者との派遣労働契約及び派遣元と派遣先との労働者派遣契約がいずれも無効であるとして、派遣労働者と派遣先との間で期間の定めのない黙示の労働契約が成立したとされた事例（マツダ防府工場事件＝山口地判平25・3・13労判1070・6）

【32】 更新上限規制（条項）を設ける場合の注意点は

無期転換申込権が発生しないために、「更新上限規制(条項)」を設けるという方法があると聞きましたが、この方法をとる場合の注意点を教えてください。

今後、新規に採用する有期契約労働者について、就業規則と労働契約書に「更新上限条項」を入れておくことは、無期転換申込権が発生しないための有効な方法です。

その場合、更新上限規制（条項）を導入した以上、上限年数を超えて雇用するというような例外を設けないように厳格に運用しましょう。例外を設けてしまった場合には、更新上限規制（条項）に基づく雇止めが無効になるおそれがあります。

一方、既存の有期契約労働者の就業規則等に、更新上限規制（条項）を入れても、既存の有期契約労働者に対しては無効になる可能性が高く、無期転換を発生させないために、更新上限規制（条項）を活用するのは慎重であるべきです。

なお、更新上限規則（条項）の意味については、【Q4】を参照してください。

解　説

1　更新上限規制（条項）を設ける方法

更新上限規制（条項）は、就業規則に入れ、併せて労働契約書にも入れるのが普通でしょう。しかし、どちらか一方にだけ入れる場合もないわけではありませんので、2つの方法を分けて説明します。

2　就業規則で更新上限条項を定めた場合

　有期契約社員就業規則に、更新上限条項を設けることができます。
（１）　新規採用者との間での注意点

　有期契約社員就業規則において更新上限条項を定めること、それ自体は、違法ではありません。就業規則で更新上限条項を規定した後の新規採用者に対し、更新上限条項の効力が及ぶかは、就業規則が労働契約法7条の要件を具備しているかどうかによります。労働契約法7条は、①就業規則の内容に合理性があること、②就業規則を周知していることを要件として、その就業規則の内容が労働契約の内容となる旨定めているからです。

　この点、労働契約法18条の「規定が導入された後も、5年を超える反復更新を行わない限度において有期労働契約により短期雇用の労働力を利用することは許容されていると解されるから、その限度内で有期労働契約を締結し、雇止めをしたことのみをもって、同条の趣旨に反する濫用的な有期労働契約の利用であるとか、同条を潜脱する行為であるなどと評価されるものではない。」と日本通運（川崎・雇止め）事件（東京高判令4・9・14労判1281・14）において東京高裁が判断しているとおり、更新上限条項自体は、合理的な内容の条項ですからそれだけで無効となることはありません。ただ、「更新限度の設定により、法の潜脱を意図したとしかいいようのない不自然な態様（時期・方法等）で無期転換申込権の行使を妨げたような場合には、無期転換ルールの脱法行為として違法とされると考えられる。たとえば、正社員数を抑制するため漫然と6カ月や1年の有期労働契約を格別の更新限度を示さず反復更新して利用してきた企業が、5年到来の直前に、人事管理上の合理的理由を示さないまま、時期更新時で雇止めする旨の予告（更新限度の設定）することは、雇止め制限規定（労契19条）によって合理的理由を欠くものとして許されない」ものと解されています（菅野和

夫・山川隆一『労働法』806頁（弘文堂、第13版、2024））。

　しかし、更新上限規則（条項）が労働契約の内容となるためには、労働者に対し就業規則の内容の周知ができていなければなりません。

　就業規則の周知の要件を具備しているか各事業所において、今一度チェックしましょう。

　なお、新規採用の有期契約労働者について、就業規則と共に採用時の労働契約書に「更新上限条項」を入れておくことは、無期転換を発生させないための有効な方法であることは間違いありません。

　加えて、令和6年4月1日から使用者には、「更新上限」が労働条件の明示事項として追加されていますので、注意を要します（労基則5①一の二）。詳しくは【Q9】を参照してください。

　ところで、昨今のような求人難のときに、更新上限条項を契約書に入れた会社に就職希望者からの応募があるかについては、慎重な検討を要するところです。

　なお、5年という更新上限条項が契約書に入れられていたにもかかわらず、その後、更新を期待させる言動等があったことによって、労働者の更新の期待に合理性が認められたケースもありますので、注意が必要です（カンタス航空事件＝東京高判平13・6・27判時1757・144）。

　また、5年を超えて継続の有期労働契約について無期転換権を与える労働契約法18条の施行を見据え、病院側が5年を超えて継続雇用となる更新につき、就業規則を改訂し、更新するか否かの判断を勤務評価と面接により厳しく行うこととした独立行政法人山口県立病院機構事件（山口地判令2・2・19労判1225・91）では、争いとなった雇止めは、この厳格審査手続によって行われたが、その審査手続には合理的な評価基準の定め及び評価の公正さを担保できる仕組みが存在せず、厳格審査の過程として合理性に欠けるとの理由で、雇止めが無効と判断されている事例もあります。

（2）　既存の有期契約労働者との間での注意点

　既存の有期契約労働者がいる場合に、雇用期間中に、就業規則に更新上限条項を規定した場合には、労働条件の不利益変更（労契10）が問題となります。不利益変更には厳格な要件が求められますが、既存の有期契約労働者は、原則として、更新されることに合理的な期待を有していますので、その合理的期待を消滅させるために（言葉を変えていえば、無期転換申込権の発生を阻止するために）更新上限条項を設けることについては、合理性が認められない可能性が高いと思われます。

　なお、令和6年4月1日から使用者には「更新上限を新設・短縮する場合の説明」義務も課されています（雇止め告示1）。この点も【Q9】を参照してください。

3　労働契約書で更新上限条項を定めた場合

（1）　新規採用者との間での注意点

　新規の有期契約労働者との個別の労働契約書に、更新上限条項を盛り込み、その内容を説明し、署名・押印させた場合については、その限度を超える雇用継続への合理的期待は、否定されるでしょう。更新のたびに、契約書の「雇用契約更新限度回数」欄の数字が減らされた各契約書に署名・押印し、最終的には、「雇用契約更新限度回数」欄に今回の契約を除き0回、契約の更新はしない旨記載された有期社員雇用契約書に基づいて契約更新を行っていることが認められたドコモ・サポート事件（東京地判令3・6・16労判ジャーナル115・2）でも、裁判所は、有期契約労働者に5年を超える雇用を期待する合理的理由は認められないと判断しています。

（2）　既存の有期契約労働者との間での注意点

　既存の有期契約労働者において、採用時に、「契約は原則更新され続

ける」等の説明をし、既に雇用継続の合理的期待が生じている場合において、契約更新時に、更新上限条項を盛り込み、署名・押印させた場合は、これにより、有期契約労働者の雇用継続への合理的期待が失われることにはなりません。

更新上限規制（条項）を盛り込んだ個別の労働契約書への署名・押印を契約更新の条件とするような方法をとった場合、労働者側は通常これに同意せざるを得ないような強制された状況に陥っているといえるからです。

ところで、【Q25】の 解説 でご紹介した山梨県民信用組合事件(最判平28・2・19判時2313・119)では、重要な労働条件の不利益変更に関する労働者の同意には、「労働者の自由な意思に基づいてされたものと認めるに足りる合理的な理由が客観的に存在」（以下「自由な意思と認める合理的理由の存在」といいます。）することまで必要となるという基準が採用されています。

「自由な意思と認める合理的理由の存在」は、労働者の「自由な意思」そのものを探求するのではなく、自由な意思と認めるに足りる「合理的な理由」が「客観的に存在」するか否か（当該事案と同様の状況の下で、普通の労働者であれば、同意したといえるか否か）によって同意の有無を判断しようとするものです。この点で、いわゆる「真意」とは異なるものと考えられています。

要するに、上記最高裁判決では「自由な意思と認める合理的理由の存在」基準によれば、労働者本人の「本心」から離れ、普通の労働者であれば、同意したといえるか否かという観点から判断されることになるのです。その結果、更新上限規制（条項）を盛り込んだ個別の労働契約書に有期契約労働者が署名・押印したからといって、雇用継続についての合理的期待が消滅する可能性は低く、労働契約書があるからといって到底安心することはできません。これが裁判実務の流れです。

アドバイス

　更新上限条項を設けたとしても、「彼は優秀だから彼だけは更新する」というように、運用上例外を設けてしまった場合には、雇止めが無効とされるリスクがあります。更新上限条項を設けた以上は、その運用は厳格に行いましょう。

　また、もう一つ、更新上限条項を設けた場合に、注意すべき点があります。それは、更新上限までの雇用継続への合理的期待（例えば、通算契約期間を3年とするなら、2年満了時には、もう1年契約更新されることの合理的期待）が新規の有期労働契約締結時から認められやすいという点です。そのため、採用時に3年の更新上限規制は、3年間の雇用を保障するものではないということを明確に説明することが重要であると共に、2年で雇止めとなったケースなどの運用実態もあった方が望ましいです。

【33】 不更新条項を設ける場合の注意点は

無期転換申込権が発生しないためには、「不更新条項」を設けるという方法があると聞きましたが、この方法をとる場合の注意点を教えてください。

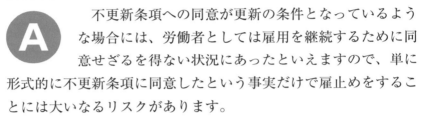
不更新条項への同意が更新の条件となっているような場合には、労働者としては雇用を継続するために同意せざるを得ない状況にあったといえますので、単に形式的に不更新条項に同意したという事実だけで雇止めをすることには大いなるリスクがあります。

　不更新条項が有効となるのは、説明会を開催したり、労働者の質問に応じたりして、労働者が不更新条項の内容を真に理解した上で、不更新条項が記載された労働契約書に署名・押印を求めることのできる場合です。

　したがって、無期転換申込権を発生させたくないがために不更新条項を設けるのは、いたずらな混乱を招くだけであり、控えておくべきです。

解　説

1　不更新条項

　不更新条項とは、最終の有期労働契約締結の際に、労働契約書に「本契約は、○条に定める期間の満了をもって終了し、契約更新は一切行わないものとする」というように、最終の労働契約であることを明示し、雇用継続への合理的期待を消滅させることにより、雇止めを有効に行おうとするものです。

Ⅱ　第4章　無期転換を受け入れない場合の対応　　　153

　なお、不更新条項の具体的文言については、〔**参考文例**〕【2】を参照してください。

2　不更新条項を新規契約に入れる場合

　新規に有期労働契約を締結する場合に、この労働契約は更新がない旨の不更新条項を入れて、労使で合意しておけば、契約期間満了の際の雇止めが無効となることを心配しなくてすみます。

　しかし、労働契約書に不更新条項が記載されていたとしても、実際にはその例外がしばしば認められているようなケースでは、その規定は無意味となります。

3　不更新条項への同意を契約更新の条件とした場合

　では、契約更新を重ね、更新について合理的期待が生じているケースで活用するのはどうでしょうか。

　例えば、今まで6か月契約で、20回以上の契約更新を重ねてきたが、平成30年4月1日に有期契約労働者に無期転換申込権が発生するのを見越して、平成29年10月1日から平成30年3月31日までの契約更新をするに際して、契約書の中に不更新条項を入れたようなケースです。

　この場合、不更新条項への同意を条件として、契約更新をしたので、労働者としては、雇用を継続するために同意せざるを得ない状況にあったといえます。単に形式的に契約書に署名・押印させるだけではリスクがあります。むしろ、争われると、不更新条項の合意は無効と判断されると考えておくべきです。

　【Q25】及び【Q32】でご紹介した山梨県民信用組合事件（最判平28・2・19判時2313・119）以降の裁判例を見ると、労働条件の不利益変更には（同一契約ではなく、契約の更新が介在するとしても）、「自由な意思と認める合理的理由の存在」が求められ、客観的に合理的理由がなければ、

使用者としては、不更新条項の利用は控えておくべきでしょう。博報堂事件（福岡地判令2・3・17労判1226・23）では、不更新条項のある雇用契約書に署名押印があることをもって雇用契約終了の合意があったとは認められず、また、形骸化した契約更新が繰り返されていること等から契約更新の期待は相当高く、最長5年ルールが適用されても一定の例外も設けられ期待が大きく減殺されておらず、労働契約法19条2号に該当し、更新申込みを拒絶したことに客観的合理性・社会的相当性は認められないと判断されています。

　一方で、本田技研工業事件（最判平25・4・9労経速2182・34）においては、①説明会も開催し、②期間満了時に退職届出もあった事案で、不更新条項に基づく雇止めが有効となりました。労働者が次回は更新されないことを「真に理解して契約を締結した場合には、雇用継続に対する合理的期待を放棄した」ものとして、不更新条項の効力を否定すべきではないと判示されています。

　また、日本通運事件（東京高判令4・11・1労判1281・5）でも、不更新条項等を含む契約書に署名押印する行為があったことをもって、直ちに合理的期待が放棄されたと認めるべきではないとしながらも、かかる署名押印が、労働法の自由な意思に基づいてなされたものと認めるに合理的な理由が客観的に存在すれば、契約更新に対する合理的期待が放棄されたと認めるべきであるとした一審判決（東京地判令2・10・1労判1236・16）が支持されています。

対応するには

　新規契約において、労働契約書に不更新条項が記載されており、例外なく「更新しない」のであれば、そのような運用を徹底する必要があります。

また、不更新条項が記載された労働契約書に署名・押印をさせる際には、不更新条項の内容につき、本人の同意を得る前段階として、説明の機会を持ち、具体的な資料を示し、質問を受け付け、回答までに猶予を与え、書面による同意を得るという手続を踏んで、本人の納得の上での同意があることの裏付けをとっておきましょう（〔**参考文例**〕【3】参照）。

逆にいえば、そのような手続を踏めるケースでなければ、既存の有期契約労働者に対しては、不更新条項を設けることはできないということです。

＜参考判例＞

○更新手続が形骸化していない状況下において、パートタイマー等との1年契約最終更新に際し、会社が労働組合との協議の中で「雇用契約を1年間に限り更新することにし、平成12年3月21日以降の雇用延長は行わないこととした」旨通告していることから、終了日以降の雇用継続を期待できる合理性があったとは認められないとして解雇法理の類推適用を否定した事例（雪印ビジネスサービス事件＝浦和地川越支決平12・9・27労判802・63）

○1年契約を7年にわたり更新して雇用継続期待が生じていた労働者が、最終更新契約であることを告げられ、不更新条項を含む契約書に署名押印し、確認印まで押印したこと、有給休暇消化の態様（不更新通知後は100％）等から、契約終了に合意していたもので、もはや雇用継続への期待はないとされた事例（近畿コカ・コーラボトリング事件＝大阪地判平17・1・13労判893・150）

○大阪府住宅供給公社の賃貸住宅に住込みで管理業務に従事していた専任管理人4名につき、雇用期間1年の契約が4回から25回にわたり更新されていたが、他財団との業務統合に伴って、本件公社が専任管理人制度を廃止したことから、平成17年3月31日をもって雇止めされた。契約更新の都度、1年の雇用期間を明示した辞令が交付されていたが、その交

付がなされるのは新たな契約期間に入った後であった。平成16年4月1日付の辞令において、「平成17年4月1日以降については、雇用の更新は行わないものとする。」と記載されていた事案において、本件雇止めは、専ら使用者の経営上の理由によるものであるところ、整理解雇と同様の考慮が必要であるとして、本件雇止めを無効であるとした事例（大阪府住宅供給公社事件＝大阪地判平18・7・13労判933・57）
○出版社で書籍の編集等に従事していた有期契約労働者の契約更新の際、出版社が、一旦同内容での更新を合意の後、不更新予定条項の追加を提案し、労働者がこの提案を拒否したところ、同契約が「期間満了により終了した」という理由で、雇止めされた事案において、「契約社員との間で有期労働契約を締結しておきながら、その取扱いを正社員登用か不更新予定条項の追加のいずれかに限定し、契約の反復更新の可能性を排除するという方針は、それ自体不合理なものといわざるを得ない。」と判断され、雇止めは無効とされた事例（明石書店事件＝東京地判平21・12・21判タ1355・136）

第5章　無期転換を受け入れる場合の対応

第1　受入れの仕方

【34】　無期転換労働者の受入れの仕方にはどのような類型があるか

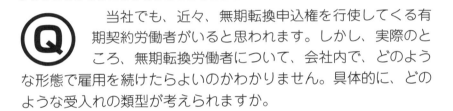

Q　当社でも、近々、無期転換申込権を行使してくる有期契約労働者がいると思われます。しかし、実際のところ、無期転換労働者について、会社内で、どのような形態で雇用を続けたらよいのかわかりません。具体的に、どのような受入れの類型が考えられますか。

A　無期転換労働者の受入れの類型としては、①「契約期間を除き、有期契約労働者当時と同一に取り扱う類型」（従前同様の類型）、②「独自の雇用形態として取り扱う類型」（独自の類型）、③「正社員として取り扱う類型」（正社員となる類型）、④これらの「複数を選択できる類型」（複数選択の類型）が、考えられます。その他、⑤無期転換後に、正社員登用試験を実施するなどして、段階的に待遇をステップアップするという方式の導入も考えられます。

解　説

1　無期転換後の雇用形態

労働契約法18条1項では、契約期間を除いて、現在締結している有期労働契約の労働条件と同一となることが原則とされています。無期転換後の契約内容を、必ずしも「正社員」と同一にすることは求めら

れていません。ただし、同条項では、契約期間の定めを除き、労働条件について「別段の定め」がある場合は、その部分は有期労働契約の労働条件と異なることになる旨が定められています。

では、実際、無期転換労働者をどのような類型で受入れをすることが考えられるでしょうか。

2　受入類型

(1)　従前同様の類型

まず1つは、労働契約法18条1項の規定どおり、契約期間を除き、従前どおり「有期契約労働者当時と同一の労働条件を継続する類型」が考えられます。

無期転換労働者になっても、業務内容も待遇も変化がなく、ただ契約期間が「無期」になっただけのシンプルな類型です。

独立行政法人労働政策研究・研修機構の令和2年5月の「無期転換ルールへの対応状況等に関する調査」結果によると、無期転換後の受入類型としては、フルタイム労働者につき約2／3、パートタイム労働者につき7割強で、この「従前同様の類型」が採られています。

(2)　独自の類型

独自の類型に関しては、一概に決められるものではなく、会社ごとのニーズに合わせてシステム作りをする必要があります。ポイントとしては、①業務内容と責任の点（業務内容・責任に変更はあるか）、②労働時間の点（残業が発生し得るか、勤務時間に変更はあるか）、③どのような管理職などへの登用があり得るかといった点、④配置転換や勤務場所の変更があるかという点を検討する必要があるでしょう。

これらの点につき、変更があり、業務の負担や責任を重くすれば、賃金等の待遇も高くするということが考えられます。

(3)　正社員となる類型

無期労働契約となった以上は、正社員と同一に取り扱うという極め

てシンプルな類型です。

　また、正社員とならず、いわゆる「限定正社員（職種限定、勤務地限定、勤務時間限定等）」と位置付けるという方法も考えられますが、既存の限定正社員がおらず、無期転換労働者によって、初めて、限定正社員制度を作るというのであれば、上記（2）の独自の類型ということになります。

　（4）　複数選択の類型

　無期転換労働者としては、契約期間が無期となることは受け入れられても、業務内容が高度になることや、転勤することを望まない労働者もいるものと思われます。そこで、上記（1）から（3）の類型につき、無期転換労働者が選択できるという類型が考えられます。

　ただし、本人が上記（3）の正社員となる類型を希望しているにもかかわらず、会社側がそれを受け入れず、上記（1）の従前同様の類型を強制するというようなことがあれば、紛争になりかねません。

　このような紛争を避けるためにも、複数選択の類型の場合には、原則が上記（1）の従前同様の類型であり、会社が定めた一定の要件を具備する場合（転勤や残業に応じられる等）、上記（2）の独自の類型や（3）の正社員となる類型を選択することも可能というような定めにしておくのがよいでしょう。

　（5）　その他段階的な制度

　一旦は、無期転換労働者全員を、上記（1）の従前同様の類型に位置付け、その後、本人の希望により、正社員登用試験や限定正社員登用試験を受験し、待遇や賃金のアップを図るという制度の導入も考えられます。

対応するには

1　従前同様の類型

　無期転換労働者に適用される就業規則については、既存の有期契約

労働者就業規則を素材として、契約期間の定めに関する規定や定年制に関する規定、あるいは休職制度に関する規定など最小限の修正をすることで足りるでしょう（〔参考文例〕【10】、【11】参照）。

2　独自の類型

業務の負担や責任が重くなれば、正社員の立場に近づきますが、独自の類型である以上は、正社員とも区別をする必要があります。したがって、この場合には、有期契約労働者就業規則をベースとして、それを修正するだけでは足りず、また、正社員就業規則とも別途の就業規則を作成する必要があります（〔参考文例〕【12】参照）。

3　正社員となる類型

従前の正社員就業規則がそのまま利用できます。

ただし、時給やシフト制の単純作業を行っていた有期契約労働者がいきなり無期転換により、業務内容が高度になり、勤務場所の変更や転勤も行われるようになるという大幅な変化があるため、使用者側も無期転換後に正社員になった労働者に対して、研修を実施したり、それまでの能力や適正に応じて業務分担を検討する等の対応が求められます。

4　複数選択の類型

複数選択の類型を採用する場合には、制度が複雑化しますので、就業規則を整備しておく必要があります。

5　その他段階的な制度

正社員登用試験や限定社員登用試験の整備（受験資格、試験内容等）をしておく必要があります。

【35】 無期転換労働者を契約期間以外、従前の有期契約労働者当時と同一に取り扱う場合の留意点は

 当社では、無期転換労働者の無期転換後、契約期間以外の労働条件については、従前の有期契約労働者当時と同一の条件で雇用しようと考えています。このような場合の留意点を教えてください。

　　　　　契約期間以外の労働条件が、従前の有期契約労働者当時と同一の条件で雇用し続ける類型については、従前の有期契約社員就業規則の内容をベースとして、契約期間に関する点（契約の更新がなく、定年という概念が出てくる等）に関して、修正する必要があります。

　さらに、①賃金の見直し等の条項がない、②休職制度がない、③服務規律や解雇・懲戒に関する規定が不十分である等の問題点が出てくる可能性があります。

　基本的には、従前の有期契約社員就業規則の内容をベースとするとして、契約期間に関する点以外にも、①ないし③についての検討をすることが必要です。

解　説

1　従前同様の類型の就業規則の策定

　無期転換後の労働条件について、契約期間に関する点以外は従前の有期契約労働者当時と同一の条件で雇用し続ける場合、有期契約労働者の就業規則の内容をベースとして、契約期間に関わる点に関し、修正することになります。

具体的には、「契約期間に関する条項」や「雇止めに関する条項」の削除、「定年の定め」や「休職の規定」の導入等、無期雇用を前提とした規定の整備を行うことが必要です。

2　無期契約労働者の契約内容の見直し

　有期契約労働者であれば、契約更新の都度、賃金、担当業務等の契約の内容の見直しが行われることもありますが、従前同様の類型の無期転換労働者の場合、就業規則等で昇給などを定めない限り、定年まで契約の内容の見直しがされる機会がありません。

　例えば、「時給1,100円、1日7時間労働」の労働条件でしたら、無期転換後は、最低賃金が引き上げられたような場合を除いて、定年退職までずっとこの条件のままとなります。

　労働条件の見直しを行う場合には、有期契約労働者に有利に見直す場合を別とすれば、有期契約労働者から個別に同意を得て、その内容の改訂を行うか、無期転換労働者に適用される就業規則を変更する以外に方法はありません。

　無期転換労働者に適用される就業規則には、賃金の改定や担当業務の見直しに関する条項は入れておくべきです。また、有期契約社員就業規則では、服務規律、解雇及び懲戒に関する規定が緩やかである場合が多いので、その見直しも検討課題となります（〔参考文例〕【10】【11】参照）。

3　「不合理な差別の禁止」原則との関係

　さて、改正前労働契約法20条及びそれを引き継いだパートタイム・有期雇用労働法8条は、パートタイム労働者・有期雇用労働者と正社員との間に期間の定めがあることにより不合理な労働条件の相違があることを禁止しています。同条については、近時裁判例も多く出てお

り、その違反については、厳しい判断がなされているところです（【Q5】参照）。

　この点、無期転換労働者は、もはや既に、パートタイム・有期雇用労働法8条の「有期雇用労働者」ではなく、したがってパートタイム労働者に該当しない限り、同条の直接適用はありません。しかし、有期契約労働者当時から、正社員と同一の業務に従事し、同一の責任を負担しているにもかかわらず、賃金（特に諸手当）や昇進といった点において、待遇が低いまま、無期転換した場合には、当該無期転換労働者は、待遇の格差について、何ら主張ができないままとなります。このような無期転換労働者と正社員の待遇格差については、今後、問題となり得るおそれがあります。

　具体的には、労働契約法3条2項の「労働契約は、労働者及び使用者が、就業の実態に応じて、均衡を考慮しつつ締結し、又は変更すべきものとする。」との規定の適用だけでなく、パートタイム・有期雇用労働法8条の類推適用等がなされないのかといった争点が出てくることが予想されます。

　そのような無用な争いを避けるためにも、正社員と無期転換労働者において、業務内容や責任の範囲に特段に差異がないにもかかわらず、賃金・福利厚生・休暇・休業といった面において待遇に格差がある場合には、それぞれの待遇差について、人材活用の仕組み・運用等の違いがあるため不合理でないことの説明ができるようにしておきましょう。

アドバイス

　無期転換制度について、特段準備しないままに、無期転換労働者の出現を迎えてしまった使用者にとっては、「従前同様の類型」での雇用をせざるを得ない状況になっていると思われます。ある意味では、実務上、

もっとも多い類型が、この「従前同様の類型」です。
　事前準備ができなかった使用者であっても、事後的であれ、有期契約社員就業規則を利用して、適宜修正を加えるなどして、実際に存在する無期転換労働者の就労環境の環境整備をする必要があります。
　また、非常に留意すべき点は、職務内容や人材活用の仕組み・運用等が有期契約労働者当時と変わらないのに、無期転換したことによって、賃金の大幅な引上げを行うと、有期契約労働者からパートタイム・有期雇用労働法9条（均等待遇）を根拠に、差額分の損害賠償等の請求を誘発するおそれがあることです。前門の虎（正社員）、後門の狼（有期契約労働者）に配慮した対応が求められます。

【36】 無期転換労働者を正社員として受け入れる場合の留意点は

当社では、無期転換労働者の無期転換後の労働条件については、正社員と同一の待遇で受け入れようと考えています。ただし、一部には、転勤や業務の責任について、「正社員と同一」であることに抵抗がある労働者もいると思われますので、そのようなケースの場合には、転勤の地域を限定したり、業務や責任の範囲を限定する「限定正社員」として受け入れることを検討しています。このような受入れの仕方についての留意点を教えてください。

無期転換後の労働者を、正社員と同一の労働条件で受け入れる場合には、既にある正社員就業規則が利用できます。

「限定正社員（職種や勤務地を限定する等した社員）」と位置付けた場合には、正社員との均衡待遇に注意しましょう。

解　説

1　正社員としての受入れ

無期転換後は、シンプルに、正社員と同一の労働条件で受け入れる場合には、特に、無期転換労働者用の就業規則を設ける必要はありません。

ただし、無期転換労働者をどの職務等級やグレードに位置付けるかという点が問題となります。また、有期契約労働者としての受入れ時点か、それとも無期転換時点か、いずれを雇用開始時点とするかによ

って、賃金や退職金等の金額が異なってくるものと思われます。この点については、疑義が生じないよう、就業規則において明確にしておくとよいでしょう。

2　限定正社員や準社員としての受入れ

　また、無期転換労働者の中には、もともと有期雇用であったことから、責任の重い業種に就くことや全国規模の転勤をすることを希望しない者も少なからずいるものと思われます。その場合、無期転換後、否応なしに、正社員のテーブルに乗ってしまうことについて抵抗がある場合があります。そこで、職種・勤務場所・勤務時間を限定する限定正社員や準社員として、受入れをすることが考えられます。

　厚生労働省は、「多様な正社員に係る「雇用管理上の留意事項」等について」（平26・7・30基発0730第1）において、「労働契約の基本的な理念及び労働契約に共通する原則を規定する労働契約法第3条のうち、第2項は様々な雇用形態や就業実態を広く対象とする「均衡考慮の原則」を規定していることから、多様な正社員といわゆる正社員の間の処遇の均衡にも、かかる原則は及ぶものである」と記載しています。

　この対象者には、限定正社員や準社員も含まれます。

対応するには

　正社員と限定正社員として受入れをした無期転換労働者の各種待遇の格差について、具体的に注意すべきポイントとしては、
① 　業務の内容
② 　責任の範囲
③ 　昇進のステージ
④ 　配置転換・転勤の範囲

⑤ 残業や休日労働の有無・程度

をどのようにするかが問題となり、これらの点について、正社員と特段の差がないにもかかわらず、賃金・福利厚生・休暇・休職等の制度について不合理な差異がある場合には、均衡待遇の問題が生じ得るものと思われます。格差を解消するか、格差が残る場合には、不合理ではないことの説明ができるようにしておきましょう。

　なお、無期転換した限定正社員や準社員を、既存の職務等級やグレードのどこに位置付けるのか、雇用開始時点をいつとするかという点については、正社員として受け入れる場合と同様、就業規則において、特別の定めをしておく必要があるでしょう（後掲＜条項例＞参照）。

＜条項例＞
○無期転換後の等級・勤続年数に関する就業規則

（無期転換後に限定正社員となる場合の等級）
第○条　無期転換後の限定正社員の職能等級については、限定正社員就業規則第○条に定める職能給表の等級及び号を参考にして定められた無期転換時に締結した労働契約書の内容に従うものとする。
（無期転換後に限定正社員となる場合の勤続年数の計算）
第○条　無期転換後の限定正社員の私傷病休職期間、永年勤続表彰及び退職金を算定する際の勤続年数については、限定正社員としての勤務を開始した時点から計算する。
2　限定正社員の年次有給休暇日数を算定する際の勤続年数については、有期契約労働者としての勤続年数も通算する。

【37】 無期転換労働者を、独自の類型の労働者として受け入れる場合の留意点は

当社では、有期契約労働者の無期転換後、従来、会社にいるどの労働者とも異なる「独自の類型」の労働者として受け入れることを検討しています。「独自の類型」としてどのような類型が考えられますか。また、「独自の類型」の労働者として受け入れる場合の留意点を教えてください。

「独自の類型」の労働者として受け入れる場合には、その会社の業態・規模といった個別事情を加味して、制度設計をしましょう。

　その際、既存の正社員や有期契約労働者とどういう点が異なるのか、また、異なるとしても、不合理な待遇格差がないかに注意しましょう。

　「地域限定」「勤務時間限定」「職種限定」等様々な制度設計が考えられます。

解　説

1　独自の類型の一例
（1）　従前同様の類型をベースとする独自の類型

　独自の類型とはいえ、【Q35】で説明した「従前同様の類型」（契約期間以外は、有期契約労働者当時の労働条件と同一）自体も、もともとの正社員・有期契約労働者とは違った、「独自の類型」には違いありません。

　「独自の類型」の労働者を受け入れる方法として、この「従前同様の類型」をベースとして、労働条件を、それぞれの職場のニーズに合わせて修正していくという方法があります。

（2） 正社員をベースとする独自の類型

上記（1）とは逆に、正社員をベースとして、正社員の業務や責任、人材活用の仕組み・運用について、その一部をそれぞれの職場のニーズに合わせて限定する方法が考えられます。ベースは正社員であるが、一部の職責等を外すというもので、正社員とは異なる待遇をとることが許容されます。これは、「限定正社員」の考え方に近いものと思われます。

2　正社員登用試験の活用

上記のように、無期転換と同時に、「独自の類型」にシフトせず、「従前同様の類型」として、その後、正社員や限定正社員への登用制度を設け、本人の希望により段階的に待遇のステップアップを図るということも考えられます。特に、子育て期間中の女性等であれば、急に職種の限定が外れ、転勤もあるような正社員への転換は希望しないものと思われますし、労働者それぞれのニーズに合わせて、自身で、登用試験の受験時期を検討できる方が、実情にかなうものと思われます。

他方で、使用者側としても、待遇のアップに値する人材を正社員にできるというメリットもあり、使用者及び労働者双方の利益にかなう制度であると考えられます。

3　就業規則作成の必要性

このような独自の類型の社員制度を作る場合には、正社員や有期契約労働者とは異なる就業規則の定めを策定する必要があることはいうまでもありません。ただし、設計しようとする独自の類型と近い形態の限定正社員が、既に社内に存在する場合には、従来の制度を利用する方が、労務管理が円滑に進むものと思われます（〔**参考文例**〕【12】参照）。

4 待遇格差

　また、独自の類型の労働者について、既存の正社員とどういう点が異なるのか、また、異なるとしても、不合理な待遇格差がないかに注意しましょう。

　厚生労働省は、「多様な正社員に係る「雇用管理上の留意事項」等について」（平26・7・30基発0730第1）において、「労働契約の基本的な理念及び労働契約に共通する原則を規定する労働契約法3条のうち、2項は様々な雇用形態や就業実態を広く対象とする「均衡考慮の原則」を規定していることから、多様な正社員といわゆる正社員の間の処遇の均衡にも、かかる原則は及ぶものである」と記載しています。

　待遇格差がある場合には、格差がある事項につき、不合理ではないことの説明ができるようにしておきましょう。

対応するには

　独自の類型の労働者として受け入れる場合には、それぞれの職場のニーズに合った新しい制度を設計しなければならず、就業規則の整備はもちろん、社内でも、新しい類型の社員のシステムができたことを周知し、導入の際の混乱を防ぐことが肝要です。

　具体的には下記のとおりです。

① 　パートの女性有期契約労働者が多く、その労働者が、無期転換をした場合には、多くは転勤やフルタイム勤務を希望しないと考えられるため、「地域限定」あるいは「勤務時間限定」の無期転換労働者とする方法

② 　工場現場での製造ライン作業に携わる有期契約労働者が多く、その労働者が、無期転換をした場合には、事務作業よりも、製造ラインで勤務することを希望すると考えられるため、「製造ラインでの作業のみ」といったように「職種限定」の無期転換労働者とする方法

【38】 無期転換労働者について、使用者が用意する複数の雇用形態を選択できる類型をとる場合の留意点は

無期転換労働者の雇用形態について、使用者側で「従前同様の類型」「独自の類型」「正社員となる類型」等、複数の制度を設定した場合に、無期転換労働者本人が、これらのうち、どの雇用形態で勤務するかを選択できる制度を採用する場合の留意点を教えてください。

無期転換労働者が、いずれの類型で勤務するかを自由に選択できる制度そのものを採用することは、何ら違法ではありません。

逆に使用者が一方的に、労働者ごとにどの類型を選択するかを指示することは、恣意的な運用になりかねず、トラブルの原因となります。

原則は、①「従前同様の類型」とし、使用者が定めた一定の要件を具備する場合（転勤や残業に応じられる等）、②独自の類型や、③正社員となる類型を選択することも可能というような定めにしておくのがよいでしょう。

ただし、正社員となる類型については、一般的にいえば、使用者の選択権を一切排除することについては、慎重であるべきと思います。

なお、複数の雇用形態類型からいずれかの類型を選択する（以下「複数選択の類型」といいます。）場合には、制度が複雑化しますので、無期転換労働者就業規則を整備しておく必要があります。

> 解　説

1　複数選択の類型の場合の選択権者

（1）　無期転換労働者に選択権を委ねる場合

　どの雇用形態の類型を選択するのかについて、無期転換労働者に自由な選択権を委ねる制度は、何ら違法ではありません。しかし、類型が複数ある場合には、職責・配置・転勤の有無・勤務時間・賃金・休暇等の待遇について、無期転換労働者が十分にその雇用形態を理解できているかわかりません。十分な理解がないまま、選択権を行使させた場合、後に、当初考えていた雇用形態と異なるといったトラブルが発生しかねません。

　複数の選択権がある場合には、無期転換申込権行使対象者に対して、資料を配布し、十分な説明を行い、内容を理解させた上で、選択権を行使させるようにしましょう。

　また、どの類型を選択したかについて、後にトラブルにならないように、無期転換申入れの際、どの類型を選択するのかについて、労働者に意思表示をさせるために、無期労働契約転換申込書において、選択欄を設けておくといったことも必要です。

　ただし、有期契約労働者は、正社員と異なり、簡易な手続で採用された場合が多いと思われますので、一般的にいえば、正社員となる類型については、無期転換労働者が自由に正社員を選択できるのではなく、使用者において、選択できる要件等をあらかじめ定めることができるようにしておくべきです。

（2）　使用者が一方的な選択権を有する場合

　複数選択の類型において、無期転換労働者側にその選択を自由に委ねるのではなく、使用者側が一方的に、当該労働者のこれまでの経歴や特性を基に、どの類型とするかを決められる制度設計をすることは可能でしょうか。

このような制度設計をした場合、恣意的な運用に陥る可能性もあり、トラブルの原因となります。また、トラブルの原因となるだけでなく、フルタイム勤務が困難な有期契約労働者に、従前同様の類型があるにもかかわらず、無期転換申込権を行使した場合、フルタイム勤務を前提とする正社員としてしか受け入れない取扱いをすると、労働契約法18条の趣旨（【Q1】参照）を没却し、そのような取扱いは無効となる可能性が高いと思います。

　複数選択の類型では、原則は、「従前同様の類型」とし、使用者が定めた一定の要件を具備する場合（転勤や残業に応じられる等）、「独自の類型」や「正社員となる類型」を選択することも可能というような定めにしておくのがよいでしょう。

対応するには

1　就業規則作成の必要性

　複数選択の類型をとる場合には、制度が複雑化しますので、必ず、無期転換労働者に適用される就業規則を作成しておくべきです。

　正社員となることや限定正社員となることを選択した場合には、正社員や限定正社員就業規則が適用される（限定正社員が既にいるとして）といった規定の作り方でもかまいませんが、「この類型を選択した場合には、この規定が適用される」ということを明確にしておかなければ、トラブルの元になります。

2　労働条件の格差に注意

　そして、複数選択の類型を採用する場合に、それぞれの類型の労働者の労働条件（業務の内容、責任の範囲、就業場所、異動範囲、勤務時間、賃金、休暇、福利厚生等）の格差があるときは、その差異について、不合理ではないことの説明ができるようにしておきましょう。

第2　無期転換労働者に適用する就業規則

【39】　無期転換労働者に正社員就業規則を適用する必要はないか

　有期契約労働者が無期転換申込権を行使して無期転換労働者になった場合、必ずしも正社員就業規則が適用されるものではないと聞きましたが、本当でしょうか。
　また、私は、正社員の60歳定年に関する規定は、無期転換労働者にも準用があって然るべきと思いますが、正しい解釈でしょうか。

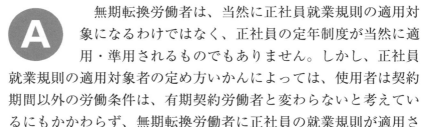
　無期転換労働者は、当然に正社員就業規則の適用対象になるわけではなく、正社員の定年制度が当然に適用・準用されるものでもありません。しかし、正社員就業規則の適用対象者の定め方いかんによっては、使用者は契約期間以外の労働条件は、有期契約労働者と変わらないと考えているにもかかわらず、無期転換労働者に正社員の就業規則が適用されてしまうケースもあります。そのため、無期転換労働者の労働条件については、慎重に検討し整備しておく必要があります。

解　説

1　無期転換した場合の労働条件

　労働契約法18条が定める無期転換制度は、有期契約労働者の「無期契約労働者」への転換を定めるものであって、「正社員」への転換を定めるものではありません。

無期転換後の労働条件については、労働契約法18条1項後段において次の内容が定められています。
（原則）　期間の定めを除き、無期転換前の有期労働契約の労働条件と同一とする。
（例外）　労働条件について別段の定めがある部分を除く。
　つまり、例外として、労働条件についての別段の定めがある場合は、基本的に当該別段の定めによることになるということです。
　逆にいえば、無期転換労働者の労働条件について特に何らの定めもしていない場合には、契約期間を除き、無期転換後の労働条件が無期転換前の労働条件と同一になるのが原則であって、正社員就業規則が当然に適用されるものではありません。
　正社員就業規則中の、無期契約労働者であれば当然に服すると考えられる規定が、「別段の定め」として無期転換労働者に適用されるか否かについては、適用対象に関する正社員就業規則の趣旨から判断すると考えられます（菅野和夫・山川隆一『労働法』811頁（弘文堂、第13版、2024））。
　これは、例えば、正社員の定義規定で、期間の定めのない労働契約を締結している労働者を正社員とする旨が定められているならば、無期転換労働者にも、正社員就業規則が適用されるということです。

2　定年制度

　正社員就業規則では、正社員について定年の規定が設けられているのが常です。しかし、そのような正社員の定年制度が無期転換労働者に当然に適用されるわけではありません。
　無期転換労働者には定年の定めがないとの認定がされた場合には、無期転換労働者の退職は本人の判断に委ねられることとなり、雇用管理のコントロールが難しくなります。
　そのような事態を避けるため、無期転換労働者の定年について定め

ておく必要があります。なお、60歳をもって定年とする場合、その無期転換労働者にも高年齢者雇用安定法の適用があって、65歳までの再雇用制度等を導入することに留意が必要です。

ところで、無期転換労働者の労働条件と、無期転換前の有期契約労働者の労働条件とで契約期間以外に差異を設けない場合には、無期転換労働者就業規則を別途作成することを省略したいと考えることもあると思います。しかし、その場合でも①無期転換後の定年についての定めのほか、②賃金の改定、③休職制度に関する規定の導入の可否の検討、さらには、④服務規律、⑤解雇及び⑥懲戒に関する規定の整備が必要となります。

よって、無期転換労働者就業規則を別途作成するのが望ましいといえます（〔参考文例〕【10】、【11】参照）。

対応するには

無期転換労働者の労働条件については、正社員就業規則の内容が当然に適用されるものではありません。無期転換労働者を正社員として処遇するつもりがない場合（ほとんどの場合はそのような取扱いでしょう。）は、正社員就業規則がそのまま適用される事態が万が一にも生じないよう、正社員就業規則の適用範囲を定めた条項をよく確認する必要があります。

また、正社員就業規則のうち、定年の定めだけが無期転換労働者に適用されるとの解釈は成り立たないため、無期転換労働者にも定年制度を導入しようとするならば、その旨の規定を整備する必要があります（後掲＜条項例＞参照）。

無期転換労働者の労働条件の設定については、十分に検討しておくべきであり、定年以外についても、賃金の改定や休職制度については特に慎重な確認が必要となります。

＜条項例＞
○無期転換労働者の定年の定め（パートタイマーの場合）

> （無期転換パートタイマーの定年）
> 第○条　無期転換パートタイマーの定年は、満60歳とし、定年に達した日の翌日に退職する。
> 2　定年に達した無期転換パートタイマーが退職後の雇用を希望する場合は、1年以内の期間を定めて再雇用し、原則として、満65歳に達する日の翌日まで契約を更新する。ただし、定年又は契約更新の時点で、第○条の解雇事由又は第○条の退職事由に該当する者は、継続雇用の対象としない。

　なお、上記規定は、有期契約パートタイマーが満60歳までに無期転換申込権を行使した場合を想定した規定です。しかし、その場合、満60歳を超えて、無期労働契約に基づく就労を開始する場合もあります。そのような場合も含めて満60歳を超えて無期転換した場合の規定については、〔**参考文例**〕【10】第56条、【11】を参照してください。

＜参考判例＞
○高額な賃金の支給を受ける医師には、病院として退職金を支払うつもりはなかったが、事務員、看護師などの一般従業員を対象にした就業規則に、「この規則は当病院に雇用される従業員に適用する」との規定があり、医師の退職金請求が認められた事例（清風会事件＝東京地判昭62・8・28労経速1307・9）
○無期転換後の契約社員の労働条件について、契約社員就業規則に、無期転換に関する規定を追加し、その中に、「無期契約社員の労働条件は、現に締結している有期労働契約の内容である労働条件（契約期間を除く。）と同一の労働条件とする。ただし、無期契約社員との合意のうえ、異なる労働条件を定めることができる。」との条項が設けられたことにより、無期転換後の契約社員の労働条件が有期契約時のままとされた事例（ハマキョウレックス（無期契約社員）事件＝大阪地判令2・11・25労判1237・5、大阪高判令3・7・9労判1274・82）

【40】 無期転換労働者に適用する就業規則作成の必要性と留意点は

　　無期転換労働者に適用される就業規則は是非とも作成しておくべきだとの話をよく聞きますが、なぜその必要があるのでしょうか。
　また、そのような就業規則について、作成に当たっての留意点と、作成すべき時期についても教えてください。

　　無期転換労働者に適用される就業規則を作成する理由として、以下の①から③を挙げることができます。
　①　正社員就業規則の適用を主張されないようにするため
②　有期契約労働者の労働条件と異なった労働条件とするのであれば、その区別を明確にするため
③　有期契約労働者と同じ就業規則を適用する場合であっても、少なくとも一部の労働条件については調整する必要があるため（定年・退職・休職・異動・賃金の改定・服務規律・解雇・懲戒に関する規定）
　なお、無期転換労働者に適用される就業規則は、有期契約労働者に無期転換申込権が発生するよりも前に作成しておくべきです。

解　説

1　就業規則作成の必要性
　無期転換労働者に適用する就業規則を作成する理由は、大要、次の3点にあると考えます。

① 正社員就業規則の適用を主張されないようにするため

1点目は、無期転換労働者から正社員就業規則の適用があるとして、同規則に基づいた賃金・退職金を含めた労働条件の適用を主張されることが危惧されるからです。

仮に、正社員就業規則の正社員の定義規定で「正社員とは、期限の定めのない従業員をいう。」とされているなら、無期転換労働者から、正社員の労働条件を自分たちにも適用するよう主張されてもやむを得ません。また、正社員の定義規定等からみて、無期転換労働者に正社員就業規則が適用されないことが明らかであっても、無期転換労働者に正社員就業規則の適用があるとの誤解を招くおそれがあります。

無期転換労働者には、「この就業規則を適用する」と示せることが、無期転換を迎えるに当たって重要です。

② 有期契約労働者の労働条件と異なった労働条件とする場合に労働条件の区別を明確にするため

2点目は、無期転換を迎えるに当たって、無期であることを活かした然るべき制度設計を行うことが望ましいと考えている使用者も少なからずいるからです。

そのような場合、正社員や既存の限定正社員とするのではなく、有期契約労働者の労働条件とも異なった労働条件とするのであれば、使用者において、有期契約労働者との違いがはっきりと区別できるように、新しく就業規則を作成する必要があります。

それは、「労働者及び使用者が労働契約を締結する場合において、使用者が合理的な労働条件が定められている就業規則を労働者に周知させていた場合には、労働契約の内容は、その就業規則で定める労働条件による」（労契7）ので、この点において、就業規則の作成が必要だからです。

③　有期契約労働者と同じ就業規則を適用する場合でも、少なくとも一部の労働条件については調整する必要があるため

　3点目は、無期転換労働者を、正社員又は会社独自の類型の労働者として受け入れるのでなく、契約期間以外、従前の有期契約労働者当時と同一に取り扱うつもりであったとしても、有期契約労働者に適用されていた就業規則をそのまま適用するわけにはいかないからです。

　この点に関して、「例えば、今までのパートタイマー就業規則は、有期契約パートタイマーだけが対象であったが、無期転換労働者が出現する時点で、その就業規則のパートタイマーの定義規定に、無期契約パートタイマーもいることを明示するだけで足りるのでないか」と考える使用者もいるかもしれません。

　しかし、正社員の就業規則には、定年制の定めが入っています。定年は、終身雇用の下での終着駅です。一方、有期契約労働者の就業規則には、まず、定年の規定は入っていません。原則として、有期契約労働者の就業規則を無期転換労働者に適用するなら、その終着駅がなく、いつまでも働けるということになりかねないこととなります。

　また、有期契約労働者の就業規則には、賃金改定に関する規定は入っていません。それは、賃金改定は、契約更新時にすれば足りるからです。

　さらに、有期契約労働者の就業規則には、担当できる業務が限定されていたり、休職制度がなかったり、服務規律や解雇・懲戒に関する規定が不十分だったりする場合が多いといった心配材料もあります。

　このような就業規則が作成された根底には、無期労働契約でなく、あくまで有期労働契約であるので、細かいことを言う必要はないという判断があったのかもしれません。

　しかし、無期労働契約となった無期転換労働者には、上記の理由から、有期契約労働者に適用されていた就業規則をそのまま適用するわけにはいかないのです。

2 就業規則作成に当たっての留意点

無期転換労働者を、契約期間以外、従前の有期契約労働者当時とできるだけ同一に取り扱うとする場合の、就業規則の整備に当たっての留意点を説明します（〔参考文例〕【10】、【11】参照）。

（1） 定年制の導入

無期転換労働者に適用される就業規則に、定年についての定めをおくことはまず必須です。

また、無期転換労働者の定年を60歳とした場合に、60歳を超えて無期転換申込権が発生して行使された場合に備え、65歳や70歳などの第二定年が適用される制度を検討するのが望ましいといえます。

（2） 休職制度導入の検討

短時間・有期雇用労働者及び派遣労働者に対する不合理な待遇の禁止等に関する指針は、「病気休職」について、以下のように記述しています（同指針第3　4（4））。

> 短時間労働者（有期雇用労働者である場合は除く。）には、通常の労働者と同一の病気休職の取得を認めなければならない。また、有期雇用労働者にも、労働契約が終了するまでの期間を踏まえて、病気休職の取得を認めなければならない。

また、同指針では、問題とならない例を以下のとおり示しています。

> 【問題とならない例】
> 　A社においては、労働契約の期間が1年である有期雇用労働者であるXについて、病気休職の期間は労働契約の期間が終了する日までとしている。

ところで、本来、病気休職（傷病休職）制度の目的は正社員についていえば、「長期にわたり継続して勤務することが期待されることか

ら、その生活保障を図り、私傷病の療養に専念させることを通じて、その継続的な雇用を確保する」ことにあるはずです。

そうすると、相応に継続的な勤務が見込まれるか否かで、その制度を当該有期契約労働者に設けていないことが不合理か否かが判断されることになるものと考えられます。

しかし、執筆者は、自社の有期契約労働者が「相応に継続的な勤務が見込まれる」からといって、早々に上記指針に従って、休職制度を導入する必要はないものと考えます。その理由は、次のとおりです。

中小企業においては、病気休職の間、有給とする企業は非常に少ないものと思います。その間、労働者は、傷病手当の支給を健康保険組合から受けるというのが一般的なはずです。

そうすると、休職制度を導入しなくとも、契約期間の途中で病気欠勤を理由とする解雇を行わなければ、休職者にとって特段の不利益はないことになります。一方、休職制度を導入した場合、休職期間満了日である契約期間満了日が近づいた時点で、精神疾患に罹患している休職者から、復職可とする診断書が提出された場合、契約の更新を行うことになります。しかし、休職制度を導入していなければ、契約期間中の出勤率の悪さを理由として、雇止めすることも可能であると考えるからです。

有期契約労働者に対する病気休暇制度の導入は、慎重に検討されるべきと思います。

（3） 労働条件の見直し条項の検討

有期労働契約の更新時に、所定労働日や始業終業時刻等の労働条件の定期的変更が行われていた場合に、無期労働契約への転換後も従前と同様に定期的にこれらの労働条件の変更を行うことができる旨の別段の定めをすることは差し支えないと解されています（平24・8・10基発0810第2　第5　4（2）コ）。

無期転換前に、定期的に労働条件の調整を行っていた場合、無期転換後もそのような取扱いを継続する制度とすることは可能です。

また、有期契約労働者が無期転換することによって、終身雇用となります。その場合、担当業務を終身、固定していてよいのかという問題が生じます。「異動」の範囲についても検討を要するところです。

(4) 賃金の改定条項の整備

上記1③で指摘したとおり、有期契約労働者の就業規則には、賃金の改定条項は入っていません。この点について、賃金の改定を可能とし、他方で、賃金の改定が使用者の義務とならないようにした整備が必要です。

(5) 服務規律・解雇・懲戒に関する規定の見直し

これらの規定については、正社員就業規則をそのまま使える場合が多いと考えます。

3　就業規則作成の時期

無期転換労働者の労働条件の設定に関し、どの段階で無期転換労働者に適用する就業規則を制定するかによって、就業規則の新設に関する労働契約法7条と就業規則の不利益変更に関する同法10条のいずれが適用・類推適用されるかという問題はありますが（同法10条が類推適用されるとした場合、同条の要件のクリアはハードルが高くなります。）、無用の争いを避けるため少なくとも無期転換申込権発生前に無期転換労働者の就業規則を制定しておくことが望ましいのは間違いありません（【Q24】参照）。

対応するには

程度の差こそあれ、無期転換労働者の労働条件は、無期転換前に比

べ調整が余儀なくされるはずです。無期転換労働者にどのように活躍してもらいたいかを検討した上で、制度設計を行い、適した労働条件を定めた就業規則を整備する必要があります。

　また、無期転換前後の労働条件を同じとする場合であっても、無期転換労働者の労働条件の整備に当たっては、有期契約労働者に適用される就業規則とは別に、新しい就業規則を作成すべきです。

　そのような就業規則は、有期契約労働者に無期転換申込権が発生する前に制定しておく必要があります。

　また、かかる就業規則を定める場合は、当該事業所において雇用する有期雇用労働者の過半数を代表すると認められているものの、意見を聴くように努めることとされています（パート・有期雇用労働7②）。

【41】 無期転換後の所定労働日・所定労働時間を定期的に変更することは可能か

大学の近くで飲食店を経営しています。ホール係は専ら学生のアルバイトと主婦のパートタイマーで賄っており、主婦のパートタイマーについては、2か月を契約期間とする有期労働契約を締結し、更新を重ねています。

当店のお客の大半が大学生のため、連日のコンパ等で忙しい時期もあれば、大学の夏休み等で極端に暇な時期もあります。そのため、パートタイマーには契約更新時に、次の2か月は週4日・午後5時から午後10時まで出勤してほしい、あるいは次の2か月は週2日・午前11時から午後7時でよい等と言って、所定労働日等を定期的に変更してきました。その場合も、週の実労働時間を14時間から20時間くらいを目途としています。

最近の状況からみて、パートタイマーが無期転換申込権を行使してくると思われますが、その結果、所定労働日・所定労働時間が固定されてしまうと、当店としては大変なことになります。何か良い対策はないでしょうか。

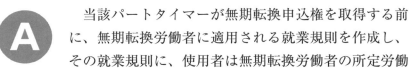

当該パートタイマーが無期転換申込権を取得する前に、無期転換労働者に適用される就業規則を作成し、その就業規則に、使用者は無期転換労働者の所定労働日及び所定労働時間を定期的に変更することができる旨の定めを置く対策をとっておくとよいでしょう。これによって、無期転換後も、使用者には、従前と同様、所定労働日等の労働条件を定期的に変更する権利が認められる可能性があります。

解　説

1　別段の定め

　無期転換後の労働条件については、「別段の定め」をした場合、その「別段の定め」に従うことになります（労契18①）。

　まず、使用者は、労働者との個別合意を「別段の定め」とすることができ、その合意があった場合に労働条件を変更することができます。ただし、この場合、個別合意が就業規則や労働協約に違反するときは、その個別合意は効力が認められませんので、注意を要します（労契12、労組16）。

　次に、就業規則・労働協約も「別段の定め」として認められます。そこで、就業規則に、使用者が所定労働日等の労働条件を定期的に変更できる旨の定めを置いた場合（後掲＜条項例＞参照）、その定めが有効か否かが問題となります。

　就業規則は、当該パートタイマーが、無期転換申込権を取得する前に作成しますので、その規定が有すべき合理性は、労働契約法7条で要求される程度で足りると解されます。検討すべきは、当該定めが、かかる合理性を有するか否かです。

2　通　達

　通達には、「有期労働契約の更新時に、所定労働日や始業終業時刻等の労働条件の定期的変更が行われていた場合に、無期労働契約への転換後も従前と同様に定期的にこれらの労働条件の変更を行うことができる旨の別段の定めをすることは差し支えないと解される」旨が記載されています（平24・8・10基発0810第2　第5　4（2）コ）。

　この通達により、有期労働契約当時から労働条件の定期的見直しが

行われていた場合、別段の定めを置くことによって無期転換後も同様の取扱いが許されると解されます。

問題となるのは、従前、労働条件の定期的見直しが行われていたとして、それは、使用者が一方的に定めていたのではなく、あくまで労使の合意に基づいて行われていたのではないかという点です。

3　就業規則の定め

この点については、「就業規則において使用者が定期的に労働条件変更をなしうるものとする条項を設ける場合には、その条項の合理性は、それが変更権限を定めたものか、合意による変更のイニシアティブを定めたものかにより異なることとなり、前者であれば特に慎重な判断が求められよう。たとえば、従前の労働条件の変更と実質上同視できるプロセスが定められる必要があり、労働条件の変更の必要性や内容につき労働者に説明を行うことの他、変更の内容も必要性に照らして相当なものであることが求められるであろう（また、こうした条件のもとで就業規則に基づく労働条件の変更権限が認められる場合でも、変更権の濫用という観点からの制約も加えられうる）。」と解されています（菅野和夫ほか『詳説　労働契約法』198・199頁（弘文堂、第2版、2014））。

無期転換後も以下を前提とした場合は、就業規則の当該定めに、労働契約法7条の合理性を認めてよいと考えます。

① 所定労働日等の変更につき、無期転換労働者との協議を経て、その合意を得るのを原則とする。
② 協議が調わない場合に、初めて、使用者が一方的に定めることができる。
③ その場合も、従前から行われていた変更の範囲内とする。

＜条項例＞
○就業規則（使用者が所定労働日等の労働条件を定期的に変更できる旨の定めを置く場合）

> 第○条　会社は、無期転換したパートタイマーに対し、所定労働日及び所定労働時間の変更を定期的に申し入れることができる。この場合、会社は、変更希望日の1か月前までに申入れを行わなければならない。
> 2　前項の場合、無期転換したパートタイマーは、会社の申入れに基づいて、会社と協議を行わなければならない。
> 3　前項の協議が調わなかった場合、会社は、無期転換前のパートタイマーの労働契約更新の際と同様、所定労働日につき週2日から4日、所定労働時間につき1日の実労働時間7時間以内、1週の実労働時間14時間から20時間の範囲で、所定労働日及び所定労働時間を定期的に変更することができる。

【42】 転勤条項・フルタイム出勤条項を設けることは可能か

当社は、多くの工場を有する製造会社で、工場で働く有期労働契約のパートタイマー（賃金は時給です。）を工場ごとで採用しています。そのため、当社のパートタイマーは、地域限定で、所定労働日数や所定労働時間も正社員と比べて当然短くなっています。無期転換申込権を行使して、無期労働契約になるのであれば、賃金はそのままにした上で、正社員と同様に、転勤を命じたいと思いますし、所定労働日数や所定労働時間も正社員と同様にしたいと思っています。

そこで、労働契約法18条1項後段の「別段の定め」として、無期転換申込権を行使したパートタイマーに適用される就業規則において、転勤を命じることができること（転勤条項）並びに所定労働日数及び所定労働時間に関して正社員と同様となるような定め（フルタイム出勤条項）を設けたいと考えていますが、問題はあるでしょうか。

A パートタイマーが無期転換申込権を取得する前に、転勤条項やフルタイム出勤条項を就業規則で定めたとしても、賃金を据え置いたままであれば、労働契約法7条が求める合理性を有さず、そのような「別段の定め」は無効と考えます。このような「別段の定め」は、無期転換を阻止する目的の定めといわれても仕方がないでしょう。

ともかく、「別段の定め」が無効である以上、無期転換申込権を行使したパートタイマーは、契約期間以外、従前と同じ労働条件で、無期転換労働者となると考えなければなりません。

> 解　説

1　「別段の定め」に関する就業規則に求められる労働契約法7条の合理性

【Q44】の 解　説 において説明するとおり、「別段の定め」の合理性を労働契約法7条に基づいて判断している裁判例も、労働契約法3条2項の均衡の考え方等に踏み込んで判断しています。つまり、労働契約法18条1項の「別段の定め」を新設する場合には、一般に就業規則を新設する場合より厳格に合理性が判断されているということです。

したがって、パートタイマーが無期転換申込権を取得する前に転勤条項やフルタイム出勤条項を「別段の定め」として就業規則で定めたとしても、賃金の改善や昇給・昇格制度の改善とセットになっていないこのような「別段の定め」は労働契約法7条の合理性を具備していないと考えます。

それでは、ご質問のケースとは違って、賃金の大幅な改善が伴っていた場合はどうでしょうか。

2　転勤条項

（1）　「別段の定め」としての有効性の判断基準

従前の労働条件よりも不利益な無期転換後の労働条件を定めた就業規則の定めが、無期転換申込権取得前に設けられた場合には、労働契約法7条が適用され、当該定め自体が合理的であれば、「別段の定め」（労契18①後段）として有効であると考えられます。

また、無期転換申込権取得後に設けられた場合には、労働契約法10条が類推適用され、その不利益の程度、変更の必要性、内容の相当性、無期転換申込権を取得する可能性がある労働者の意見を徴したか否かその他の事情に照らして合理的であれば、「別段の定め」（労契18①後段）

として有効であると考えられます（【Q24】参照）。

　（2）　転勤条項自体が合理的（労契7）であるか

　　ア　この点、転勤条項自体に関しては、無期労働契約の下での長期雇用に通常伴うものであることからすれば、賃金の改善とセットで行われた当該条項の新設自体は、合理的なものといえますので、無期転換申込権取得前に就業規則で定められたのであれば、有効と解されます（労契7）。

　　イ　このように転勤条項自体は有効としても、当該条項に基づき転勤を命じたことによる無期転換労働者の不利益に関しては、当該転勤命令が有効か否かで考慮されるものと考えます。

　すなわち、就業規則に転勤条項が定められていたとしても、当該条項に基づく転勤命令が、業務上の必要性が存在しない場合又は業務上の必要性が存在する場合であっても、他の不当な動機・目的をもってなされたものであるとき若しくは無期転換労働者に対して通常甘受すべき程度を著しく超える不利益を負わせるものであるときは、権利濫用により無効となります（東亜ペイント事件＝最判昭61・7・14判時1198・149）。

　したがって、例えば、無期転換申込権を行使されたので、退職させる目的で、通勤困難な事業場への転勤を命じた場合には、当該転勤命令は、不当な動機・目的をもってなされたものとし、権利濫用により無効となると考えます。

　また、そのような目的がない場合であっても、当該転勤命令によって、経済的な不利益が著しく、通常甘受すべき程度を著しく超える不利益といえる場合には、権利濫用により無効となります。

　（3）　無期転換申込権取得後に転勤条項を新たに設けることが合理
　　　　的（労契10）であるか

　他方、地域限定で働いている有期契約労働者にとって、転勤の負担

は重いことからすれば、時給を上げるといった賃金の改善が伴っても、無期転換申込権取得後に就業規則で新たに定められた場合には、労働契約法10条の類推適用により無効と考えられる可能性は残ります。

（4） 地域限定の合意は、無期転換申込権の行使後に適用される就業規則によって変更されない旨の合意なのか

なお、有期労働契約が存在した当時における地域限定の合意が、無期転換申込権の行使後に適用される就業規則によっても変更されない旨の合意（労契10ただし書）ではないかという問題もあります。

しかし、当該地域限定の合意は、通常、無期転換申込権行使後の就業規則の適用を意識してなされたものとはいえず、また、無期転換申込権の行使については有期契約労働者の選択が認められていることからすれば、そのような合意であると認定できる場合は多くないのではないかと考えられます（菅野和夫ほか『詳説　労働契約法』200頁（弘文堂、第2版、2014））。

3　フルタイム出勤条項

フルタイム出勤条項に関しては、無期契約労働者の多くがフルタイム出勤であることからすれば、当該条項自体は、合理的なものといえますので、無期転換申込権取得前に就業規則で定められたのであれば、有効といえます（労契7）。

他方、パートタイマーが無期転換申込権を取得した後に、フルタイム出勤条項を就業規則で定めた場合、当該パートタイマーの事情によっては、労働契約法10条の類推適用により無効となる場合があると考えるべきです。

例えば、育児等の関係で、現在の所定労働日数及び所定労働時間等だからこそ働けるのであって、フルタイム出勤となれば働けないという場合には、フルタイム出勤の負担は重いことからすれば、当該パー

トタイマーとの関係では、労働契約法10条の類推適用により無効となる可能性があります。

対応するには

　転勤条項及びフルタイム出勤条項を就業規則で設けるのであれば、少なくとも賃金を大幅に改善した上で、無期転換申込権取得前に定めることが重要です。
　しかし、転勤条項に関しては、実際に転勤を命じた場合には、当該転勤命令が権利濫用により無効となる可能性がありますので、慎重な対応が求められます。
　実務的な対応としては、パートタイマーは、無期転換後も契約期間以外の労働条件を従前どおりとし、フルタイマーについては、賃金を大幅に改善した上で、転勤条項や職種の異動を命じうる条項を設けるというように、分けた処遇をする方法も考えられるところです。フルタイマーについていえば、正社員に登用するのと変わらないかもしれません。

アドバイス

　前述のとおり、無期転換労働者に適用する就業規則は、有期契約労働者が無期転換申込権を取得する前に作成するのが肝要です。
　しかし、その場合であっても、無期転換申込権行使の回避目的での条項を定めるのではなく、業務上の必要性等を慎重に検討した上で、必要な条項のみを定めるべきです。

【43】 有期契約労働者が無期転換労働者に転換した後の勤続年数の取扱いは

有期契約労働者が無期転換申込権を行使して無期転換労働者となった場合、年次有給休暇に関し、次の①と②についてどのように考えればよいのかを教えてください。
① 年次有給休暇の要件である継続勤務期間については、有期契約期間を含めて算定すべきでしょうか。
② 無期転換に当たって週所定労働日数を変更した場合には、年次有給休暇の付与日数は変更前と変更後のどちらを基準にすべきですか。

①の年次有給休暇の要件である継続勤務期間については、実質的に考慮することとなりますので、多くの場合には無期転換前の有期契約期間も通算することになると思われます。

②については、年次有給休暇付与日数は変更後の所定労働日数に応じた日数になりますが、年度の途中で所定労働日数を変更した場合には、次の基準日に新しい所定労働日数に対応した日数を付与することで足ります。

解　説

1　年次有給休暇の要件における継続勤務期間

労働者の年次有給休暇取得権は、6か月間継続勤務し全労働日の8割以上を出勤することによって当然に発生します（労基39①）。

上記の「継続勤務」とは、労働契約の存続期間、すなわち在籍期間をいい（昭63・3・14基発150・婦発47）、休業期間や休職期間も継続勤務期間に含まれます。継続勤務か否かについては、勤務の実態に即し実質的に判断すべきとされ、「臨時工が一定月ごとに雇用契約を更新され、一年以上に及んでいる場合であって、その実態より見て引き続き使用されていると認められる場合」、「臨時工、パート等を正規職員に切替えた場合」、「定年退職による退職者を引き続き嘱託等として再採用した場合」などは継続勤務になります（昭63・3・14基発150・婦発47）。

2 契約更新が重ねられてきた場合の継続勤務期間

有期契約労働者が無期転換労働者に転換した後の継続勤務期間に関し、有期契約期間を含めるかどうかは、実質的に判断することとなりますが、多くの場合には継続勤務期間に含めて通算することとなるでしょう。

この点、有期労働契約期間中に無契約期間がある場合、その無契約期間前の有期労働契約期間も、継続勤務期間に通算するのかという問題があります。場合によっては、年次有給休暇の付与義務を免れるための脱法目的で無契約期間が設定されているような特殊事情について考慮する必要もあるでしょうが、一般的には、やはり勤務の実態に則して継続勤務についての実質的な判断を行うことになります。

無契約期間が無期転換制度上のクーリング期間を超えている場合には、そのことによって直ちに結論が導かれるわけではありませんが、クーリング期間は少なくとも1か月以上であり、空白期間後に再度の有期労働契約が締結されるかは不明です。そのため、クーリング期間を超える無契約期間があったことは、多くの場合、継続勤務が中断したという評価に結びつく事情になります。

3　無期転換時に週所定労働日数に変更があった場合

　パートタイマーの年次有給休暇付与日数については、所定労働日数が週4日ないし年216日を超える者又は週4日以下でも所定労働時間が週30時間以上の者は通常の労働者と同じ日数となり、週4日以下・週30時間未満の者又は年216日以下の者は、労働基準法施行規則24条の3第3項の表記載の日数となります。

　無期転換に当たり週所定労働日数を変更した場合、年次有給休暇付与日数は変更後の所定労働日数に応じた日数になります。

　ただし、年度の途中で所定労働日数を変更した場合は、年次有給休暇付与日数をその時点で変更する必要はなく、次の基準日に新しい所定労働日数に対応した日数を付与すれば足りることとされています（昭63・3・14基発150・婦発47）。

　例えば、週4日勤務の有期契約パートタイマー（契約期間1年）が、5年を超える継続更新を経た6年目に、無期転換申込権を行使し、無期転換労働者の週所定労働日数は就業規則により週5日と定められ、年次有給休暇については法定どおりの定めがされていたとします。

　当該労働者について、有期契約パートタイマーとしての5年目には、5年6か月の継続勤務期間により、13日の年次有給休暇日数が付与されます。そして、無期転換後、当初の雇入れの日（有期契約パートタイマーとして採用された日）から6年6か月が経過した日に、20日の年次有給休暇日数が付与されます。

　このケースにおいて、無期転換の前年（有期契約パートタイマー時）の年次有給休暇日数が全部繰り越されたとすると、当該労働者の合計年次有給休暇日数は、13日と20日を合算した33日になります。

対応するには

　有期労働契約期間中に無契約期間が存在する場合、継続勤務として認めるか否かは判断の分かれるところであると思われます。

　ケースごとに判断がバラバラになると労働者に不公平感が生じるおそれがありますので、あらかじめ方針を統一しておくべきです。

アドバイス

　継続勤務として認めるか否かの統一的基準を定める場合、例えば、無契約期間が無期転換制度上のクーリング期間を超えるか否かを基準としておくことも一案と考えられます。

【44】 無期転換後の労働条件について、転換前の労働条件や正社員の労働条件と比べて留意すべき点は

Q 無期転換労働者について、契約期間を除き、有期契約労働者当時と同一条件での受入れを検討しています。無期転換後の労働条件について、無期転換前や正社員の労働条件と比べてどのような点に留意したらよいでしょうか。

A ご質問のケースでは、将来、無期転換労働者の労働条件を引き上げると、無期転換前の有期契約労働者から、均等待遇の原則を定めるパートタイム・有期雇用労働法9条に違反するとして、損害賠償の請求を受ける可能性があります。

　また、確かにパートタイム・有期雇用労働法8条は正社員とパートタイム労働者・有期契約労働者との均衡待遇を求める規定ですが、無期転換申込権を行使しなかった有期契約労働者が正社員との処遇差の是正を、日本型同一労働同一賃金に関する規定を根拠に求め得る一方、無期転換労働者が無期になったという理由だけで正社員との処遇差を問題とし得ないのは、非常に据わりが悪いものです。

　したがって、そのような場合、有期契約労働者当時の労働条件をスライドさせた無期契約労働者の就業規則が均衡待遇に反するので、労働契約法7条の合理性を欠いて無効である、あるいは、均衡待遇の原則を定めるパートタイム・有期雇用労働法8条の類推適用等を主張されて、無期転換労働者から正社員との処遇差の是正を求められることもあり得る点にも留意が必要となります。

> 解　説

1　「日本型同一労働同一賃金」に一番留意すべき無期転換労働者の受入れ類型

　現行法においても、日本型同一労働同一賃金の均衡待遇の原則を定めるパートタイム・有期雇用労働法8条と、均等待遇の原則を定める同法9条が設けられています。

　ところで、無期転換労働者を受け入れる場合、大別して、以下の類型があります（【Q34】参照）。

① 　契約期間を除き、有期契約労働者当時と同一に取り扱う類型（従前同様の類型）
② 　限定正社員にするなど、独自の雇用形態として取り扱う類型（独自の類型）
③ 　正社員として取り扱う類型（正社員となる類型）
④ 　これらの複数を選択できる類型（複数選択の類型）

　この場合、「日本型同一労働同一賃金」に一番留意すべき類型は、上記①の「従前同様の類型」です。なぜなら、限定正社員にする等の②の「独自の類型」であれば、「職務の内容」や「職務内容・配置の変更範囲」（人材活用の仕組み・運用等）は、無期転換労働者と正社員・有期契約労働者とで相違があるはずです（なお、「職務の内容」と「職務内容・配置の変更範囲」の詳細は【Q5】を参照ください。）。また、③の「正社員となる類型」の場合も、正社員は従前からいたわけですから、無期転換労働者の労働条件を正社員に揃えるからといって、新たに「日本型同一労働同一賃金」との抵触が出てくるものでもありません。これに対して、①の「従前同様の類型」は、無期転換労働者と有期契約労働者とで、「職務の内容」や「人材活用の仕組み・運用等」に違いがありませんので、均衡待遇の原則・均等待遇の原則に留意する必要があります。

2 「従前同様の類型」における留意点

　無期転換労働者を受け入れるに当たって、使用者が前記1の類型のうち、一番多く選択するのは①の「従前同様の類型」です。無期転換労働者は、「職務の内容」と「人材活用の仕組み・運用等」が、無期転換前の有期契約労働者と同一ですし、一方、無期転換したことによって、一歩、無期転換労働者は正社員に近づいたともいえます。

　そのため、Aにあるように、現行の法律によっても、有期契約労働者から無期転換労働者との待遇差について、あるいは無期転換労働者から正社員との待遇差について、損害賠償請求を含めてその是正が求められる可能性があるのです。

　後者の無期転換労働者から正社員との待遇差について、その是正を求められる可能性があることは、次の裁判例から窺うことができます。ハマキョウレックス（無期契約社員）事件（大阪地判令2・11・25労判1237・5）では、「無期転換後の原告らと正社員との間にも、職務の内容及び配置の変更の範囲に関し、有期の契約社員と正社員との間と同様の違いがあるということができる。そして、無期転換後の原告らと正社員との労働条件の相違も、両者の職務の内容及び配置の変更の範囲等の就業の実態に応じた均衡が保たれている限り、労契法7条の合理性の要件を満たしているということができる。」と判断して、無期転換労働者への正社員就業規則の適用を否定し、かかる判断は控訴審（大阪高判令3・7・9労判1274・82）でも維持されています。

　他方、井関松山製造所事件（高松高判令元・7・8労判1208・25）では、正社員との間での格差が不合理とされた有期契約労働者の労働条件を無期転換後も適用するとした就業規則は労働契約法7条の合理性要件を満たさないと判断しています。

　要するに、裁判所は、労働契約法18条1項に定める「別段の定め」が同法7条の合理性要件を満たすためには、一般に、新たに就業規則

を作成する場合に比べ、他の通常の労働者の労働条件との「均衡」を考慮要素として重視しているということがいえます（【Q11】参照）。

対応するには

　「従前同様の類型」を選択した場合、まず大切なことは、「職務の内容」や「人材活用の仕組み・運用等」を動かさないにもかかわらず、無期転換労働者の労働条件（例えば賃金）のみの引上げをしないことです。引上げを行うと、有期契約労働者から、パートタイム・有期雇用労働法9条に基づいて、均等待遇違反を理由とする損害賠償が求められる可能性があります。

　そのため、労働条件の引上げを行うならば、「職務の内容」や「人材活用の仕組み・運用等」を規定上も実態上も、有期契約労働者当時とは、異なるようにする必要があります。

　また、有期契約労働者と正社員との待遇差について、パートタイム・有期雇用労働法8条に抵触する可能性が高いならば、必要な範囲内で有期契約労働者の待遇を改善すると共に、「従前同様の類型」で無期転換労働者となった者の待遇も、有期契約労働者のそれに合わせるべきです。

アドバイス

　無期転換労働者が出現したにもかかわらず、契約期間以外、有期契約労働者当時とずっと同一とするのは、人材の活用という点からは疑問があります。「従前同様の類型」を選択した場合も、将来に向けては、「職務の内容」や「人材活用の仕組み・運用等」を工夫して、労働条件の見直しを含めて、無期転換労働者の労働意欲と能力を高め、有期契約労働者当時よりも活用できるような労務管理の仕組みを構築したいものです。

第3　無期転換申込みの手続

【45】　無期転換申込みの手続上の留意点は

Q 当社では、無期転換申込みをした有期契約労働者の管理に正確を期するため、無期転換申込みに当たっては、①書面によること、②現在の期間満了の1か月前までに書面を人事課に提出すること、という手続要件を課したいと考えています。また、無期転換に当たり、正社員同様、③家族構成を含めた経歴書を提出すること、④機密事項の守秘等、正社員同様の誓約書を提出すること、という要件も設けたいと考えています。このように、無期転換申込みの際に、手続要件を設け、新たに提出する書類についても、厳格に運用することは認められますか。

A ①の書面による申込みを求めることについては、無期転換という雇用関係に重大な変化をもたらすものであることから、正確性を期するため、合理的な手続といえます。②の期間満了1か月前という点についても、処遇の変化に対応するために必要な合理的範囲内のものといえますが、労働契約法18条1項の要件を過重するものであり、この期間を徒過した申込みを排除する効果までは認められません。③の経歴書や④の誓約書については、当該書面を提出してもらう合理性が認められれば、正社員と同様の書類提出義務を課すことは可能と考えられます。ただし、③の経歴書や④の誓約書が提出されないからといって、無期転換を拒否することまではできません。

> 解　説

1　無期転換申込みの要式
（1）　無期労働契約転換申込書

　労働契約法18条においては、無期転換の申込みに際し、「書面によること」「期間満了1か月前までに申し込むこと」といった要件は規定されていません。

　したがって、有期契約労働者は、「現に締結している有期労働契約の契約期間が満了する日までの間」に、口頭で「無期労働契約の締結の申込み」をすれば足ります。

　しかし、口頭での申込みは、申込みの事実の有無について、後日紛争を生じさせるおそれがあるため、正確を期するために、書面で申込みをするという運用をしておくことがよいでしょう（【Q22】、〔参考文例〕【6】参照）。

（2）　無期労働契約転換申込み受理通知書

　無期労働契約転換申込み受理通知書も、法律上作成することが必須とされている書式ではありませんが、申込みの意思表示の有無について、後の紛争を避けるために作成しておいた方がよい書類です（〔参考文例〕【7】参照）。

　無期転換申込みをしたときは、使用者の意思にかかわらず、「使用者が当該申込みを承諾したものとみなされる」という効果が発生するため、「承諾通知書」ではなく、申込みの意思表示が到達した事実を通知する「申込み受理通知書」という形式をとっています。

2　経歴書・誓約書等の正社員採用の際に徴求する書類
（1）　正社員採用の際の書類の徴求

　無期転換後は、雇用が長く継続することから、使用者としては、「経

歴書」（家族構成を含めたもの）や「誓約書」（機密情報の保護、遵守事項などを記載したもの）についても、有期契約労働者とは異なり、正社員採用の際に徴求している書類と同様の内容の書類を取得しておきたいと考えることもあろうと思われます。

その場合、無期転換労働者就業規則にも、無期転換時の提出書類として、
① 経歴書（家族構成を含めたもの）
② 誓約書（機密情報の保護、遵守事項などを記載したもの）
を規定することになります。その就業規則が、有期契約労働者が無期転換申込権を取得する前に制定され、当該規定が労働契約法7条に定める「合理性」を有しさえすれば、当該規定は有効として取り扱われ、労働契約の内容となります（【Q24】参照）。

（2） 規定の合理性

無期転換した以上、使用者との間の契約は、無期労働契約となるのですから、上記（1）②の誓約書の徴求は合理性があるといえるでしょう。

これに対し、家族構成を含めた経歴書の徴求については、家族構成を含めるという点において問題があります。「独自の類型」「正社員となる類型」は別として、契約期間以外、従前の有期契約労働者当時と同一に扱う類型（「従前同様の類型」）で、家族手当等の支給もないのであれば、家族構成を含めた経歴書を提出させる合理性は認められず、これに対し、経歴のみを記載した経歴書の提出を求めることには合理性が認められると考えます。

（3） 経歴書、誓約書を提出しない場合の取扱い

これらの書類を提出しないからといって、無期転換を拒否することはできません。しかし、その提出義務が無期転換労働者就業規則に定められている以上、無期転換労働者は、労働契約上、当該書類の提出

義務を負担しているのですから、その業務違反がある以上、一定の懲戒処分等を行うことは可能です。

対応するには

1 無期労働契約転換申込書

　厚生労働省「労働契約法改正のあらまし」のパンフレットにおいて、「無期労働契約転換申込書」の様式が紹介されています（〔参考文例〕【6】参照）。必ずしも、この様式に沿う書式を準備しておく必要はありませんが、「労働契約法18条の規定に基づき、無期労働契約への転換を申し込む」旨を明らかにする文言は必要です。

2 無期労働契約転換申込み受理通知書

　上記厚生労働省のパンフレットにおいて「無期労働契約転換申込み受理通知書」の様式も紹介されています（〔参考文例〕【7】参照）。

　無期労働契約転換申込み受理通知書には「貴殿の○年○月○日付無期労働契約転換申込書を受理しました」という程度の記載で十分対応できます。

第4　無期転換後の雇用管理

【46】　無期転換後の雇用管理の留意点は

当社では、とりあえず、無期転換労働者を契約期間以外、従前の有期契約労働者当時と同一に取り扱うつもりです。その場合の雇用管理の留意点を教えてください。

無期転換労働者を契約期間以外、従前の有期契約労働者当時と同一に取り扱う場合の雇用管理上の留意点は、以下のとおりです。
① 　労働意欲を維持し、これを高めること
② 　賃金の改定ができる就業規則（賃金規程）上の規定を設け、その規定内容として、昇給、降給できるものとすること
③ 　公正な人事考課制度を作ること
④ 　均等待遇の原則を定めるパートタイム・有期雇用労働法9条に気をつけること

　解　説

1　従前の契約関係との違い
　有期契約労働者が無期化することによって、従前と次の2点が大きく異なります。
① 　雇止めによる労働契約の終了ができなくなること
② 　契約更新の際の労働条件変更ができなくなること
　②の場合、実際は、有期契約労働者の同意の下に、労働条件を変更

していたとしても、当該有期契約労働者には、同意しなければ、雇い止めされるかもしれないとの不安があるため、多くの場合、何のトラブルもなく、労働条件の変更ができていたはずです。

しかし、有期労働契約が無期労働契約に転換することによって、無期転換労働者は、雇用の不安が一掃され、上記2点が大きく異なります。

2 契約関係の違いを踏まえた雇用管理の留意点

有期契約労働者の場合、雇用の不安があったからこそ、次の契約更新をしてもらうために、真面目に働いたという側面があることは否定できません。ところが、無期労働契約となることによって、その不安が払拭され、しかも、労働条件が従前と同じであれば、無期転換労働者の労働意欲が低下することは否めません。

したがって、雇用管理の留意点の1つは、労働意欲をどのようにして維持し、これを高めるかです。契約更新の際の労働条件の変更ができなくなる以上、これに代わる労働条件、特に賃金についての改定ができる規定を就業規則（賃金規程）に設けるとともに、真面目に働き、成果を出した者には、賃金を増額し、逆に不真面目な者には、賃金を減らすことさえできる規定内容とする必要があるでしょう。そして、このような賃金に関する規定を設けるためには、無期転換労働者が公平感を持つ人事考課制度の導入も必要となってくると思われます。

一方、忘れてはならない留意点として、パートタイム・有期雇用労働法9条の存在を挙げることができます。

パートタイム・有期雇用労働法9条は、事業主は、①職務の内容が通常の労働者と同一のパートタイム・有期雇用労働者であって、②当該事業所における慣行その他の事情からみて、当該事業主との雇用関係が終了するまでの全期間において、その職務の内容及び配置が当該

通常の労働者の職務の内容及び配置の変更の範囲と同一の範囲で変更されることが見込まれるものについては、パートタイム・有期雇用労働者であることを理由として、基本給、賞与その他の待遇のそれぞれについて、差別的取扱いをしてはならないこと（均等待遇）を定めています。

ちなみに、ここでいう「その他の待遇」には、全ての賃金、教育訓練、福利厚生施設、休憩、休日、休暇、安全衛生、災害補償、解雇等の全ての待遇が含まれると解されています。

結局のところ、パートタイム・有期雇用労働者に均等待遇（差別的取扱いの禁止）が適用されると、事業主は通常の労働者の待遇との差額を損害賠償金として、当該パートタイム・有期雇用労働者に支払わなければなりません。

しかし、一方で、差別的取扱いの禁止を定めるパートタイム・有期雇用労働法9条は、その要件が前述①と②であって、同法8条に定める「その他の事情」が考慮されない点において、また、不合理か否かの判断が難しい同法8条との対比において、その要件と効果が明確です。

ご質問のケースでは無期転換労働者と有期契約労働者は、契約期間の点以外「職務の内容」も、「人材活用の仕組み・運用」も同一であるため、賃金のみ無期転換労働者を優遇するなら、均等待遇の原則を定めるパートタイム・有期雇用労働法9条を根拠として、有期契約労働者から使用者に対し損害賠償の請求等、その是正要求が出てくる可能性があります。雇用管理において、パートタイム・有期雇用労働法9条に気をつけることも、忘れてはならない留意点です。

ちなみに、あと1年で無期転換者が出現する平成29年時点で、有期契約労働者を無期契約労働者に転換すると、雇用管理上、どのようなことが課題となるかとのアンケート調査に対する企業の回答（複数

は、多かった順に次のとおりです（独立行政法人労働政策研究・研修機構「改正労働契約法とその特例への対応状況及び多様な正社員の活用状況に関する調査」（2017）参照）。

㋐　雇用調整が必要になった場合の対処方法（48.8％）
㋑　正社員と有期契約労働者の間の仕事や労働条件のバランスの図り方（45.7％）
㋒　業務量の変動に伴う労働条件の調整方法（29.9％）

　上記㋑はＡの④と、上記㋒はＡの②及び③と密接な結びつきがあります。また、上記㋐については、１の①と密接な結びつきがありますが、詳しくは、【Ｑ49】を参照ください。

対応するには

　以上の 解　説 からおわかりのとおり、Ａの①、②、③とＡの④とは、両立しない部分があります。そのため、雇用管理を考えると、「無期転換労働者→限定正社員→正社員」といった登用制度を作ること（無期転換労働者の中にも、従前の有期契約労働者当時とは「職務の内容」等に違いがある層も作ること）がその一番の解決策ではないでしょうか。無論、無期転換労働者のうちの何割くらいを限定正社員等に登用するかは、使用者の業種や使用者を取り巻く環境、経営方針、財務状態等によって、大きく変わるでしょう。

　そのイメージは、次の図のとおりです。これによって、無期転換労働者の労働意欲を維持し高め、一方、「職務の内容」や「人材活用の仕組み・運用」を有期契約労働者当時とは違うものにすることによって、パートタイム・有期雇用労働法９条の適用も回避することができると考えます。

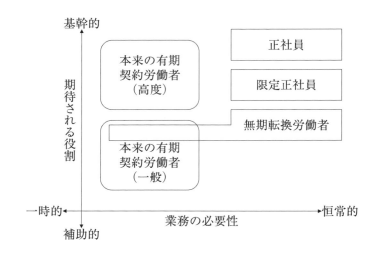

アドバイス

　無期転換労働者の労働意欲を高め、能力を開発し、将来どのような戦力として位置付けていくかは、人事部等の腕の見せどころです。
　そして、それが5年先、10年先に企業の力の差になって現れてくるのではないでしょうか。

Ⅱ 第5章 無期転換を受け入れる場合の対応　211

【47】 競争入札に係る業務に従事している有期契約労働者が無期転換労働者になった後、当該業務が失われた場合の対応は

　当社は、各地の地方公共団体から水道の検針業務を請け負っています。Ａ市の場合、請負契約期間は４年で、請負契約期間満了の３か月前に、入札が行われ、次の請負業者を選定します。

　当社が、Ａ市の検針業務を初めて受注したのが、平成25年４月１日からで、従業員として、同年３月１日付けで正社員１名、契約期間１年（ただし、最初のみ１か月契約）の有期契約労働者25名を採用しました。当社は、幸い平成29年の入札でも、令和３年の入札でも、Ａ市からの請負業務を受託し、契約期間は令和７年３月31日まであります。一方、平成25年４月１日以降を始期とする有期労働契約でカウントすると、通算契約期間５年超の有期契約労働者が出現するのは、平成30年４月１日でしたが、令和６年３月までは、無期転換申込権を行使してくる有期契約労働者は皆無でした。しかし、令和６年３月には、労働条件通知書において、無期転換申込権を行使し得ることを周知しました。その結果、今後は、多くの有期契約労働者が、無期転換申込権を行使してくるものと予想されます。

　しかし、令和７年の入札で、Ａ市の検針業務を受注できなかった場合、20名以上にのぼると思われる無期転換労働者をどのようにすればよいのでしょうか。

　令和７年の入札で受注できなかった場合、以下の順に段取りをすることが想定されます。
　①　検針業務を落札した業者に無期転換労働者を引き

受けてもらえないかを打診します。しかし、引受けが可能な場合でも、有期契約労働者としてしか引き受けてもらえないと考えられます。また、その他の労働条件も、現状維持となるか否かはわかりません。そして、有期契約労働者としての引受けが可能な場合は、当然、有期契約労働者の承諾も要します。

② 使用者は、近隣の地方公共団体の検針業務を受注している事業所がある場合はその事業所に、仮に事業所が近隣にはなく、遠方である場合は遠方の事業所に労働者を異動させることができないかを検討する必要があります。

③ ①及び②が上手くいかない場合、整理解雇（必要に応じ希望退職の募集を前置します。）に進みます。

解　説

1　無期転換後の労働条件

　請負業務が競争入札に係る以上、請負業務に従事する労働者の人件費は低く抑えざるを得ず、そのため無期転換労働者の大部分の労働条件は、契約期間以外、従前の有期契約労働者当時と同一とせざるを得ないでしょう。

　その場合、無期転換労働者の受入れに当たっては（正確にいえば無期転換申込権が発生する前に制定する無期転換労働者に適用する就業規則においても）、職種及び勤務地限定の労働契約とすることと、受注ができなかった場合、解雇があり得ることを労働契約書・就業規則に明記しておくことに留意すべきです（後掲＜条項例＞参照）。

2　職種・勤務地限定労働者に対する整理解雇

　前述のように、労働契約書及び就業規則上、職種及び勤務先が限定

され、落札できず請負業務を喪失することが解雇事由となることが明記されていても、然るべき解雇回避努力を尽くさなければ、裁判所で争われた場合、その整理解雇は有効とは認められません（独立行政法人労働政策研究・研修機構「多様な正社員に関する解雇判例の分析」(2014) 参照）。

整理解雇が有効と認められるためには、少なくとも、Aで解説したように、①落札した業者に無期転換労働者の引受けを頼み、②使用者においても、異動先を探し、いずれも上手くいかなかった場合に、初めて、整理解雇という段取りになります。

アドバイス

無期転換労働者と一口で言っても、その取り巻く環境から見て、多種多様な無期転換労働者が生まれます。
一刀両断には、対応しきれない難しさがあることに、留意すべきです。

＜条項例＞
○就業規則（検針請負業務の受注をできなかったことが、解雇事由となることを明記する場合）

（解　雇）
第○条　会社は、無期転換社員に、以下に掲げる事由があるときは、当該無期転換社員を解雇する。
（1）
　〜　（省略）
（5）
（6）　検針請負業務の受注ができず、事業所を閉鎖するとき

第5　無期転換後の契約終了

【48】　無期転換申込権行使後の更新拒絶は

当社の有期契約労働者が無期転換申込権の行使をしました。当該有期契約労働者が、無期転換申込権を行使できる要件を具備することは間違いありませんが、当社では、無期転換申込権の行使を想定した体制作りを行っていなかったため、無期労働契約の成立を回避できないかと考えています。現在の有期労働契約は、令和7年3月31日で期間満了となりますが、その時点で当該有期契約労働者を雇止めする、若しくは解雇すれば、回避できるのでしょうか。

ご質問の場合、令和7年3月31日までの有期労働契約があるとともに当該有期契約労働者が無期転換申込権を行使した時点で、既に令和7年4月1日から就労を開始する無期労働契約が成立していますので、当該有期契約労働者を雇止めしたからといって、無期労働契約の成立を回避することはできません。

　また、無期転換申込権の行使によって成立した無期労働契約関係を終了させることを目的とする解雇は、他に特段の事情がない限り、労働契約法16条に基づき、客観的に合理的な理由を欠き社会通念上相当であると認められない場合に該当すると考えられますので、無効といえます。

解説

1 雇止めが無期労働契約回避の方策となるか否か

労働者が無期転換申込権を行使した時点で、当該有期契約労働者と使用者との間には、無期労働契約が有効に成立し、存続している以上(【Q23】参照)、無期労働契約の成立を回避するために雇止めを行っても特段意味はありません。

2 解消の対象となる労働契約

前記1のとおり、労働者が無期転換申込権を行使した時点で無期労働契約が成立しているので、使用者が、当該有期契約労働者との労働契約関係を解消するためには、無期労働契約と有期労働契約のいずれも解消する必要があります（平24・8・10基発0810第2　第5　4（2）ケ参照）。

3 無期転換申込権行使後の無期労働契約の解約（解雇）の可否

無期転換申込権を行使したことによって成立した無期労働契約を終了させるためには、有効な解雇をする必要があります。

しかし、当該解雇が有効であるためには、客観的に合理的な理由があり、社会通念上相当であることが必要となります（労契16）。

この点、無期労働契約関係の成立阻止を目的とする解雇は、他に特段の事情のない限り、客観的に合理的な理由を欠き、社会通念上相当であるとは認められず、当該解雇は無効と考えざるを得ません。

これに対し、例えば、当該有期契約労働者が同僚と喧嘩をし、同僚に大きな傷を負わせたような場合であれば、喧嘩の理由や暴力行為を最初に行ったのはどちらか、また、その暴力行為の態様いかんにもよりますが、解雇が有効と認められる可能性は高いと思われます。

4　無期転換申込権行使後の有期労働契約の解約（解雇）の可否

（1）　解雇ができる場合

労働者が無期転換申込権を行使した時点で、当該労働者と使用者との間には、無期労働契約が成立している以上、有期労働契約を終了させても、特段意味はありません。

もっとも、前記3のとおり、無期労働契約の解約（解雇）が有効であれば、有期労働契約期間の途中で有期労働契約を解約（解雇）する意味はあります。

この点、契約期間の途中で有期労働契約を解約（解雇）しようとする場合は、無期労働契約の解雇の場合よりも高度な「やむを得ない事由」が必要です（労契17①）。

したがって、前記3で挙げた例を基にすれば、契約期限の途中で、同僚と喧嘩して、同僚に大きな傷を負わせたような場合の解雇が、労働契約法17条1項の「やむを得ない事由」による解雇に該当するかを検討する必要があります。

この点も、具体的な事情いかんですが、多くの場合他の同僚もそのような粗暴な当該有期契約労働者と一緒に仕事をするのは大いに嫌がるところと思われますので、契約期間の途中で有期労働契約を解約（解雇）するに足りる「やむを得ない」事由となり得る可能性が高いと考えます。

（2）　雇止めができる場合

なお、有期労働契約の契約期間が残り少ないのであれば、あえて解雇することなく、雇止めをすることも考えられます。

この点、当該有期労働契約が労働契約法19条各号のいずれかに該当する場合には、客観的に合理的な理由を有し、社会通念上相当と認められなければ、雇止めはできません。

もっとも、上記（1）のように、当該有期契約労働者が同僚と喧嘩を

し、同僚に大きな傷を負わせたような場合であれば、喧嘩の理由や暴力行為を最初に行ったのはどちらか、また、その暴力行為の態様いかんにもよりますが、当該雇止めは、客観的に合理的な理由を有し、社会通念上相当と認められる可能性が高いと考えます。

対応するには

　無期転換申込権を行使されれば、無期労働契約が成立する以上、雇止めを行うことによって、無期労働契約の成立は回避できません。

　無期転換申込権を行使した労働者との労働契約関係を終了させるためには、有期労働契約の契約期間の途中で、その契約を解約（解雇）するとともに、無期転換申込権の行使によって、既に成立している無期労働契約を解約（解雇）する必要があります。そのためには、前者について、無期労働契約の解約（解雇）の場合よりも高度な「やむを得ない事由」が必要であること（労契17①）、後者については、「客観的に合理的な理由を有し、社会通念上、相当である」ことが必要であること（労契16）に留意してください。

アドバイス

　無期転換申込権を行使した労働者との労働契約関係を終了させようと考えるのでなく、無期転換申込権が行使されることを念頭に、事前に無期転換労働者用の就業規則の制定等の体制作りを行っておくことが重要です。

【49】 整理解雇の場合、無期転換労働者より先に有期契約労働者をその対象にすることは可能か。また、正社員より先に無期転換労働者をその対象にすることは可能か

　　無期転換労働者が出現することによって、今まで認められていた雇用調整が困難にならないか心配です。
　　無期転換労働者は、転換前の有期契約労働者と比べ、契約期間以外の労働条件は同じであり、無期転換労働者を限定正社員等に登用する制度は設けられていないという前提で、整理解雇を行う場合、以下の2点につき教えてください。
① 無期転換労働者より先に有期契約労働者をその対象にすることは可能でしょうか。
② また、正社員より先に無期転換労働者をその対象にすることは可能でしょうか。

　　ご質問の場合、無期転換労働者と有期契約労働者とは、「職務の内容」が同一で、「職務内容・配置の変更範囲」（これを「人材活用の仕組み・運用等」と呼ぶ場合もあります。）も労働契約関係が終了するまでの全期間において、同一であると見込まれます。有期契約労働者である以上、フルタイマーかパートタイマーであるかを問わず、均等待遇の原則を定めるパートタイム・有期雇用労働法9条の適用を受けますので、無期転換労働者より先に有期契約労働者をその対象にすることは許されません。つまり、整理解雇の対象としては、無期転換労働者も有期契約労働者も平等に扱わなければならないということです。

これに対し、正社員より先に無期転換労働者をその対象とすることは可能と考えます。

> 解　説

1　整理解雇

　労働契約法16条は、「解雇は、客観的に合理的な理由を欠き、社会通念上相当であると認められない場合は、その権利を濫用したものとして、無効とする。」と定めています。

　整理解雇の場合、①人員削減の必要性、②解雇回避努力を尽くしたか否か（人員削減の手段として整理解雇を選択することの必要性）、③被解雇者選定の妥当性、④手続の妥当性の4要素の総合的な判断によって、労働契約法16条に定める権利の濫用に該当しないか否かが決せられると解されています。

2　被解雇者を選定するに当たって、有期契約労働者、無期転換労働者、正社員を峻別することの可否

　（1）　有期契約労働者と無期契約労働者の峻別の可否

　この点について、最高裁判所は、日立メディコ事件（最判昭61・12・4判時1221・134）において、「独立採算制がとられている被上告人の柏工場において、事業上やむを得ない理由により人員削減をする必要があり、その余剰人員を他の事業部門へ配置転換する余地もなく、臨時員全員の雇止めが必要であると判断される場合には、これに先立ち、期間の定めなく雇用されている従業員につき希望退職者募集の方法による人員削減を図らなかったとしても、それをもって不当・不合理であるということはできず、右希望退職者の募集に先立ち臨時員の雇止めが行われてもやむを得ないというべきである。」と判断しています。

　そして、平成24年の労働契約法の改正の経緯に照らしても、かかる

最高裁判所の判断が修正されたことはうかがえません。

(2) 無期転換労働者と正社員の峻別の可否

この点について、通達は、「無期労働契約に転換した後における解雇については、個々の事情により判断されるものであるが、一般的には、勤務地や職務が限定されている等、労働条件や雇用管理がいわゆる正社員と大きく異なるような労働者については、こうした限定等の事情がない、いわゆる正社員と当然には同列に扱われることにならないと解される」としています（平24・8・10基発0810第2　第5　4(2)コ)。

(3) まとめ

以上より、無期転換労働者より先に有期契約労働者を整理解雇の対象とすることは無理、これに対し、正社員より先に無期転換労働者をその対象とすることは、可能という結論になります。

3　均等待遇の原則が適用される領域

このように結論に違いが生じるのは、現行法で均等待遇の原則を定める規定が適用される領域があるからです。そして、現行法で、均等待遇の原則を定めるのは、パートタイム・有期雇用労働法9条と労働者派遣法30条の3第2項のみですので、Aに記載したような結論の差異が生じることになります。

対応するには

無期転換労働者を迎える場合、契約期間を除き、有期契約労働者当時と同一に取り扱う類型（従前同様の類型）を選択する使用者が多いようですが、労働意欲の低下以外にも、種々の労務管理上の問題点の発生が懸念されています。

その1つが雇用調整です。

現在、均等待遇の確保は、パートタイム・有期雇用労働法9条と労働者派遣法30条の3第2項で定められていますので、一旦は、「従前同様の類型」を選択した場合も、将来に向けては、「職務の内容」や「人材活用の仕組み・運用等」を工夫して、新たな人事管理の仕組みの構築を検討してみるべきでしょう。

アドバイス

【Q5】で解説したように、有期契約労働者及び派遣労働者に適用される均等待遇に関する規定が既に設けられていますので、使用者は、この点も視野に入れた対応が望まれます。

第6章　無期転換制度の特例

【50】　無期転換制度の特例の概要は

無期転換制度については特例があり、無期転換申込権が発生しなかったり、無期転換申込権発生までの期間が延長されたりする場合があると聞きました。それらの特例の概要を教えてください。

無期転換制度の特例には、有期雇用特別措置法に基づく特例として、①高度専門職の特例と、②継続雇用の高齢者の特例、さらに、科技・イノベ法に基づく特例及び大学教員等任期法に基づく特例があります。

解　説

1　有期雇用特別措置法に基づく特例
（1）　概　要

平成27年4月1日に施行された「専門的知識等を有する有期雇用労働者等に関する特別措置法」（有期雇用特別措置法）により、次の①及び②の類型の、無期転換制度の特例が定められました（有期雇用特別措置2③）。

① 専門的知識等を有し、当該専門的知識等を必要とする業務に就く有期雇用労働者（高度専門職）

② 定年後に引き続いて当該事業主に雇用される有期雇用労働者（継続雇用の高齢者）

①の高度専門職の特例は、5年を超える一定の期間内に完了するこ

とが予定される業務に従事する高収入かつ高度な専門的知識、技術又は経験を有する有期契約労働者についての特例であり、業務完了までの期間（期間が10年間を超える場合には10年間）は無期転換申込権が発生しません（有期雇用特別措置2③一・8①）。

②の継続雇用の高齢者の特例は、60歳以上の定年に達した後に同一の事業主又は高年齢者雇用安定法上の特殊関係事業主に引き続き雇用される者についての特例であり、同一事業主又は特殊関係事業主に継続雇用されている期間は無期転換申込権における通算契約期間に算入されません（有期雇用特別措置2③二・8②）。

（2）　計画の申請

有期雇用特別措置法に基づく無期転換制度の特例の適用を希望する事業主は、前記（1）①の高度専門職の特例については、第一種計画（有期雇用特別措置4①）を、②の継続雇用の高齢者の特例については、第二種計画（有期雇用特別措置6①）を作成することが必要です。

なお、高度専門職と継続雇用の高齢者の特例を両方とも受ける場合には、それぞれ別の計画を作成する必要があります。

次に、当該事業主は、作成した計画を本社・本店を管轄する都道府県労働局長に提出します（有期雇用特別措置4①・6①、有期雇用特別措置則2①・3①）。当該計画の提出については、本社・本店を管轄する労働基準監督署経由で提出することもできます。

都道府県労働局長は、事業主から申請された計画が適切であれば、計画の認定を行います（有期雇用特別措置4③・6③・13、有期雇用特別措置則6）。

（3）　特例に関する労働条件の明示

有期雇用特別措置法による特例の適用に当たっては、事業主は、特例の対象となる労働者に対して、労働契約の締結・更新時に、前記（1）①の高度専門職に対しては、特定有期業務（プロジェクト）に係る期

間（最長10年）が無期転換申込権の発生しない期間であること及び特例の対象となるプロジェクトの具体的な範囲を、②の継続雇用の高齢者に対しては、定年後に引き続いて雇用されている期間が無期転換申込権の発生しない期間であることを、それぞれ書面で明示する必要があります（労基15、特定有期雇用労働者に係る労働基準法施行規則第5条の特例を定める省令1・2）。

2 科技・イノベ法に基づく特例並びに大学教員等任期法に基づく特例

平成26年4月1日施行の研究開発力強化法（平成30年に名称の変更により「科学技術・イノベーション創出の活性化に関する法律」（科技・イノベ法））及び「大学の教員等の任期に関する法律」（大学教員等任期法）の改正により、それらの法律に定められた特例の対象者については無期転換申込権が発生するまでの期間が、5年から10年に延長されます。

対応するには

無期転換申込制度については、例外としての特例についても正確に理解した上で、その特例を活用するために、企業ごとの実態に適した労務上の体制を整備する必要があります。

なかでも、有期雇用特別措置法に基づく継続雇用の高齢者の特例は使いやすく、必要とする企業は多いのではないでしょうか。同法に基づく特例の適用を受けるに当たっては、計画の申請や労働条件の明示などの手続が必要ですが、計画の申請手続は決して複雑なものではなく、手続きを行っていない事業主は積極的な活用を検討すべきです。

【51】 高度専門職についての特例は

　　無期転換制度の特例の中で、高度専門職についての特例の内容を、整理して教えてください。また、注意点としては、どのようなことがありますか。

　　有期雇用特別措置法上の高度専門職については、同法所定の計画の認定を受けた場合、特定有期業務（プロジェクト）の開始の日からその完了の日までの期間（最長10年間）は、同一の使用者との有期労働契約が通算5年を超えて反復更新された場合であっても、当該有期雇用労働者に無期転換申込権が発生しません（高度専門職の特例）。

解　説

1　高度専門職の特例の概要

　有期雇用特別措置法上に定められている2つの特例の1つ目が、高度専門職の特例です（有期雇用特別措置2③一）。

　高度の専門知識等を必要とし、5年を超える一定の期間内に完了することが予定される業務（有期雇用特別措置法上は「特定有期業務」（有期雇用特別措置2③一）と定義されていますが、一般には「プロジェクト」と呼ばれることが多いので、以下「プロジェクト」といいます。）に就く、専門的知識等を有する有期雇用労働者（高度専門職）に適用されます。

　当該特例が適用された場合、プロジェクトの開始の日から完了の日までの期間（最長10年間）（なお、この解釈についての注意点は、後述の 対応するには を参照してください。）は、無期転換申込権が発

生しません（有期雇用特別措置8①）。

なお、厚生労働省の解釈によると毎年度行われる業務等、恒常的に継続する業務はプロジェクトに当たりませんので、注意してください（厚生労働省都道府県労働局労働基準監督署「高度専門職・継続雇用の高齢者に関する無期転換ルールの特例について」）。

2 特例が適用される高度専門職とは

有期雇用特別措置法上の特例を受けることができる高度専門職とは、次の年収要件と範囲についての要件を満たす有期雇用労働者です。

(1) 年収要件

事業主との間で締結された有期労働契約の契約期間にその事業主から支払われると見込まれる賃金の額を年収に換算した額が1,075万円以上であることが必要です（有期雇用特別措置2③一、有期雇用特別措置則1）。

上記の「支払われると見込まれる賃金の額」には、名称のいかんにかかわらず、あらかじめ具体的な額をもって支払われることが約束され、支払われることが確実に見込まれる賃金が全て含まれます。他方、所定外労働に対する手当や、労働者の勤務成績等に応じて支払われる賞与（最低保障額を除きます。）、業績給等は含まれないと解されます（平27・3・18基発0318第1　第2　2(4)イ）。

(2) 高度専門職の範囲

「専門的知識等を有する有期雇用労働者等に関する特別措置法第2条第1項の規定に基づき厚生労働大臣が定める基準」（平27・3・18厚労告67）により定められた以下のいずれかに該当することが必要です。

① 博士の学位を有する者
② 公認会計士、医師、歯科医師、獣医師、弁護士、一級建築士、税理士、薬剤師、社会保険労務士、不動産鑑定士、技術士又は弁理士
③ ITストラテジスト、システムアナリスト、アクチュアリーの資格

試験に合格している者
④　特許発明の発明者、登録意匠の創作者、登録品種の育成者
⑤　大学卒で５年、短大・高専卒で６年、高卒で７年以上の実務経験を有する農林水産業・鉱工業・機械・電気・建築・土木の技術者、システムエンジニア又はデザイナー
⑥　システムエンジニアとしての実務経験５年以上を有するシステムコンサルタント
⑦　国等（国、地方公共団体、一般社団法人又は一般財団法人又はこれらに準ずるもの）によって知識等が優れたものであると認定され、①から⑥までに掲げる者に準ずるものとして厚生労働省労働基準局長が認める者

3　計画（第一種計画）の作成・認定

　高度専門職の特例の適用を受けるためには、事業主が雇用管理措置についての計画（第一種計画）を作成した上で、都道府県労働局長の認定を受けることが必要です（有期雇用特別措置４・13、有期雇用特別措置則６）。プロジェクトが複数ある場合には、プロジェクトごとに計画の認定を受ける必要があります。

　都道府県労働局長は、事業主から申請された計画を審査し、計画が適切であればこれを認定します（有期雇用特別措置４③・13、有期雇用特別措置則６）。

　なお、認定された計画を変更する場合にも、都道府県労働局長の認定を受けなければなりません（有期雇用特別措置５③・13、有期雇用特別措置則６）。

4　雇用管理上の措置

　特例が適用される高度専門職については、以下のいずれかの措置を

とることが必要です（有期雇用特別措置4②二、平27・3・18厚労告69第2の1(1)）。
① 教育訓練に係る休暇の付与
② 教育訓練に係る時間の確保のための措置
③ 教育訓練に係る費用の助成
④ 業務の遂行の過程外における教育訓練の実施
⑤ 職業能力検定を受ける機会の確保
⑥ 情報の提供、相談の機会の確保等の援助

5　適用の時期

　高度専門職の特例の適用は、プロジェクトの認定の時期を問いませんので、プロジェクトが開始した後に計画の認定を受けた場合であっても、当該高度専門職は、所定期間中、無期転換申込権を行使することはできません。
　ただし、プロジェクト認定前に高度専門職が既に無期転換申込権を行使している場合は特例が適用されず、無期労働契約が成立します（厚生労働省都道府県労働局労働基準監督署「高度専門職・継続雇用の高齢者に関する無期転換ルールの特例について」）。

6　書面による明示

　この特例の適用を受ける場合、高度専門職に、プロジェクトに係る期間が無期転換申込権の発生しない期間であることや特例の対象となるプロジェクトの具体的な範囲を書面で明示する必要があります（労基15、特定有期雇用労働者に係る労働基準法施行規則第5条の特例を定める省令1）。書式については、【Q52】の＜書式＞を参照ください。

対応するには

　高度専門職の特例は、無期転換申込権の行使が可能となる通算契約

期間をプロジェクト期間（最長10年）に延長するものであって、プロジェクト完了まで無期転換申込権の発生を抑えるものではありません。

この点、プロジェクト開始と同時に高度専門職の雇用が開始される場合（多くの場合はこれに該当すると考えます。）は、延長された通算契約期間と、プロジェクトの完了の日が一致するため、当該高度専門職は、プロジェクト期間中は無期転換申込権を行使することができません。

他方、プロジェクト開始前から雇用されている場合には、無期転換申込権が発生するプロジェクト期間の起算点は、雇用開始時となるため、プロジェクトの完了前であっても無期転換申込権が発生します。

例えば、プロジェクト期間が7年であって、プロジェクト開始3年前から有期労働契約が開始した場合、当初の雇用開始時から有期労働契約の反復更新が継続して7年を超えると、当該プロジェクトの完了前ではありますが、当該有期雇用労働者には、無期転換申込権が発生するということになります。

アドバイス

高度専門職の特例における無期転換申込権行使の制限は、あくまで所定の要件を満たした高度専門職が、認定計画に係るプロジェクトに従事することが必要です。

したがって、プロジェクトに従事しなくなった場合、年収要件を満たさなくなった場合、計画の認定が取り消された場合などには、通常の無期転換制度が適用されることとなり、通算契約期間が5年を超えていれば、有期契約労働者には無期転換申込権が発生することには留意が必要です。

【52】 継続雇用の高齢者についての特例は

60歳定年退職後の有期労働契約の再雇用者についても、無期転換申込権は発生するのですか。また、発生する場合、それに例外はないのでしょうか。

60歳定年退職後の有期労働契約の再雇用者についても、所定の要件を満たせば、無期転換申込権が発生するのが原則です。

しかし、その例外として、有期雇用特別措置法には、継続雇用の高齢者についての特例が定められています。

解　説

1　定年後の再雇用者に無期転換申込権は発生するか

労働契約法18条は、定年後の再雇用者であるか否かによって無期転換制度の適用の有無に違いを設けていません。そのため、同条所定の要件を満たす場合には、当該再雇用者に無期転換申込権が発生するのが原則です。

ただし、有期雇用特別措置法に定められている2つ目の特例である継続雇用の高齢者についての特例が適用される場合には、労働契約法18条所定の要件を満たしていても、定年後の再雇用者に無期転換申込権は発生しません。

2　継続雇用の高齢者についての特例の概要

継続雇用の高齢者についての特例は、定年後に再雇用された有期契約労働者に適用されます（有期雇用特別措置2③二）。

当該特例が適用された場合、定年後引き続いて当該事業主に雇用されている期間は、無期転換申込権が発生しません（有期雇用特別措置8②）。

なお、継続雇用の高齢者についての特例には、適用期間の上限がありません。

3　特例が適用される継続雇用の高齢者とは

有期雇用特別措置法上の特例を受けることができる継続雇用の高齢者とは、定年（60歳以上）に達した後、引き続いて当該事業主（高年齢者雇用安定法9条2項に規定する特殊関係事業主にその定年後に引き続いて雇用される場合にあっては、当該特殊関係事業主）に雇用される有期雇用労働者です（有期雇用特別措置2③二）。

4　計画（第二種計画）の作成・認定

継続雇用の高齢者についての特例を受けるためには、事業主（上記の特殊関係事業主の場合は、当該特殊関係事業主）が雇用管理措置についての計画（第二種計画）を作成した上で、都道府県労働局長の認定を受けることが必要です（有期雇用特別措置6・13、有期雇用特別措置則6）。

継続雇用の高齢者については、一事業主について複数の計画を作成する必要はありません（プロジェクトごとに計画（第一種計画）の作成・認定が必要な高度専門職の特例とは異なります。）。

なお、高度専門職と継続雇用の高齢者の特例を両方とも受ける場合は、それぞれ別の計画の認定を受けることが必要となります。

5　雇用管理上の措置

特例が適用される継続雇用の高齢者については、高年齢者雇用安定法に規定される高年齢者雇用確保措置のいずれかを講じるとともに、以下のいずれかの措置をとることが必要です（有期雇用特別措置6②一、平27・3・18厚労告69第2の2(1)）。

① 高年齢者雇用等推進者の選任
② 作業施設・方法の改善
③ 健康管理、安全衛生の配慮
④ 職域の拡大
⑤ 知識、経験等を活用できる配置、処遇の推進
⑥ 賃金体系の見直し
⑦ 勤務時間制度の弾力化

6 適用の時期

　定年に既に達した後に再雇用された有期契約労働者（継続雇用の高齢者）を雇用する事業主が計画の認定を受けた場合、その有期契約労働者も特例の対象となり、無期転換申込権は発生しません。

　ただし、計画の認定を受ける前に、継続雇用の高齢者が無期転換申込権を行使していた場合には、無期転換が発生します。

7 定年後に同一の事業主に継続雇用され、その後、引き続いて特殊関係事業主に雇用される場合

　定年後に同一の事業主に継続雇用され、その後、引き続いて特殊関係事業主に雇用される場合は、その有期契約労働者は特例の対象となります。その場合には、通算契約期間のカウントについては使用者ごとになされますので、通算期間の開始は、その特殊関係事業主に雇用された時点からになります。

8 書面による明示

　この特例の適用を受ける場合、継続雇用の高齢者に、定年後に引き続いて雇用されている期間が無期転換申込権の発生しない期間であることを書面で明示する必要があります（労基15、特定有期雇用労働者に係る労働基準法施行規則第5条の特例を定める省令2）。

対応するには

　継続雇用の高齢者についての特例では、定年後の雇用形態に変更があったとしても、同一の事業主に継続雇用されている限り、無期転換申込権は発生しません。例えば、定年後の再雇用につき、「定年後再雇用嘱託社員」として65歳まで継続雇用し、その後、技能等が必要とされる一部の社員を「シニア社員」としてさらに継続雇用をする制度を設定していた場合、「定年後再雇用嘱託社員」から「シニア社員」となった後においても、継続雇用の高齢者についての特例適用下では、当該「シニア社員」に無期転換申込権が発生しません。

　また、定年年齢(多くの企業では60歳に設定されていると考えます。)を超えてから雇用された有期契約労働者については、定年に達した後、引き続いて当該事業主に雇用されたことには該当しませんので、継続雇用の特例の適用対象にはならず、注意を要します。

アドバイス

　一旦認定された計画であっても事後に取り消される可能性があり、その場合は特例が適用されないこととなりますので、原則どおり無期転換制度が適用され、当初の有期労働契約が反復更新され、通算５年を超えていれば、無期転換申込権が発生します。

　計画の認定が取り消されるような事態はめったには生じないと考えられますが、取り消される事態となった場合における影響の深刻さを十分に考慮して、適切な運用を徹底するべきです。第二種認定計画の取消しについては、【Q54】を参照してください。

<書式>
○継続雇用の高齢者についての労働条件通知書

労働条件通知書

年　月　日

　　　　　　殿
　　　　　　　事業場名称・所在地
　　　　　　　使用者職氏名

| 契約期間 | 期間の定めなし、㊙期間の定めあり㊙（令和6年9月13日〜令和7年9月12日）
※以下は、「契約期間」について「期間の定めあり」とした場合に記入
1　契約の更新の有無
　　［自動的に更新する・㊙更新する場合があり得る㊙・契約の更新はしない・その他（　　　）］
2　契約の更新は次により判断する。
　　・契約期間満了時の業務量　・勤務成績、態度　・能力
　　・会社の経営状況　・従事している業務の進捗状況
　　・その他（　　　　　　　　　　　　　　　　　）
3　更新上限の有無（無・㊙有㊙（満65歳を超えての契約更新はない。））
【有期雇用特別措置法による特例の対象者の場合】
無期転換申込権が：Ⅰ（高度専門）・㊙Ⅱ（定年後の高齢者）㊙
発生しない期間
　Ⅰ　特定有期業務の開始から完了までの期間
　　（　　　年　　か月（上限10年））
　Ⅱ　定年後引き続いて雇用されている期間 |

（省　略）

その他	・社会保険の加入状況 ㊤厚生年金㊦ ㊤健康保険㊦ 厚生年金基金 その他（　　　　）） ・雇用保険の適用 （ ㊲ ，　無 ） ・雇用管理の改善等に関する事項に係る相談窓口 　　部署名　総務部　担当者職氏名　総務部長○○○○（連絡先×××××） ・その他（　　　　　　　　　　　　　　　　　　　　　） 　　労働契約法第18条の規定により、有期労働契約（平成25年４月１日以降に開始するもの）の契約期間が通算５年を超える場合には、労働契約の期間の末日までに労働者から申込みをすることにより、当該労働契約の期間の末日の翌日から期間の定めのない労働契約に転換されます。ただし、有期雇用特別措置法による特例の対象となる場合は、この「５年」という期間は、本通知書の「契約期間」欄に明示したとおりとなります。

（厚生労働省のモデル労働条件通知書（一般労働者用；常用、有期雇用型）を参考に加筆修正）

【53】 大学等の教員等についての特例は

大学等の教員等についても、無期転換制度の特例があると聞きました。その特例の内容を教えてください。
また、非常勤講師も、その特例の対象でしょうか。

科技・イノベ法（正式名称「科学技術・イノベーション創出の活性化に関する法律」）及び大学教員等任期法（正式名称「大学の教員等の任期に関する法律」）に定められた特例の対象者については、無期転換申込権が発生するまでの期間が10年に延長されることとなります。
　非常勤講師も、科技・イノベ法や大学教員等任期法に定められた要件を満たすのであれば、特例の対象となりますが、多くの場合は該当しないと思われます。

解　説

1　特例の概要

　平成26年4月1日施行の研究開発力強化法（平成30年に名称の変更により「科技・イノベ法」）及び大学教員等任期法の改正により、無期転換制度の特例が設けられました。それらの特例が適用された場合には、無期転換申込権発生までの通算契約期間が5年から10年に延長されることとなります。

2　科技・イノベ法の特例

　科技・イノベ法に定める特例を受けることができるのは、同法15条

の2第1項に列挙された、科学技術に関する研究者又は技術者であって研究開発法人又は大学等を設置する者との間で有期労働契約を締結した者等です。

3 大学教員等任期法の特例

大学教員等任期法の特例を受けることができるのは、同法に基づく任期の定めがある労働契約を締結した教員等です（大学教員等任期7①）。

大学教員等任期法に基づく「任期の定めがある労働契約を締結した」とは、次の①から③のいずれかに該当することを指します（大学教員等任期4）。

① 先端的、学際的又は総合的な教育研究であることその他の当該教育研究組織で行われる教育研究の分野又は方法の特性に鑑み、多様な人材の確保が特に求められる教育研究組織の職に就けるとき
② 助教の職に就けるとき
③ 大学が定め又は参画する特定の計画に基づき期間を定めて教育研究を行う職に就けるとき

また、「教員等」とは、教育研究の分野を問わず、また、常勤・非常勤の別にかかわらず、国立大学法人、公立大学法人及び学校法人の設置する大学（短期大学を含みます。）の教員（教授、准教授、助教、講師及び助手）、大学共同利用機関法人、独立行政法人大学改革支援・学位授与機構及び独立行政法人大学入試センターの職員のうち専ら研究又は教育に従事する者（大学教員等任期2三、平25・12・13　25文科科399）とされています。

なお、学生として大学に在学している間に、TA（ティーチング・アシスタント）、RA（リサーチ・アシスタント）等として大学等を設置する者等との間で有期労働契約を締結していた場合には、当該大学に

在学している期間は通算契約期間に算入されません（大学教員等任期7②）。

ところで、非常勤講師においても、手続を踏んで要件を満たすのであれば、科技・イノベ法や大学教員等任期法における特例の適用対象となりますが、要件を満たすことは、なかなか難しいと思われます。

科技・イノベ法上の特例対象である「研究者」について判断した事例として、専修大学（無期転換）事件（東京高判令4・7・6労判1273・19）があります。特例対象である「研究者」は、研究開発に5年を超える期間の定めのあるプロジェクトが少なくないことを前提にしたものであり、当該大学において研究業務及びこれに関連する業務に従事している者であることを要するとして、教育のみを担当する非常勤講師はこれに含まれないと判断しました。

大学教員等任期法上の特例については、経営福祉関係の授業を担当している有期雇用の専任講師は特例に該当するとした事例（学校法人茶屋四郎次郎記念学園〔東京福祉大学〕事件＝東京地判令4・1・27労判1268・76）、逆に、介護福祉士養成課程を担当する有期雇用の専任講師は、「多様な人材の確保が特に求められる教育研究の職」には当たらないと判断した学校法人羽衣学園〔羽衣国際大学〕事件（大阪高判令5・1・18労経速2510・3）があります。

対応するには

科技・イノベ法や大学教員等任期法の特例を受けるに当たっては、有期雇用特別措置法の特例におけるような計画の認定等を受ける必要はありませんが、法定のものを含め、労務管理体制の整備はしておく必要があります。

例えば、大学教員等任期法によって任期を定めようとするときは、

あらかじめ、当該大学の任期に関する規則を定めておかなければなりません（大学教員等任期5②）。

当該任期を定め、又は変更しようとするときは、当該大学の学長の意見を聴くものとされ（大学教員等任期5③）、当該規則は公表することとされています（大学教員等任期5④）。

アドバイス

科技・イノベ法や大学教員等任期法の特例の適用ができる場合は、かなり限定されていることは間違いありませんが、大学等においては、特例の活用が重要になる場合も多いと考えられます。特例適用の余地があるのであれば、積極的に検討するべきです。

【54】 無期転換制度の特例認定後でも無期転換が認められる場合は（認定が取り消される場合等）

無期転換制度の特例が適用されることになった場合でも、無期転換申込権の行使が認められることがあると聞きました。どのような場合でしょうか。

高度専門職の特例や継続雇用の高齢者の特例が適用された場合であっても、計画の認定が取り消された場合には、無期転換申込権の行使が認められることとなります。

また、高度専門職の特例については、認定されたプロジェクトから外れた場合や認定要件を満たさなくなった場合にも、原則どおりの無期転換申込権の行使が認められます。

解　説

1　認定計画の取消し

（1）概　要

有期雇用特別措置法に定められた、高度専門職の特例及び継続雇用の高齢者の特例の適用は、適切な雇用管理に関する計画についての都道府県労働局長の認定がなされたことを前提としています（有期雇用特別措置4・6）。当該認定が取り消されれば、特例は適用されなくなります。

認定が取り消された場合、通常の無期転換制度が適用されることとなります。当初の有期労働契約からの通算契約期間が5年を超えていれば、それまで特例の対象となっていた有期契約労働者であっても、

原則どおり無期転換申込権が発生します。

(2) 取消事由

ア　第一種認定計画

高度専門職に関する第一種認定計画（【Q51】参照）については、都道府県労働局長は、①から③のいずれかに適合しなくなったと認めるときは、その認定を取り消すことができます（有期雇用特別措置4③・5②・13、有期雇用特別措置則6）。

① 特定有期業務が厚生労働大臣の定める基準に該当する専門的知識等を必要とする業務であること
② 計画に記載された、有期雇用特別措置法4条2項2号及び3号に掲げる事項が基本方針に照らして適切なものであること
③ 有給教育訓練休暇付与等の措置その他の当該事業主が行う雇用管理に関する措置の内容が計画対象第一種特定有期雇用労働者の特性に応じた雇用管理に関する措置として適切かつ有効なものであること

イ　第二種認定計画

継続雇用高齢者に関する第二種認定計画（【Q52】参照）については、都道府県労働局長は、①か②のいずれかに適合しなくなったと認めるときは、その認定を取り消すことができます（有期雇用特別措置6③・7②・13、有期雇用特別措置則6）。

① 計画に記載された、有期雇用特別措置法6条2項各号に掲げる事項が基本方針に照らして適切なものであること
② 有期雇用特別措置法6条2項1号に掲げる配置、職務及び職場環境に関する配慮その他の当該事業主が行う雇用管理に関する措置の内容が計画対象第二種特定有期雇用労働者の特性に応じた雇用管理に関する措置として有効かつ適切なものであること

2　認定計画取消し以外での注意点（高度専門職の特例）

　高度専門職の特例については、対象の有期雇用労働者がプロジェクトから外れた場合や、1,075万円以上の年収要件（有期雇用特別措置2③一、有期雇用特別措置則1）を満たさなくなった場合にも、特例の適用がなくなり、通常の無期転換制度が適用されることになります。

　他方、継続雇用高齢者の特例については、上記内容に相当するような例外はありません。

対応するには

　計画の認定の取消事由については、その範囲は決して広いものではないとはいえますが、取り消された場合には想定していなかった無期転換申込権の行使が行われる可能性が生じますので、その影響は深刻です。万が一にもそのような事態が生じないよう注意が必要です。

　また、高度専門職については、計画の認定の取消し以外にも、所定の要件の充足を欠くことがないよう確認しておくべきです。

アドバイス

　都道府県労働局長は、特例に関する認定を受けた事業主に対し、認定に当たって提出した計画に記載された事項の実施状況について報告を求めることや（有期雇用特別措置11・13、有期雇用特別措置則6）認定を受けた事業主に対し、認定された計画に記載された措置の的確な実施に必要な指導及び助言を行うものとされています（有期雇用特別措置10・13、有期雇用特別措置則6）。

　事業主が、都道府県労働局長に対し、求められた報告を怠ったり、指導や助言に従わなかったりした場合、認定が取り消されるリスクが高まると考えられますので、そのようなことがないよう注意が必要です。

Ⅲ　参考文例・裁判例

〔参考文例〕

【1】 更新上限規制（条項）（【Q32】関連）
〔就業規則で更新の年数を制限する場合〕

> 第○条　有期契約社員の契約期間は、1年以内とし、個別の労働契約書を締結してこれを定める。
> 2　前項の契約期間については、会社の業績、経営状態、契約期間満了時の業務量、有期契約社員の勤務成績・態度、健康状態、能力等を総合的に判断して、更新することがある。ただし、通算契約期間は5年を限度とし、これを超える更新は行わない。**1**

＜作成上のポイント＞

1　「通算契約期間は5年を限度とし、これを超える更新は行わない」と明記することで、5年の通算契約期間が出現しないことが明確となります。

〔就業規則で更新の回数を制限する場合〕

> 第○条　有期契約社員の契約期間は、1年とする。
> 2　前項の契約期間については、会社の業績、経営状態、契約期間満了時の業務量、有期契約社員の勤務成績・態度、健康状態、能力等を総合的に判断して、更新することがある。ただし、更新回数は、4回を限度とし、5回目の更新はない。**1**

＜作成上のポイント＞

1　「更新回数は4回を限度とする」と記載することでも足りますが、「5回目の更新はない」と付記することで、更新回数がより具体的に認識できることになります。

〔個別の労働契約書において更新の年数を制限する場合〕

1　(1)　雇用期間は、令和6年4月1日から令和7年3月31日までの1年間とする。
　　(2)　(1)の雇用期間は、会社の業績、経営状態、契約期間満了時の業務量、有期契約社員の勤務成績・態度、健康状態、能力等を総合的に判断して、更新することがある。
　　(3)　契約を更新する場合であっても、令和6年4月1日からの通算契約期間は5年を限度とし、これを超える更新は行わない。したがって、最長の場合の雇用終了日は、令和11年3月31日となる。**1**

＜作成上のポイント＞

1　「通算契約期間は5年を限度とし、これを超える更新は行わない」と明記することが必要です。「最長の場合の雇用終了日は、令和11年3月31日となる」と記載することは、必須ではないですが、具体的な日付を記載することで、労使間の認識が明確化され、トラブル回避に資することになります。

〔個別の労働契約書において更新の回数を制限する場合〕

1　(1)　雇用期間は、令和6年4月1日から令和7年3月31日までの1年間とする。
　　(2)　(1)の雇用期間は、会社の業績、経営状態、契約期間満了時の業務量、有期契約社員の勤務成績・態度、健康状態、能力等を総合的に判断して、更新することがある。
　　(3)　契約を更新する場合であっても、その回数は4回を限度とし、5回目の更新はない。**1**

＜作成上のポイント＞

1 この形式の労働契約書では、更新の度に、忘れずに(3)記載の回数を減らしていくことが重要です。したがって、次回の更新時の(3)は、次のとおりとなります。

(次回更新時の条項例)

> （3） 契約を更新する場合であっても、その回数は3回を限度とし、4回目の更新はない。

【2】 不更新条項（【Q33】関連）
〔個別の労働契約書に挿入する場合①〕

> 第○条　本契約は、第○条に定める期間の満了をもって終了し、契約更新は行わない。■1

〔個別の労働契約書に挿入する場合②〕

> 第○条　本契約は、雇用契約期間満了をもって終了し、次回更新は行わない。■2

＜作成上のポイント＞
■1■2　「契約期間の満了により終了すること」及び「契約更新は行わない」ことを明記することが必要です。

【3】 不更新条項についての説明文（【Q33】関連）

令和〇〇年〇〇月〇〇日

〇〇〇〇　殿

株式会社〇〇〇〇
代表取締役　〇〇〇〇

契約不更新についてのご説明

　当社は、貴殿との間で、令和〇〇年〇〇月〇〇日に、契約期間6か月の有期労働契約を締結し、以降、契約の更新を重ねて参りました。
　ところで、近時におけるますますの競争激化と主要お取引先の業績不振に伴い、当社においても、残念ながら経営戦略の抜本的な見直しが避けられない事態となっております。受注量の減少は、貴殿も実感されているところと存じます。そのため、当社は、新規取引先の開拓と可能な限りのコストカット等に努めて参りましたが、今期の大幅な赤字は避けられず、今般、人員規模の維持が極めて困難な状況に至りました。**1**
　つきましては、貴殿と当社との間の有期労働契約の更新は、今回更新する契約（令和〇〇年〇〇月〇〇日から令和〇〇年〇〇月〇〇日まで）を最終とさせていただきたく存じます。
　今回の契約が最終であることにご理解をいただいた皆様には、慰労金として〇〇万円をお支払させていただくことを予定しております。**2**
　最終の更新にかかる雇用契約書をお渡ししますので、内容をよくご確認いただき、上記慰労金のお支払についても考慮の上で、当該雇用契約書の締結をお願いいたします。
　当該雇用契約書には、所定の箇所に署名・押印し、日付をご記入の上で、担当の〇〇〇〇に、令和〇〇年〇〇月〇〇日までにご提出ください。
　何卒、当社の置かれた状況をご賢察いただけますよう、よろしくお願い申し上げます。

以上

＜作成上のポイント＞

1 不更新条項が含まれた有期労働契約の締結につき、当該不更新条項についての有効性が争点の1つとなった本田技研工業事件（東京高判平24・9・20労経速2162・3）では、部品減産に対応した経営努力だけでは事業所の余剰労働力を吸収しきれず、期間契約社員を全員雇止めにせざるを得ないこと等について説明されていたことが、従前と異なって更新されないことを真に理解して有期雇用契約を締結したとの認定を基礎付ける事情の1つとされました。不更新条項の必要性については可能な限りで具体的説明を行うべきですが、そのような説明を行ったことを書類上も記録しておくべきです。

2 同事件では、不更新条項の合意に当たって何らの代償の提供がなかったという等価関係の不存在は、労働者が真に自由な意思で種々の条件と不更新条項との利害得失について考慮した上で合意したか否かを判断する際に斟酌する余地があると言及されています。慰労金等の支給は、不更新条項を含む労働契約の締結に当たり、その他の事情と併せて、労働者が真に自由な意思に基づいて不更新条項を合意したことを基礎付ける事情となり得ますので、検討しておくことは有益です。

【4】 無期労働契約への転換手続の規定例（有期契約社員就業規則）（【Q20】、【Q21】、【Q22】、【Q45】関連）

（無期労働契約への転換）
第○条　有期労働契約で雇用する契約社員のうち、通算契約期間が5年を超える契約社員は、現在締結している有期労働契約の契約期間満了日の1か月前までに、所定の申込書で申し込むことにより、現在締結している有期労働契約の契約期間満了日の翌日から、無期労働契約に転換することができる。 **1**
2　前項の通算契約期間は、平成25年4月1日以降に開始する有期労働契約の契約期間を通算するものとし、現在締結している有期労働契約については、その満了日までの期間とする。
3　前項の通算契約期間の計算において、労働契約が締結されていない空白期間が連続して6か月以上ある契約社員については、それ以前の契約期間は通算契約期間に含めない。ただし、空白期間の直前に満了した有期労働契約の契約期間（当該有期労働契約を含む2つ以上の有期労働契約の契約期間の間に空白期間がないときはそれらの契約期間の通算期間）が1年未満であって、空白期間が連続して以下の表区分に定める期間以上あるときも同様とする。

空白期間の直前に満了した有期労働契約の契約期間	空白期間
2か月以下	1か月以上
2か月超〜4か月以下	2か月以上
4か月超〜6か月以下	3か月以上
6か月超〜8か月以下	4か月以上
8か月超〜10か月以下	5か月以上

| 10か月超～ | 6か月以上 |

4　第1項による無期転換後の労働条件については現在締結している有期労働契約の労働条件と原則として**❷**同一とし、無期転換契約社員就業規則を適用する。

＜作成上のポイント＞
❶ 無期転換の申込方法及び申込期限について、「無期転換の申込みは所定の申込書によること」「無期転換の申込みは現在の有期労働契約の期間満了日の1か月前までに行うこと」と定めています。このように、無期転換の申込方法等についてあらかじめ指定して統一化することにより、無期転換の申込みに対して円滑に対応することが可能となります（【Q22】参照）。

❷ 「原則として」と記載したのは、有期労働契約を前提とする契約社員就業規則とは、
① 定年制の導入
② 休職制度導入の検討
③ 労働条件の見直し条項の検討
④ 賃金の改定条項の整備
⑤ 服務規律・解雇・懲戒に関する規定の見直し
等の点で、差異が存すると考えたからです（詳細は、【Q40】を参照ください。）。

もちろん、無期転換契約社員就業規則及び個々人宛の労働条件通知書には、無期転換後の労働条件を具体的に記載・通知する必要があります（【Q10】参照）。

※　なお、この規定例は、厚生労働省のモデル就業規則を参考に加筆修正して作成したものです。

【5】 無期転換に関するお知らせ（無期転換制度の周知文）（【Q21】、【Q28】関連）

令和○○年○○月○○日

パートタイマー　各位
　（※対象者がパートタイマーのみの場合）

　　　　　　　　　　　　　　　　　　株式会社○○○○
　　　　　　　　　　　　　　　　　　人事部長　　○○○○

　　　　　　　　　　無期転換に関するお知らせ

　パートタイマーの皆様におかれましては、日頃、職務に精励いただき、感謝申し上げます。
　ところで、平成30年４月から無期転換の申込みが本格化することを予想しておりましたが、その予想に反して無期転換申込権を行使される方が少ないのが現状です。
　そこで、無期転換の対象となるパートタイマーの皆様に対する周知をもう一度図るため、下記のとおり、無期転換制度の概要等についてお知らせいたします。❶
　対象となる方におかれましては、無期転換制度について十分にご理解いただいた上で、無期転換の申込みをされるかどうかについてご検討いただきますようお願いいたします。

　　　　　　　　　　　　　記

1　無期転換制度の概要
　無期転換とは、平成25年４月１日以降に開始した有期労働契約（期間の定めのある労働契約）が繰り返し更新されて通算５年を超える契約を締結したときに、有期契約労働者からの申込みにより、無期労働契約（期間の定めのない労働契約）に転換されるルールのことをいいます。対象となる有期契約労働者による無期転換の申込みにより無期労働契約が成立しますが、この無期労働契約が開始するのは無期転換の申込時点で締

結している有期労働契約が満了する日の翌日からとなります。また、無期労働契約の労働条件は、契約期間を除いて原則として**2**直前の有期労働契約の労働条件と同一のものとなり、無期転換パートタイマー就業規則が適用されます。

2　対象者

　無期転換の対象者は、平成25年4月1日以降に開始した有期労働契約が繰り返し更新されて通算5年を超える全ての方となります。

　ただし、有期労働契約とその次の有期労働契約の間に、労働契約が締結されていない空白期間が6か月以上（空白期間の直前に満了した有期労働契約の契約期間が1年未満の場合はパートタイマー就業規則第○条第○項に定める空白期間以上）あるときは、空白期間より前に満了した有期労働契約は通算契約期間に算入されません。

3　申込手続

　無期転換を希望される場合は、パートタイマー就業規則第○条第○項に基づき、現在締結している有期労働契約の契約期間満了日の1か月前までに、所定の申込書を人事部に提出していただく必要があります。

　なお、無期転換の申込みをされるかどうかは自由であり、今回無期転換を申し込まなくても、次に有期労働契約が更新されたときに無期転換を申し込むことも可能です。

※　そのほかご不明な点等がございましたら、人事部○○宛てまでお問い合わせください。

＜作成上のポイント＞

1　この周知文は、無期転換の対象となり得る有期契約労働者に対して無期転換制度を周知することを目的としたものです。対象者から適切な申込みがなされるように、周知内容は、無期転換制度の概要（無期転換後の労働条件を含みます。）、対象者、及び申込手続としています。

2　「原則として」と記載した理由については、〔参考文例〕【4】の＜作成上のポイント＞**2**と同じですので、同ポイントを参照してください。

【6】 無期労働契約転換申込書（【Q21】、【Q22】、【Q38】、【Q45】関連）

無期労働契約転換申込書

人事部長　殿

申出日　令和　　年　　月　　日
申出者　　　　　部　　　　課
氏　名　　　　　　　　　　㊞

　私は、現在の有期労働契約の契約期間の末日までに通算契約期間が5年を超えますので、労働契約法第18条の規定に基づき、期間の定めのない労働契約への転換の申込みをします。

（出典：厚生労働省「多様な正社員及び無期転換ルールに係るモデル就業規則と解説」（全業種版））

【7】 無期労働契約転換申込み受理通知書（【Q45】関連）

無期労働契約転換申込み受理通知書

　　　　　殿

　　　　　　　　　　　　　　　　　　　令和　　年　　月　　日
　　　　　　　　　　　　　　　　　　　株式会社
　　　　　　　　　　　　　　　　　　　人事部長　　㊞

　あなたから令和　　年　　月　　日に提出された無期労働契約転換申込書については、受理しましたので、通知します。

（出典：厚生労働省「多様な正社員及び無期転換ルールに係るモデル就業規則と解説」（全業種版））

【8】 「無期転換申込権」が発生する更新の際の有期契約労働者に対する労働条件通知書

	令和　年　月　日 ＿＿＿＿＿＿＿＿＿＿殿　事業場名称・所在地　使用者職氏名
契約期間	期間の定めなし、⦅期間の定めあり⦆（令和6年10月1日～令和7年9月30日） 1　契約の更新の有無 　［自動的に更新する ・⦅更新する場合があり得る⦆・契約の更新はしない・その他（　　　　　　）］ 2　契約の更新は次により判断する。 　・⦅契約期間満了時の業務量⦆ ⦅・勤務成績、態度⦆ 　・⦅能力⦆ ⦅・会社の経営状況⦆・従事している業務の進捗状況 　・その他（　　　　　　　　　　　　　　　） 3　更新上限の有無（⦅無⦆・有（更新　回まで／通算契約期間　年まで） **1**
	【労働契約法に定める同一の企業との間での通算契約期間が5年を超える有期労働契約の締結の場合】 　本契約期間中に会社に対して期間の定めのない労働契約（無期労働契約）の締結の申込みをすることにより、本契約期間の末日の翌日（令和7年10月1日）から、無期労働契約での雇用に転換することができる。 **2** 　この場合の本契約からの労働条件の変更の有無（無・⦅有⦆（別紙のとおり）） **3**

就業の場所 ❹	(雇入れ直後)本社工場　　(変更の範囲)変更なし
従事すべき業務の内容 ❹	(雇入れ直後)商品の製造業務　　(変更の範囲)変更なし
始業、終業の時刻、休憩時間、所定時間外労働の有無に関する事項	1　始業・終業の時刻等 （1）始業（8時30分）終業（17時30分） ○詳細は、契約社員就業規則第　条〜第　条、第　条〜第　条、第　条〜第　条 2　休憩時間（60）分 3　所定時間外労働の有無（㊒,　無）
休　　　日	・定例日；毎週土・日曜日、国民の祝日、年末年始（12月30日〜1月4日） その他会社が休日と定めた日
休　　　暇	1　年次有給休暇　労働基準法第39条に定めるとおり、令和7年4月1日に18日付与。 継続勤務6か月以内の年次有給休暇 （有・㊺） →　か月経過で　　日 時間単位年休（有・㊺） 2　代替休暇（有・㊺） 3　その他の休暇　有給（　　　　　　　　） 　　　　　　　　無給（　　　　　　　　）
賃　　　金	1　基本賃金 　イ　月給（　　　円）、ロ　日給（9,600円） 　ハ　時間給（　　　円）、

ニ 出来高給（基本単価　円、保障給　円）
ホ その他（　　　円）
2　諸手当の額又は計算方法
　イ　通勤手当
　　　通勤に要する実費を支給する。ただし、自転車や自動車などの交通用具を使用している契約社員については、別に定める規程による。
3　所定時間外、休日又は深夜労働に対して支払われる割増賃金率
　イ　所定時間外、法定超　月60時間以内（25）％
　　　　　　　　　　　　　月60時間超　（50）％
　　　　　　　　　所定超　（　　　）％
　ロ　休日　法定休日（35）％、法定外休日（25）％
　ハ　深夜（25）％
4　賃金締切日（　　）－毎月20日、（　　）－毎月　日
5　賃金支払日（　　）－毎月25日、（　　）－毎月　日
6　賃金の支払方法（労働者の指定する契約社員名義の銀行口座への振り込み）

7　労使協定に基づく賃金支払時の控除（㊅）, 有（　　））
8　昇給（有（時期、金額等　　　　　　　），㊅）
9　賞与　㊅（時期－原則として年2回　7月10日及び12月10日（支払日が休日に当たる場合はその前日）、金額等－支払額及び支払基準は、その期の会社の業績、及び当該契約社員の勤務成績・職務内容等を考慮してその都度定めるが、原則、1回当たり5～10万円を目安とする。なお、支払日に在籍していることが要件となる。）, 無
10　退職金（有（時期、金額等　　　　　　　），㊅）

退職に関する事項	1　定年制　（有　（　　歳），㊇） 2　継続雇用制度（有（　　歳まで），㊇） 3　創業支援等措置（有（　　歳まで業務委託・社会貢献事業），㊇） 4　自己都合退職の手続（退職する14日以上前に届け出ること） 5　解雇の事由及び手続 　（「精神または身体上の事由により就業に適しないと認められるとき」等の普通解雇事由と重大な非違行為を行ったときの懲戒解雇事由があり、その詳細と手続については契約社員就業規則に定めるところによる。） 〇詳細は、契約社員就業規則第〇条及び第〇条
その他	・社会保険の加入状況　㊝厚生年金㊞ ㊝健康保険㊞　その他（　　　）） ・雇用保険の適用　（㊲，無） ・中小企業退職金共済制度 　（加入している，㊝加入していない㊞（※中小企業の場合） ・企業年金制度（有（制度名　　　　　　　），㊇） ・雇用管理の改善等に関する事項に係る相談窓口 　部署名　経理部　担当者職氏名　部長　〇〇　〇〇 　（連絡先　　　　　　　　　） ・その他（　　　　　　　　　　　　　　　　） ┌──────────────────────────┐ 労働契約法第18条の規定により、有期労働契約（平成25年4月1日以降に開始するもの）の契約期間が通算5年を超える場合には、労働契約の期間の末日までに労働者から申込みをすることにより、当該労働契約の期間の末日の翌日から期間の定めのない労働契約に転換されます。 └──────────────────────────┘

短時間労働者及び有期雇用労働者の雇用管理の改善等に関する法律（以下、「パートタイム・有期雇用労働法」という。）第14条第1項に基づく説明 **5**

① パートタイム・有期雇用労働法第8条について―会社においては、雇い入れる契約社員に基本給、賞与その他の待遇のそれぞれについて、当該待遇に対応する通常の労働者の待遇との間において、当該待遇の性質及び当該待遇を行う目的に照らして適切と認められるものを考慮して、不合理と認められる相違を設けません。
② 同法第9条について―会社において雇い入れる契約社員が通常の労働者と同視すべき要件に該当する場合、パートタイム・有期雇用労働者であることを理由として、基本給、賞与その他の待遇のそれぞれについて、差別的取扱いをしません。
③ 同法第10条について―会社においては、契約社員の賃金について日給制の職務給を採用しております。なお、職務給とは、職務そのものの難易度、責任の度合いなどを評価し、職務によって賃金を決める方式です。賃金を決めるに当たっては、そのような業務を担当してもらう場合の地域の賃金相場も勘案しています。
④ 同法第11条について―会社では、契約社員には担当業務等に適した教育訓練を実施しています。
⑤ 同法第12条について―契約社員には、食堂、更衣室及び更衣室内のロッカーを利用いただけます。
⑥ 同法第13条について―正社員の募集を行う場合は、その旨を事業所の掲示板に掲示します。

上記労働条件通知書の交付を受け、かつ、その説明を受けました。 **6**

　　　　年　　　月　　　日

　　　　　　　　　　　　　　　　署名

> 　以上のほかは、契約社員就業規則による。就業規則を確認できる場所や方法（会社事務所（総務部）に備え付けられています。）。

※　本通知書の交付は、労働基準法第15条に基づく労働条件の明示及び短時間労働者及び有期雇用労働者の雇用管理の改善等に関する法律（パートタイム・有期雇用労働法）第6条に基づく文書の交付を兼ねるものです。
※　労働条件通知書については、労使間の紛争の未然防止のため、保存しておくことをお勧めします。

＜作成上のポイント＞
1　追加された明示事項②「更新上限の明示」（【Q9】参照）。
2　追加された明示事項③「無期転換申込機会」（【Q10】参照）。
3　追加された明示事項④「無期転換後の労働条件」（【Q10】参照）。
　なお、「別紙」は省略。
4　追加された明示事項①「就業場所・業務の変更の範囲」（【Q8】参照）。
5　パートタイム・有期雇用労働法14条1項の説明義務の対象は、同法8条から13条までの規定により講ずべきこととされている措置の内容（労働基準法15条1項に規定する厚生労働省令で定める事項及び特定事項を除きます。）です。同法14条2項の説明義務とは異なって、労働者からの求めがなくても、使用者は説明しなければなりません。そこで、労働条件通知書の中に入れてみました。
6　労働基準法15条に基づく労働条件の通知を受けたこと及びパートタイム・有期雇用労働法14条1項の説明を受けたことを裏付けるため、契約社員自身に署名してもらう形式としています。
　なお、この労働条件通知書は、厚生労働省のモデル労働条件通知書（一般労働者用：常用、有期雇用型）を参考に加筆修正したものです。モデル労働条件通知書の【記載要領】も参照してください。

【9】 無期労働契約転換申込者に対する労働条件通知書

<table>
<tr><td colspan="2" align="center">労働条件通知書■</td></tr>
<tr><td colspan="2" align="right">年　　月　　日</td></tr>
<tr><td colspan="2">（労働者名）　　殿
　　　　　　　　　事業場名称・所在地
　　　　　　　　　　使用者職氏名</td></tr>
<tr><td>契約期間</td><td>期間の定めなし</td></tr>
<tr><td>就業の場所</td><td>（雇入れ直後）　　　　　（変更の範囲）</td></tr>
<tr><td>従事すべき業務の内容</td><td>（雇入れ直後）
（変更の範囲）</td></tr>
<tr><td>始業、終業の時刻、休憩時間、就業時転換（(1)～(5)のうち該当するもの一つに○を付けること。）、所定時間外労働の有無に関</td><td>1　始業・終業の時刻等
（1）始業（　時　分）終業（　時　分）
【以下のような制度が労働者に適用される場合】
（2）変形労働時間制等；（　）単位の変形労働時間制・交替制として、次の勤務時間の組合せによる。
　　┌始業（　時　分）終業（　時　分）（適用日　　）
　　├始業（　時　分）終業（　時　分）（適用日　　）
　　└始業（　時　分）終業（　時　分）（適用日　　）
（3）フレックスタイム制；始業及び終業の時刻は労働者の決定に委ねる。
　　（ただし、</td></tr>
</table>

する事項	フレキシブルタイム（始業）　時　分から　時　分、 　　　　　　　　　　　　（終業）　時　分から　時　分、 　　　　　　　コアタイム　　　　時　分から　時　分） （4）　事業場外みなし労働時間制；始業（　時　分） 　　　終業（　時　分） （5）　裁量労働制；始業（　時　分）　終業（　時　分）を基本とし、労働者の決定に委ねる。 2　休憩時間（　　）分 3　所定時間外労働（有，無） 4　上記「1」～「3」の詳細は無期転換社員就業規則第○条～第○条、第○条～第○条、第○条～第○条
休　日	・定例日；毎週　曜日、国民の祝日、その他（　　　） ・非定例日；週・月当たり　日、その他（　　　） ・1年単位の変形労働時間制の場合一年間　日 　詳細は無期転換社員就業規則第○条～第○条、第○条～第○条、第○条～第○条
休　暇	1　年次有給休暇　年次有給休暇日数を算定する際の勤続年数については、有期契約社員としての勤続年数も通算する。 　　　　　　　　無期転換時の年次有給休暇日数[　]日 　　　　　　　　[　]か月経過で新たに[　]日 2　代替休暇（有・無） 3　その他の休暇　有給（　　　　　） 　　　　　　　　無給（　　　　　） 4　上記「1」～「3」の詳細は無期転換社員就業規則第○条～第○条、第○条～第○条、第○条～第○条
賃　金	1　基本賃金 　　イ　月給制（基本給　　　円）　ロ　日給（　　　円） 　　ハ　時間給（　　　円）　　　　ニ　その他（　　　円）

	2 諸手当の額又は計算方法 　イ（　　手当　　円　／計算方法：　　　） 　ロ（　　手当　　円　／計算方法：　　　） 　ハ（　　手当　　円　／計算方法：　　　） 　ニ（　　手当　　円　／計算方法：　　　） 3 所定時間外、休日又は深夜労働に対して支払われる割増賃金率 　イ　所定時間外、法定超（　）％、所定超（　）％、 　ロ　休日　法定休日（　）％、法定外休日（　）％ 　ハ　深夜（　）％ 4 賃金締切日（　　）―毎月　日、（　　）―毎月　日 5 賃金支払日（　　）―毎月　日、（　　）―毎月　日 6 賃金の支払方法（　　　　） 7 労使協定に基づく賃金支払時の控除（無，有（　）） 8 昇給（時期等　　　　　　　　　） 9 賞与（有（時期、金額等　　　），無） 10 退職金（有（時期、金額等　　　），無）
退職に関する事項	1 定年制（有（　歳），無） 2 継続雇用制度（有（　歳），無） 3 自己都合退職の手続（退職する　日以上前に届け出ること） 4 解雇の事由及び手続 　（　　　　　　　　　　　　　　　　　　　　　） 5 上記「1」～「4」の詳細は無期転換社員就業規則第○条～第○条、第○条～第○条、第○条～第○条
その他	・社会保険の加入状況 　（厚生年金　健康保険　厚生年金基金　その他（　））

・雇用保険の適用（有，無）
・服務規律：無期転換社員就業規則第○条〜第○条を適用する。
・懲戒処分：無期転換社員就業規則第○条〜第○条を適用する。
その他
（　　　　　　　　　　　　　　　　　　　　　　　）

※　以上のほかは、無期転換社員就業規則による。

＜作成上のポイント＞

1　無期転換申込権が行使されたときは、使用者が申込みを承諾したものとみなされ、無期労働契約が成立します。その結果、使用者は、労働基準法15条に基づく労働条件の明示が必要です。

　また、適用される就業規則が「無期転換社員就業規則」であることを明記しておくことによって、「正社員就業規則」等が適用されるとの誤解を防止することができます。

　なお、この労働条件通知書は、厚生労働省のモデル労働条件通知書を参考に加筆修正して作成したものです。

【10】 無期転換契約社員就業規則例（新しく作成する場合）（【Q19】、【Q34】、【Q35】、【Q39】、【Q40】関連）

第1章　総　則

（目　的）
第1条　この就業規則❶（以下「規則」という。）は、労働基準法第89条に基づき、A株式会社の無期転換契約社員の就業等に関する事項を定めるものである。
2　この規則に定めた事項のほか、就業に関する事項については、労働基準法、労働契約法その他の法令の定めによる。

（適用範囲）
第2条　この規則は、A株式会社の無期転換契約社員に適用する。
2　前項の無期転換契約社員とは、有期契約社員就業規則第○条に基づき有期契約から無期契約に転換し、期間の定めのない労働契約を会社と締結した者をいう。❷

（規則の遵守）
第3条　会社及び無期転換契約社員は、この規則の定めを遵守し、義務を誠実に履行することによって、企業の信用及び秩序の保持に努めなければならない。

（就業規則の変更）
第4条　この規則に定める労働条件及び服務規律等については、法令の改正、経営環境、社会情勢の変動その他業務上の必要性等の理由により、変更することがある。ただし、労働条件を不利益に変更する場合は、合理的なものでなければならない。
2　前項の場合、会社は、この規則の変更による労働条件の変更について、直ちに無期転換契約社員に周知するものとする。また、無期転換契約社員は、周知された内容をよく理解するよう努めなければならない。

第2章　無期転換、異動及び休職 3

（無期転換の提出書類） 4
第5条　無期転換契約社員となる者は、有期契約社員就業規則第○条に基づいて無期転換申込権を行使した後会社が指定する期間内に次の書類を提出しなければならない。
（1）　誓約書
（2）　その他会社が指定するもの
2　前項の定めにより提出した書類の記載事項に変更が生じたときは、変更が生じた時から2週間以内に書面で会社に変更事項を届け出なければならない。

（労働条件の明示） 5
第6条　会社は、無期転換契約社員となる者に対し無期転換後の賃金、就業場所、従事する業務、労働時間、休日、その他の労働条件を記した労働条件通知書及びこの規則を交付して労働条件を明示するものとする。

（人事異動）
第7条　会社は、業務上の必要がある場合は、無期転換契約社員に従事する業務の変更を命ずることがある。ただし、事業所の変更を伴う異動は行わないものとする。
2　前項の業務の変更を命ぜられた無期転換契約社員は、正当な理由なくこれを拒むことはできない。

（休　職） 6
第8条　会社は、無期転換契約社員が次の各号の一に該当するときは、休職を命ずる。
　　（1）　私傷病に罹患し、通常程度の労務提供をなし得る程度に回復するまで、一定期間の療養を要すると会社が認めたとき（私傷病休職）
　　（2）　自己都合による欠勤を、会社がやむを得ないと認めたとき（私事休職）
　　（3）　公職への就任を、会社が業務と両立しないと認めたとき（公職休職）

（4）　前各号のほか、会社が特に必要と認めたとき
（休職期間）
第9条　前条（休職）の休職期間は下記のとおりとする。休職期間の始期は、休職発令の日とする。なお、勤続年数は、無期転換契約社員として勤務した年数をいう。7
　　（1）　私傷病休職　　勤続5年未満　　〇か月
　　　　　　　　　　　　勤続5年以上　　〇か月
　　（2）　公職休職　　　就任期間
　　（3）　その他　　　　会社が認めた期間
（休職期間中の取扱い）
第10条　休職期間中の給与は、無給とする。
（休職者の所属）
第11条　休職期間中の無期転換契約社員の所属は、総務部付とする。
（復　職）
第12条　休職期間の満了日、あるいはそれ以前にその事由が消滅したとして復職しようとする場合、無期転換契約社員は、事由消滅に関する証明書（私傷病休職の場合は、会社の指定する医師の診断書）を添付し、書面で復職を願い出、会社の承認を得なければならない。8
2　会社は、休職期間の満了日以前にその事由が消滅したものと認めた場合は、復職を命ずる。
3　休職前の職務に就かせることを原則とし、状況に応じて休職前とは異なる職務に就かせる。
4　休職期間の満了日にその事由が消滅せず、復職できないと会社が判断したときは、退職とする。
（私傷病休職期間の通算と利用回数）
第13条　私傷病休職後復職した無期転換契約社員が、復職後6か月以内に同一又は類似の傷病により、再び通常程度の労務提供をなし得ない状態に至ったと会社が判断し、休職を命じたときは、復職前の休職期間と通算する。9
2　同一又は類似の傷病による私傷病休職は、前項の場合を除き、1回限りとする。10

第3章　服務規律[11]

（服　務）
第14条　無期転換契約社員は、この規則のほか、会社のその他の規則及び業務上の指示・命令を遵守し、職場の秩序・規律を維持するとともに能率の向上に努め、互いに人格を尊重し、誠実に自己の職務に専念しなければならない。

（遵守事項）
第15条　無期転換契約社員は、次の各号の事項を守り、職務に精励しなければならない。
（１）　勤務時間中は、定められた業務に専念し、あらかじめ許可を得ることなく職場を離れ、又は他の者の業務を妨げてはならない。
（２）　正当な理由なく、遅刻、早退又は無断欠勤をしてはならない。
（３）　職場においては、所定の被服を着用し、業務遂行上不都合な服装及び身だしなみをしてはならない。
（４）　会社の許可なく、会社構内又は施設内においてゼッケン、鉢巻、ワッペンその他これに類するものを着用してはならない。
（５）　職務上の地位を不正に利用して、自己又は第三者の利益を図ってはならない。
（６）　職務に関連して、自己又は第三者のために取引先等から不当に金品を借用し、又は贈与若しくは供応の利益を受けてはならない。
（７）　酒気を帯びて就業してはならない。
（８）　職場の整理整頓に努め、常に清潔を保たなければならない。
（９）　消耗品は常に節約し、商品・備品帳簿類は丁寧に取り扱い、その保管には十分注意しなければならない。
（10）　会社の許可なく、業務以外の目的で会社の施設、車両、事務機器、商品、備品等を使用し、又は持ち出してはならない。
（11）　会社の許可なく、会社構内又は施設内において、演説、集会、貼紙、文書配布、募金、署名活動など業務に関係のない行為をしてはならない。
（12）　会社の許可なく、就業時間又は会社の構内若しくは施設内において、宗教活動、政治活動、組合活動及びそれに準ずる行為をし

てはならない。
(13)　会社の内外を問わず、会社の名誉や信用を損なう行為をしてはならない。
(14)　会社の内外を問わず、在職中及び退職後においても、業務上知り得た会社、取引先等の秘密事項及び会社の不利益となる事項を漏洩してはならない。
(15)　会社の内外を問わず、在職中及び退職後においても、取引先、顧客その関係者及び会社役員、無期転換契約社員等の個人情報を、利用目的を超えて取り扱い、正当な理由なく開示、漏洩し、又は不正に入手してはならない。
(16)　在職中は、会社の許可なく、社外の業務に従事してはならない。
(17)　会社の業務の範囲に属する事項について、著作、講演などを行う場合は、あらかじめ会社の許可を受けなければならない。
(18)　所定の届出事項に変更が生じたときは、速やかにその届出をしなければならない。
(19)　前各号（ただし、第8号、第9号、第17号及び第18号を除く。）に準ずる行為をしてはならない。

（セクシュアル・ハラスメントの禁止）　12

第16条　無期転換契約社員は、職務上の地位を利用して他の従業員に対し性的な言動により不快な思いをさせ、あるいは交際等を強要するなどの行為をしてはならない。また、性的な言動により他の従業員の業務に支障を与えたり、職場環境を悪化させるような行為をしてはならない。

2　会社は、セクシュアル・ハラスメントに関する相談窓口を設置し、セクシュアル・ハラスメントの防止及び苦情・相談、適切な対応等に関する措置を講じる。

3　前項の措置について、詳細は、「セクシュアル・ハラスメント防止に関する規程」により別に定める。

（パワー・ハラスメントの禁止）

第17条　無期転換契約社員は、同じ職場で働く者に対して、職務上の地位や人間関係などの職場内の優位性を背景に、業務の適正な範囲を超えて、精神的・身体的苦痛を与える又は職場環境を悪化させる行為をしてはならない。

2　会社は、パワー・ハラスメントに関する相談窓口を設置し、パワー・ハラスメントの防止及び苦情・相談、適切な対応等に関する措置を講じる。
3　前項の措置について、詳細は、「パワー・ハラスメント防止に関する規程」により別に定める。
（マタニティ・ハラスメント、パタニティ・ハラスメントの禁止）13
第18条　無期転換契約社員は、職場において、次の各号に掲げる行為を行ってはならない。ただし、業務上の必要性に基づく言動によるものはこの限りではない。
　（1）　妊娠・出産、育児・介護に関する制度や措置の利用等に関し、解雇その他の不利益な取扱いを示唆する行為
　（2）　妊娠・出産したことにより、解雇その他の不利益な取扱いを示唆する行為
　（3）　妊娠・出産、育児・介護に関する制度や措置の利用を阻害する行為
　（4）　妊娠・出産、育児・介護に関する制度や措置を利用したことによる嫌がらせ等
　（5）　妊娠・出産等したことによる嫌がらせ等
　（6）　部下が前各号の行為を受けている事実を認めながら、これを黙認する上司の行為
2　会社は、マタニティ・ハラスメント、パタニティ・ハラスメントに関する相談窓口を設置し、マタニティ・ハラスメント、パタニティ・ハラスメントの防止及び苦情・相談、適切な対応等に関する措置を講じる。
3　無期転換契約社員がマタニティ・ハラスメント、パタニティ・ハラスメントに関し相談をしたこと、又は事実関係の確認に協力したことを理由として、不利益な取扱いはしてはならない。
4　第2項の措置について、詳細は、「マタニティ・ハラスメント、パタニティ・ハラスメント防止規程」により別に定める。
（秘密保持・個人情報保護）
第19条　秘密保持に関する事項については、別に定める「企業秘密保持規程」によるものとする。

2　個人情報の取扱いに関する事項については、別に定める「個人情報取扱規程」によるものとする。
3　個人番号をその内容に含む個人情報（特定個人情報）に関する事項については、別に定める「特定個人情報取扱規程」によるものとする。
（出退勤）
第20条　無期転換契約社員は、出勤、退勤に関し、次の事項を守らなければならない。
　（1）　始業時刻までに出勤し、作業体勢を整備すること。
　（2）　終業後は、自己の保管する物品を整理収納し、交替作業に当たっては所定の引継ぎを終了した上で更衣等を行い、遅滞なく退勤すること。
　（3）　始業及び終業時に本人自らタイムカードを打刻し、始業及び終業の時刻を記録すること。
　（4）　前号の記録を他人に代行させたり、また他人の代行をしないこと。
（遅刻、早退、欠勤）
第21条　無期転換契約社員は、遅刻、早退又は欠勤をする際は、事前に所属長に申し出るとともに、その承認を受けなければならない。ただし、遅刻、欠勤について、やむを得ない理由で事前に申し出ることができなかった場合は、事後に速やかに所属長に届出をし、その承認を受けなければならない。
（入退場の統制）
第22条　次の各号の一に該当する者は入場を禁止し、又は退場をさせる。
　（1）　火器、凶器その他業務に必要でない危険物を携行する者
　（2）　酒気を帯びている者
　（3）　安全衛生上支障があると認められる者
　（4）　業務を妨害し又は職場の風紀、秩序を乱す者
　（5）　その他会社が必要と認めた者
（調査協力）
第23条　無期転換契約社員は、会社が必要と認める場合は、会社の調査事項について協力しなければならない。

（所持品検査）
第24条　無期転換契約社員は、会社の許可なく、事業場内に日常携行品以外の私品を持ち込んではならない。
2　会社は、無期転換契約社員の出退勤の際、その他必要と認めた場合は、無期転換契約社員の所持品又は身体の検査を求めることがある。無期転換契約社員は、正当な理由なくこれを拒むことはできない。
3　検査の結果、所持が不正であると認めた場合は保管又は没収することができる。
（貸与パソコン等の私用禁止・モニタリング）14
第25条　無期転換契約社員は、会社が貸与するパーソナルコンピュータ等の電子端末（ソフトウェア及び周辺機器を含む。以下「貸与パソコン等」という。）を業務遂行に必要な範囲で使用するものとし、次の行為を行ってはならない。
（1）　業務に関係のない文書を作成すること。
（2）　私的な電子メールを送受信すること。
（3）　業務に関係のないウェブサイトを閲覧すること。
（4）　なりすまし、情報の改ざん、不正アクセスを行うこと。
（5）　その他、業務以外の目的で貸与パソコン等を使用すること。
2　会社は、必要と認める場合には、送受信した電子メールその他貸与パソコン等内に保存蓄積されたデータ等を監視・点検することができる。無期転換契約社員は、監視・点検に必要なパスワードを開示する等、これに協力しなければならない。
3　前2項に定めるものの他、貸与パソコン等の使用に関する事項については、別に定める「貸与パソコン等使用規程」によるものとする。
（損害賠償義務）
第26条　無期転換契約社員が故意又は過失によって会社に損害を与えたときは、懲戒に関係なく別にその損害を賠償しなければならない。ただし、過失によるときは、事情によりこれを減免することがある。
（私用面会）
第27条　私用面会は休憩時間中に所定の場において行わなければならない。ただし、やむを得ない事情があり、所属長に申し出たときには、就業時間中にこれを許可することがある。

（公民権の行使）
第28条　無期転換契約社員が、勤務時間中に公民としての権利を行使し義務を履行するときは、事前に所属長に届け出なければならない。
2　会社は、業務の都合により、前項の権利の行使又は義務の履行を妨げない限りにおいて、請求した時刻を変更することがある。

第4章　労働時間、休憩及び休日 15

（労働時間及び休憩時間）
第29条　所定労働時間は、1日につき実働8時間とし、始業・終業の時刻及び休憩時間は、次のとおりとする。
　（1）　始業時刻　午前9時00分
　（2）　終業時刻　午後6時00分
　（3）　休憩時間　午後0時00分から午後1時00分まで
2　始業時刻とは、所定の就業場所で業務（実作業）の開始の時刻をいい、終業時刻とは、業務（実作業）の終了の時刻をいう。
3　会社は、業務上の必要がある場合、第1項の始業・終業の時刻及び休憩時間を繰り上げ又は繰り下げることがある。

（労働時間の管理）
第30条　無期転換契約社員は、始業及び終業時において、各自のタイムカードに始業及び終業の時刻を記録しなければならない。なお、ここでいう「始業及び終業時」とは、実際に会社の指揮命令下に置かれていると評価できる作業又は業務を開始・終了する時間をいい、出勤・退勤時や就業規則上の所定の始業・終業時刻とは必ずしも一致しない。
2　タイムカードは自ら打刻し、他人にこれを依頼してはならない。

（一斉休憩の原則の例外）
第31条　会社は、業務の都合により、第29条（労働時間及び休憩時間）の規定にかかわらず、営業及び顧客対応を伴う職場においては労働基準法に定める一斉休憩の適用除外に関する労使協定を締結し、休憩を一斉に付与しないことがある。

（休憩時間中の外出）
第32条　無期転換契約社員は、休憩時間中に事業場より外出しようとす

るときは、その事由及び時間についてあらかじめ所属長に届け出て、会社の承認を得なければならない。

（休　日）

第33条　会社の休日は、次のとおりとする。
　（1）　土曜日
　（2）　日曜日
　（3）　国民の祝日に関する法律に定められた休日
　（4）　年末年始（12月29日〜翌年1月3日）
　（5）　その他会社が休日と定めた日
2　毎週の休日のうち、法定休日を上回る休日は法定外休日とする。

（振替休日）

第34条　会社は、業務上の必要がある場合、前条（休日）の休日を他の労働日に振り替えることがある。ただし、休日は4週間を通じ8日を下回らないものとする。
2　前項の場合、会社は、無期転換契約社員に対し、対象となる休日又は労働日の前日までにその振替を通知する。

（代　休）

第35条　会社は、第33条（休日）の休日に労働した無期転換契約社員に対し、会社の業務上の判断により、代休を付与することがある。代休は無給とする。

（時間外及び休日労働）

第36条　会社は、無期転換契約社員に対し、業務上の必要がある場合、第29条（労働時間及び休憩時間）に定める所定労働時間外又は休日に労働を命じることがある。
2　無期転換契約社員が時間外労働又は休日労働をする場合には、あらかじめ所属長の承認を得なければならない。

第5章　休暇等[16]

（休暇の種類）

第37条　会社の定める休暇及び休業の種類は、次のとおりとする。
　（1）　年次有給休暇（第38条）
　（2）　育児・介護休業（第41条）

(3) 子の看護休暇（第41条）
(4) 介護休暇（第41条）
(5) 産前産後の休業（第42条）
(6) 母性健康管理の措置に基づく休業（第43条）
(7) 育児時間及び生理休暇（第44条）

（年次有給休暇）
第38条　入社した日から6か月間継続勤務し、全労働日の8割以上を出勤した無期転換契約社員には、10日の年次有給休暇を与える。以後1年間継続勤務するごとに、当該1年間において全労働日の8割以上勤務した無期転換契約社員に対して、次の表のとおり、勤続年数に応じて、年次有給休暇を与える。なお、勤続年数については、有期契約社員としての勤続年数も通算する。**7**

勤続年数	1年6か月	2年6か月	3年6か月	4年6か月	5年6か月	6年6か月以上
付与日数	11日	12日	14日	16日	18日	20日

2　当該年度における年次有給休暇の残日数は、翌年度に限り、繰り越すことができる。

（年次有給休暇の請求）
第39条　無期転換契約社員が、年次有給休暇を請求する場合は、2日前までに、所定の申請書を所属長に届け出なければならない。
2　会社は、無期転換契約社員が請求した時季に年次有給休暇を与えることが、事業の正常な運営を妨げるときは、これを他の時季に変更することがある。

（出勤率の算定）
第40条　第38条（年次有給休暇）の年次有給休暇の出勤率の算定に当たっては、以下の休暇及び休業の期間は、これを出勤したものとみなす。

（1）　業務上の負傷又は疾病による療養のために休業した期間
　　（2）　産前産後休業の期間
　　（3）　育児・介護休業の期間
　　（4）　年次有給休暇の期間
（育児・介護休業）
第41条　育児休業、介護休業等育児又は家族介護を行う労働者の福祉に関する法律（以下「育児・介護休業法」という。）に基づく育児休業、介護休業、子の看護休暇、介護休暇、育児・介護のための所定外労働、時間外労働及び深夜業の制限並びに所定労働時間の短縮等の措置は、別に定める「育児・介護休業規程」によるものとする。

（産前産後の休業）
第42条　会社は、6週間（双子以上の妊娠（以下「多胎妊娠」という。）の場合は14週間）以内に出産する予定の女性無期転換契約社員から休業の請求があったときは、出産予定日の6週間（多胎妊娠の場合は14週間）前又は請求があった日のいずれか遅い日から出産日まで就労させない。
2　女性無期転換契約社員が前項の請求を行う場合には、原則として〇日前までに所定の申請書を所属長に提出して行わなければならない。
3　会社は、女性無期転換契約社員が第1項の請求をした場合、女性無期転換契約社員に対して、6週間（多胎妊娠の場合は14週間）以内に出産する予定であることを証明する書面の提出を求めることができる。
4　会社は、産後8週間を経過しない女性無期転換契約社員を就労させない。ただし、産後6週間を経過した女性無期転換契約社員が請求した場合において、会社は、その者について医師が支障がないと認めた業務に就かせることがある。
5　女性無期転換契約社員が前項ただし書の請求を行う場合には、原則として〇日前までに所定の申請書を所属長に提出して行わなければならない。
6　女性無期転換契約社員は、第4項ただし書の請求をする場合、医師の診断書その他業務について医師が支障がないと判断していることを会社が確認できる資料を提出しなければならない。
7　第1項及び第4項の休業は、無給とする。

（母性健康管理の措置）
第43条　妊娠中又は出産後1年を経過しない女性無期転換契約社員から、所定労働時間内に、母子保健法に基づく保健指導又は健康診査を受けるために申出があったときは、次の範囲で時間内通院を認める。
　（1）　産前の場合
　　　　妊娠23週まで　　　　　　4週に1回
　　　　妊娠24週から35週まで　　2週に1回
　　　　妊娠36週から出産まで　　1週に1回
　　　ただし、医師又は助産師（以下「医師等」という。）がこれと異なる指示をしたときには、その指示により必要な時間
　（2）　産後（1年以内）の場合
　　　　医師等の指示により必要な時間
2　妊娠中又は出産後1年を経過しない女性無期転換契約社員から、保健指導又は健康診査に基づき勤務時間等について医師等の指導を受けた旨申出があった場合、次の措置を講ずる。
　（1）　妊娠中の通勤緩和措置として、通勤時の混雑を避けるよう指導された場合は、原則として1時間の勤務時間の短縮又は1時間以内の時差出勤を認める。
　（2）　妊娠中の休憩時間について指導された場合は、適宜休憩時間の延長や休憩の回数を増やす。
　（3）　妊娠中又は出産後の女性無期転換契約社員が、その症状等に関して指導された場合は、医師等の指導事項を遵守するための作業の軽減や勤務時間の短縮、休業等の措置をとる。

（育児時間及び生理休暇）
第44条　1歳に満たない子を養育する女性無期転換契約社員から請求があったときは、休憩時間のほか1日について2回、1回について30分の育児時間を与える。
2　生理日の就業が著しく困難な女性無期転換契約社員は、請求により、必要な期間の休暇を取得することができる。
3　前2項の育児時間及び生理休暇は無給とする。

第6章　賃　金 17

（賃金の構成）
第45条　賃金の構成は、以下のとおりとする。

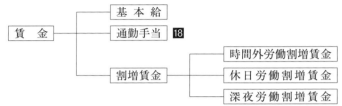

2　基本給は、時間給とし、職務内容、成果、能力、経験等を考慮して、各人別に決定する。
3　通勤手当は、非課税限度額の範囲内において、通勤に要する実費（交通機関の利用又は自動車・自転車の使用のために支出する費用）に相当する額として会社が認めた金額を支給する。

（時間外、休日、深夜労働割増賃金）
第46条　法定労働時間外の勤務をした者に対し、時間外労働割増賃金を支払う。
2　法定休日及び法定外休日に勤務した者に対し、休日労働割増賃金を支払う。
3　22時から翌日5時までの間に勤務をした者に対し、深夜労働割増賃金を支払う。

（割増賃金の算定）
第47条　時間外労働（法定労働時間を超える労働をいう。以下同じ。）、休日労働（法定休日及び法定外休日における労働をいう。以下同じ。）及び深夜労働（22時から翌日5時までの間の労働をいう。以下同じ。）に対する割増賃金は、次の計算方法により算出する。ただし、法定外休日労働と時間外労働が重複した場合には、休日労働割増賃金のみを支給し、時間外労働又は休日労働と深夜労働が重複した場合には、時間外労働割増賃金又は休日労働割増賃金に深夜労働割増賃金を加算して支給する。

　　時間外労働割増賃金
　　　＝時間給×1.25×時間外労働時間数 19

休日労働割増賃金
　　　　＝時間給×1.35×休日労働時間数
　　　深夜労働割増賃金
　　　　＝時間給×0.25×深夜労働時間数
２　一賃金計算期間（１か月）における時間外、休日、深夜勤務のそれぞれの時間数の合計に１時間未満の端数がある場合は30分未満は切り捨て、30分以上を切り上げる。
（休暇等の賃金）
第48条　年次有給休暇の期間は、所定労働時間労働したときに支払われる通常の賃金を支払う。
２　育児・介護休業法に基づく育児休業期間、介護休業期間、子の看護休暇及び介護休暇、産前産後の休業期間、母性健康管理の措置に基づく休業期間、育児時間、その他第９条（休職期間）に定める休職期間中は、無給とする。
（臨時休業の賃金）
第49条　会社側の都合により、所定労働日に労働者を休業させた場合は、民法第536条第２項の適用を排除し賃金を支給せず、休業１日につき労働基準法第12条に規定する平均賃金の６割のみを支給する。この場合において、１日のうちの一部を休業させた場合にあっては、その日の賃金については労働基準法第26条に定めるところにより、平均賃金の６割に相当する賃金を保障する。
（欠勤等の扱い）
第50条　欠勤、遅刻、早退及び私用外出、組合活動、ストライキ等の不就労時間及び会社の指示・命令又は許可に基づかない就労時間については、賃金を支給しない。
（賃金の計算期間及び支払日）
第51条　毎月の賃金の計算期間は、前月16日より当月15日までとする。
２　前項の賃金は、毎月15日を締切日とし、これを同月25日に支払う。ただし、支払日が休日に当たる場合は、その前日に繰り上げて支払う。
（賃金の支払と控除）
第52条　賃金は、無期転換契約社員に対し、通貨で直接その全額を支払う。

2 前項の規定にかかわらず、無期転換契約社員が同意した場合は、無期転換契約社員本人の指定する金融機関の預貯金口座又は証券総合口座に振り込むことにより賃金を支払う。
3 第1項の規定にかかわらず、次に掲げるものは、賃金から控除する。
（1） 源泉所得税
（2） 住民税
（3） 健康保険料、厚生年金保険料、雇用保険料及び介護保険料の被保険者負担分
（4） 労働者代表との書面による協定により賃金から控除することとした会社貸付金の返済金

（賃金の非常時払い）
第53条 無期転換契約社員又はその収入によって生計を維持する者が、次のいずれかの場合に該当し、そのために無期転換契約社員から請求があったときは、賃金支払日前であっても、既往の労働に対する賃金を支払う。
（1） やむを得ない事由によって1週間以上帰郷する場合
（2） 結婚又は死亡の場合
（3） 出産し、疾病にかかり又は災害を受けた場合
（4） 退職又は解雇により離職した場合

（賃金改定）
第54条 賃金改定は、物価変動、生産性向上等に照らし、毎年4月1日に行うことがある。[20]
2 改定額は、無期転換契約社員の勤務成績等を考慮して各人ごとに決定する。

（賞与及び退職金）
第55条 無期転換契約社員には、賞与及び退職金を支給しない。[21]

第7章 定年、退職及び解雇[22]

（定　年）
第56条 満60歳までに無期転換申込権を行使して無期転換契約社員となった者の定年は満60歳とし、その日をもって当然に退職するものとす

る㉓。ただし、満60歳を超えて無期労働契約に基づく就労が開始した者の定年については、第3項の規定を準用する㉔。
2　前項本文の場合、会社は、無期転換契約社員が希望したときには、当該無期転換契約社員を定年後引き続き満65歳に達するまで、1年の有期労働契約で再雇用する。ただし、当該無期転換契約社員が、定年又は契約更新時点で第57条（退職）、第59条（解雇）及び第72条（懲戒の種類及び程度）第1項第5号の懲戒解雇に相当する事由に該当する場合はこの限りでない。
3　満60歳を超えて満65歳までに無期転換申込権を行使して無期転換契約社員となった者の定年は満65歳の翌日とし、その日をもって当然に退職するものとする。㉔

（退　職）
第57条　無期転換契約社員が次のいずれかに該当するときは、その日を退職日とする。
（1）　無期転換契約社員が退職を届け出て、2週間が経過したとき（無期転換契約社員が指定する退職日が届出日の2週間後以降の場合には、当該指定退職日の終業時刻が経過したとき）
（2）　無期転換契約社員が退職を願い出て、会社がこれを承諾し、合意した退職日が経過したとき
（3）　無期転換契約社員が死亡したとき
（4）　第9条（休職期間）に定める休職期間が満了したとき
（5）　無断欠勤が30日に及んだとき。ただし、同欠勤期間において無期転換契約社員本人から連絡があったときにはこの限りではない。
（6）　前条（定年）に定める定年に達した日が経過したとき

（退職の手続）
第58条　前条（退職）第1号の届出は、所定の様式〔省略〕による退職届を、退職日の2週間以上前に、所属長に提出しなければならない。
2　前条（退職）第2号の願い出は、原則として、希望する退職日の1か月前までに提出しなければならない。
3　前2項の場合、無期転換契約社員は退職の日までは業務を遂行し、会社が指定する業務の引継ぎを完了して退職しなければならない。

（解　雇）
第59条　会社は、無期転換契約社員に、以下に掲げる事由があるときは、当該無期転換契約社員を解雇する。
　（1）　無断欠勤又は合理的な理由なく欠勤し、暦日30日間における欠勤日が14日に及んだとき
　（2）　勤務成績、勤務態度又は業務能力が著しく不良であり、改善の見込みがないとき
　（3）　負傷又は疾病（精神的な疾病を含む。以下同じ。）その他の事由により、業務に耐えられないとき
　（4）　無期転換契約社員が第73条（懲戒の事由）に該当したとき
　（5）　業務上の負傷又は疾病による療養の開始後3年を経過しても当該負傷又は疾病が治らない場合であって、無期転換契約社員が傷病補償年金を受けているとき又は受けることとなったとき（会社が打切補償を支払ったときを含む。）
　（6）　事業場の縮小及び閉鎖、事業の改廃、人員の縮小等業務上の都合があるとき
　（7）　前各号に定めるほか、これに準ずる事由が生じたとき
（解雇予告）
第60条　無期転換契約社員を解雇するときは、以下のいずれかの方法による。
　（1）　30日前に予告して解雇する。
　（2）　即時解雇し、30日分の平均賃金を支払う。
　（3）　第1号の予告期間を短縮し、短縮した期間に対応する平均賃金を支払う。
2　以下の場合には、前項を適用せず、解雇予告及び予告手当の支払なしに解雇することができる。
　（1）　天変地異その他やむを得ない事由のために事業の継続が不可能になった場合
　（2）　無期転換契約社員の責に帰すべき事由に基づいて解雇する場合
（物品の返還等）
第61条　無期転換契約社員が第57条（退職）に基づき退職するとき、第59条（解雇）に基づき解雇されたとき、又は第72条（懲戒の種類及

程度）第1項第5号に基づき懲戒解雇されたときは、身分証明書、無期転換契約社員証、名刺、健康保険証その他会社から貸与された一切の物品を退職日（即日解雇の場合で、同日に返納できないことについてやむを得ない事情がある場合には、解雇日より1週間以内）に会社に返納しなければならない。
2　無期転換契約社員は、会社に債務がある場合は、退職日（即日解雇の場合は、解雇日より1週間以内）までに完済しなければならない。期限の利益がある場合も、退職日をもって期限の利益を喪失するものとする。

第8章　安全衛生及び災害補償

（安全衛生に係る遵守事項）
第62条　会社は、労働災害防止のために必要な無期転換契約社員の安全衛生の確保及び改善を図り、快適な職場の形成のために必要な措置を講じるものとする。
2　無期転換契約社員は、安全衛生に関する法令及び会社の指示を守り、労働災害の防止に努めなければならない。
3　無期転換契約社員は安全衛生の確保のため、特に次の事項を遵守しなければならない。
　（1）　職場の整理整頓に努めること
　（2）　所定の場所以外で喫煙しないこと
　（3）　会社の設備を無断で移動したり毀損したりしないこと
　（4）　療養及び病後の就業については会社の指示に従うこと
　（5）　健康障害防止のため長時間社内にとどまらないこと

（健康診断及び面接指導）
第63条　会社は、無期転換契約社員に対して毎年1回（深夜労働に従事する者は6か月ごとに1回）、定期に健康診断を行う[25]。また、その他法令で定められた有害業務に従事する無期転換契約社員に対しては、特別の項目についての健康診断を行う。
2　無期転換契約社員は、会社が実施する健康診断を受診しなければならない。ただし、特別な理由がある場合には、他の医師の健康診断を

受け、その診断書を会社に提出することで本来の健康診断に代えることができる。
3　無期転換契約社員は、第1項の健康診断の結果に異常の所見がある場合には、会社が指定する医師による再検査を受診し、その結果を会社に報告しなければならない。無期転換契約社員が正当な理由なくして再検査を受診しない場合、又はその結果の報告をしない場合には、会社は、無給にて当該無期転換契約社員の労務提供を拒否することができる。
4　会社は、長時間の労働により疲労の蓄積が認められる無期転換契約社員に対し、その者の申出により医師による面接指導を行う。
5　第1項の健康診断並びに前項の面接指導の結果必要と認めるときは、一定期間の就業禁止、労働時間の短縮、配置転換その他健康保持上必要な措置を命ずることがある。

（ストレスチェック）
第64条　会社は、無期転換契約社員に対して、毎年1回、定期に、医師、保健師等によるストレスチェックを行うものとする。
2　前項のストレスチェックの結果、ストレスが高く、面接指導が必要であると医師、保健師等が認めた無期転換契約社員に対し、その者の申出により医師による面接指導を行う。
3　前項の面接指導の結果必要と認めるときは、就業場所の変更、作業の転換、労働時間の短縮、深夜業の回数の減少等、必要な措置を命ずることがある。

（健康管理上の個人情報等の取扱い）
第65条　会社への提出書類及び身上その他の個人情報（家族状況も含む。）並びに健康診断書その他の健康情報は、次の目的のために利用するものとする。
　（1）　会社の労務管理（賃金管理、健康管理、母性保護等）
　（2）　出向、転籍等のための人事管理
2　健康診断の結果、無期転換契約社員から提出された診断書、産業医等からの意見書、医師による面接指導結果、ストレスチェックの結果及び高ストレス者への面接指導の結果その他無期転換契約社員の健康管理に関する情報は、無期転換契約社員の健康管理及び会社の安全配

慮義務履践のために利用するとともに、必要な場合には産業医等に診断、意見聴取のために提供するものとする。
3　会社は、無期転換契約社員の健康管理のために必要と認められる場合、把握している当該無期転換契約社員の健康状態等の情報を、必要最小限の範囲においてその家族等に説明して対応を求めることがある。
4　ストレスチェックを実施した医師、保健師等から無期転換契約社員のストレスチェックの結果を入手する場合には、あらかじめ本人の同意を得るものとする。ただし当該無期転換契約社員が面接指導を申し出た場合には、同意が得られたものとみなす。
5　健康診断、ストレスチェック又は面接指導の事務に従事した無期転換契約社員は、その業務上知り得た他の従業員の秘密を漏らしてはならない。

（安全衛生教育）
第66条　会社は、無期転換契約社員に対し、配置転換等により作業内容を変更した場合、その従事する業務に必要な安全及び衛生に関する教育を行うものとする。26
2　無期転換契約社員は、前項に基づき会社が行う安全衛生教育を受けなければならない。また、かかる教育で受けた事項を遵守しなければならない。

（受診命令）
第67条　会社は、無期転換契約社員の心身の故障により業務に支障が生じるおそれがあると認められる場合、当該無期転換契約社員に対して、産業医若しくは指定医の受診又は面接指導を命じることができる。
2　前項の場合、無期転換契約社員は、会社に対して、必要と思われる範囲において、受診や面接指導の結果を報告しなければならない。
3　前2項を正当な理由なく拒否する場合、会社は、労務の提供を拒否するか又は懲戒規定により処分に付することができる。

（就業禁止等）
第68条　会社は、次の各号の一に該当する無期転換契約社員については、必要があると認める場合は、あらかじめ産業医その他専門の医師の意見を聞いた上で、その就業を禁止するものとする。なお、この場合は

無給とする。
　　（1）　結核等病毒伝播のおそれのある伝染性の疾病に罹患した者
　　（2）　心臓、腎臓、肺等の疾病によって、就業のために病勢が著しく増悪するおそれがあるものに罹患した者
　　（3）　インフルエンザに罹患した者及びそのおそれがあり、他の従業員へ伝播する可能性がある者
　　（4）　前各号のほか、「感染症の予防及び感染症の患者に対する医療に関する法律」に定める疾病に罹患した者
2　会社は、前項の規定にかかわらず、心身の故障、疾病が疑われ、業務の遂行に支障が生じるおそれがあると認めるときは、その就業を禁止することができる。ただし、その場合はその状況に鑑み、有給とする場合がある。

（災害補償）27
第69条　会社は、無期転換契約社員が業務上の事由又は通勤により負傷し、疾病にかかり、又は死亡した場合は、労働基準法及び労働者災害補償保険法に定めるところにより災害補償を行う。

　　　　　　　　第9章　職業訓練28

（教育訓練）
第70条　会社は、無期転換契約社員に対して、必要な教育・研修を命じることができ、無期転換契約社員は、これを受けなければならない。
2　前項に加え、会社は、無期転換契約社員に対して、外部の教育機関・研究機関等への一定期間の派遣を命じ、専門知識・技術の習得を行わせることができ、無期転換契約社員は、これに従わなければならない。

　　　　　　　　第10章　表彰及び制裁29

（表　彰）30
第71条　会社は、無期転換契約社員が次のいずれかに該当するときは、表彰することがある。
　　（1）　業務上有益な発明、考案を行い、会社の業績に貢献したとき

（2）　成績優秀で他の模範となるとき
　（3）　事故災害を未然に防ぎ又は非常の際に特に功労のあったとき
　（4）　永年にわたって誠実に勤務し、その勤務成績が優良なとき
　（5）　社会的功績があり、会社の名誉となる行為があったとき
　（6）　前各号に準ずる功労又は善行のあったとき
2　表彰は、原則として会社の設立記念日に行う。また、賞状のほか賞金を授与する。

（懲戒の種類及び程度）**31**

第72条　懲戒は、次の区分に従って行う。
　（1）　譴　責
　　　始末書を提出させて将来を戒める。
　（2）　減　給
　　　始末書を提出させて将来を戒めるとともに賃金を減ずる。
　　　この場合、減給の額は1事案について平均賃金の1日分の2分の1以内とし、複数事案については1賃金支払期間の減給総額が当該賃金支払期間における賃金総額の10分の1以内とする。
　（3）　出勤停止
　　　始末書を提出させて将来を戒めるとともに、30日以内の期間を定めて出勤を停止し、その期間の賃金を支払わない。
　（4）　諭旨解雇
　　　退職願を提出するように勧告する。ただし、所定期間内に勧告に応じないときは懲戒解雇とする。
　（5）　懲戒解雇
　　　予告期間を設けることなく即時解雇する。この場合、所轄の労働基準監督署長の認定を受けたときは、第60条（解雇予告）に定める解雇予告手当を支給しない。
2　前項の懲戒の定めにかかわらず、日頃の勤務態度・成績その他の情状を勘案して懲戒に至らない厳重注意にとどめることがある。

（懲戒の事由）**32**

第73条　無期転換契約社員が次の各号の一に該当するときは、その軽重に応じ、前条（懲戒の種類及び程度）に定める懲戒処分を行う。
　（1）　経歴を偽り、その他不正な方法を用いて採用されたとき

(2) 会社の業務上の指示、命令に対し正当な理由なく従わなかったとき
(3) 正当な理由なく、配転などを拒否したとき
(4) 第14条（服務）に定める職務専念義務に違反したとき
(5) 第15条（遵守事項）に定める遵守事項のうち、重要な事項（同条第4号ないし第7号、第10号ないし第18号）に違反し、又は注意を受けたにもかかわらず繰り返し違反したとき
(6) 会社の秘密、又は業務上知り得た情報（個人情報に関する内容も含む。）を正当な理由なく漏らし、又は漏らそうとしたとき
(7) 会社の金品を盗み、又は横領するなど不正行為に及んだとき
(8) 会社内で、暴行、脅迫、暴言又はこれに類する言動を行ったとき
(9) 故意に会社の業務を妨害し、又は妨害しようとしたとき
(10) 違法な争議により、会社の業務の運営に重大な影響を与えたとき
(11) 故意又は重大な過失により会社に損害を与え、又は過失により会社に重大な損害を与えたとき
(12) 第16条（セクシュアル・ハラスメントの禁止）第1項に定めるセクシュアル・ハラスメントの禁止事項に違反したとき
(13) 第17条（パワー・ハラスメントの禁止）第1項に定めるパワー・ハラスメントの禁止事項に違反したとき
(14) 第18条（マタニティ・ハラスメント、パタニティ・ハラスメントの禁止）第1項各号に定めるマタニティ・ハラスメント、パタニティ・ハラスメントの禁止事項に違反したとき
(15) 第25条（貸与パソコン等の私用禁止・モニタリング）第1項各号に定める貸与パソコン等の私用禁止等の事項に違反し、又は同条第2項に定めるモニタリングの協力義務に違反したとき
(16) 故意又は過失によって会社の建物・施設・物品・商品等を汚損し、又は破壊したとき
(17) 会社を誹謗・中傷し、又は虚偽の風説を流布宣伝し、会社業務に重大な影響を与えたとき
(18) 刑罰法規に違反し、犯罪事実が明白なとき

(19)　前各号に準ずる行為があったとき
（教唆及び幇助）
第74条　無期転換契約社員が、他人を教唆し又は幇助して前条（懲戒の事由）に掲げる行為をさせたときは、当該行為に準じて懲戒を行う。

附　　則

（施行期日）
第1条　この就業規則は、令和○年○月○日より施行する。

＜作成上のポイント＞

1　この就業規則が適用対象とする無期転換契約社員は、次の者を前提とします。
　①　契約社員という名称の労働者は、臨時に一定期間を定めて雇用される高度技術保持者をいう場合もありますが、この就業規則では、職務等について正社員と異なる役割を担う者として事業所限定で雇用された者をいいます。
　②　無期転換契約社員の受入れとしては、契約期間を除き、有期契約社員当時と同一に取り扱う（従前同様の類型）ことを想定しています。
　　したがって、有期契約社員と無期転換契約社員は、契約期間の点以外の「職務の内容」も、「人材活用の仕組み・運用」も同一ですので、例えば賃金のみ無期転換契約社員を優遇するなら、パートタイム・有期雇用労働法9条を根拠として、有期契約社員から使用者に対し損害賠償請求等の是正要求が出てくる可能性があります（【Q5】、【Q35】、【Q46】参照）。

2　この就業規則が適用対象とする無期転換契約社員は、労働契約法18条に基づいて有期契約社員から無期転換した契約社員であることを明らかにしています。

3　就業規則の章立てとしては、「採用、異動等」という文言が使われることが多くあります。しかし、無期転換契約社員に、採用手続は必要ありませんので、この就業規則では章立てを「無期転換、異動及び休職」としました。

4　有期契約社員として採用される際にも、一定の書類を会社に提出しています。しかし、無期転換契約社員となった場合には、新たに提出を求めておくべき書類が出てくる可能性があるため、この条文は必要でしょう。

　一方、試用期間に関する定めは必要ありません。

5　労働契約法18条に基づく無期転換も、労働者の申込みと使用者の承諾（承諾はみなされます。）によって、新たな労働契約が締結されるため、労働条件の明示に関する労働基準法15条は適用されます。

6　有期契約社員には、休職制度が設けられていないのが一般的です。しかし、正社員に休職制度が設けられているのであれば、無期転換契約社員にも、休職制度を導入した方がよい場合があります。その場合の休職期間は、正社員より短くするのが多いと思われます。

　問題となるのは、有期契約社員からパートタイム・有期雇用労働法9条を根拠に休職制度を導入したのと同じ扱いをするよう主張されないか、また、正社員の休職期間より短くしてよいかですが、導入は可能と考えます。

　そもそも、無期転換契約社員は、短時間労働者ではありませんし、有期契約社員当時も、私傷病の場合、契約期間満了を待って雇止めするケースが多いのではないかと思われますので、現時点での実務対応としては、前述のとおりでよいでしょう。

7　無期転換契約社員について、勤続年数を算出する場合、無期転換前の期間を通算するか否かで疑義が生じますので、規定で明確にしておくべきです。

8　使用者としては、復職要件を満たすかどうかの判断を明確化するためにも、また、実際には治癒していない労働者を復職させ、その結果、症状を増悪させたとして、安全配慮義務違反を問われないためにも、規定例のように、復職要件として是非とも（主治医ではなく）会社指定医の診断書を求める旨の規定を整備しておくべきです。

9　こうした通算規定の根本にある考え方は、休職期間の前後の傷病の「根は同じ」であるというものです。したがって、復職後、あまりにも長期間を経て再発した傷病については、仮にそれが「同一又は類似の傷病」であったとしても、これを通算することの「合理性」は乏しいと考えら

れます。「根は同じ」であるといえるためには、一応6か月程度が限度でしょう。

次に、こうした通算規定の適用を「同一の傷病」の場合に限定する場合もみられますが、メンタルヘルス不調においては、うつ病や双極性障害、適応障害など、診断名が前後で異なる場合も多く、こうした場合についても通算規定の対象とするためには、「類似の傷病」という文言を付け加えておくことが有益です。

通算規定の適用要件として、「再び欠勤した場合」と規定する例もみられますが、それでは、復職後に再発し、欠勤はしないものの、通常程度の労務提供もできないというようなケースについては、通算することができません。このため、規定例では、「再び通常程度の労務提供をなし得ない状態に至った」ことを適用要件としています。

⑩　2項も、メンタルヘルス不調を念頭に置いた規定です。同一又は類似の傷病による私傷病休職については、利用回数の上限を設けることにより、頻回利用者の出現やそれによる職場のモラルダウンを防ぐことが有益です。

⑪　無期転換によって、期間の定めのない労働者となった以上、「服務規律」に関しては、正社員就業規則の「服務規律」の規定内容と同じとするのを原則とします。

⑫　職場におけるセクシュアル・ハラスメントについて、使用者は、職場において行われる性的な言動に対するその雇用する労働者の対応により、当該労働者がその労働条件につき不利益を受け、又は当該性的な言動により当該労働者の就業環境が害されることのないよう、当該労働者からの相談に応じ、適切に対応するために必要な体制の整備その他の雇用管理上必要な措置を講じなければなりません（雇均11①）。この使用者の措置義務については、厚生労働省より、詳細な指針が出されており（「事業主が職場における性的な言動に起因する問題に関して雇用管理上講ずべき措置についての指針」（平18・10・11厚労告615））、その1つとして、セクシュアル・ハラスメントがあってはならない旨の方針の明確化とその周知・啓発のための措置を実施することが求められています。

本規定は、このような指針を受け、具体的な措置義務の一内容として、セクシュアル・ハラスメントを服務規律として禁止することを就業規則

上明確にしたものです。

　また、令和2年6月に改正施行された「労働施策の総合的な推進並びに労働者の雇用の安定及び職業生活の充実等に関する法律」（いわゆる「労働施策総合推進法」）において、パワーハラスメントの定義や措置義務が規定されるほか、「事業者が職場における優越的な関係を背景とした言動に関して雇用管理上講ずべき措置等についての指針」なども制定されています。

⓭　男女雇用機会均等法、育児・介護休業法が改正され、平成29年1月から新たに、上司・同僚が、妊娠・出産等や育児休業・介護休業等に関する言動により、妊娠・出産等した女性労働者や育児休業・介護休業等の申出・取得者の就業環境を害すること（以下「マタニティ・ハラスメント等」といいます。）のないよう、使用者として防止措置を講じることが義務付けられることとなりました。この使用者の防止措置義務については、厚生労働省より、詳細な指針が出されており（平28・8・2厚労告312、平21・12・28厚労告509）、その一内容として、職場における妊娠・出産等及び育児休業等に関するハラスメントに対する方針の明確化とその周知・啓発のための措置を実施することが求められています。

　本規定は、このような指針を受け、具体的な措置義務の一内容として、マタニティ・ハラスメント等を服務規律として禁止することを就業規則上明確にしたものです。

⓮　労働契約上、就業時間中はその職務のみに従事し、職務を誠実に遂行しなければならないという職務専念義務を負っていることからしても、貸与パソコン等の私的利用を認めることは、労働管理上適切ではありません。

　そのため、就業規則上において、使用者が貸与パソコン等の私的利用を黙認せず、全面的に禁止する方針であることを明確にし、労働者に周知徹底することが重要です。

　なお、貸与パソコン等の私用禁止を定めたとしても、貸与パソコン等が業務に用いられているのか、私的に利用されているのかは一見して判別しにくいため、実効性を確保するためには、当該パソコン等に保存蓄積されたデータ等を監視・点検する必要があります。また、情報漏洩行為を防止する観点からも、情報漏洩につながる事象が発生していないか、

Ⅲ　参考文例・裁判例　　295

貸与パソコン等を定期的に調査・監視することが重要です。そのため、本規定では、モニタリングに関する規定を置いています。

⑮　「労働時間、休憩及び休日」については、有期契約社員就業規則の規定をそのまま入れ込みます。

⑯　「休暇等」に関しては、有期契約社員就業規則の「休暇等」の規定内容と同じとします。

　その結果、この就業規則には、特別休暇（例えば、本人が結婚した時には、年次有給休暇とは別に○日の有給休暇を与える等）に関する規定を設けていません。しかし、「短時間・有期雇用労働者及び派遣労働者に対する不合理な待遇の禁止等に関する指針」では、慶弔休暇について、通常の労働者と同一の慶弔休暇を付与しなければ不合理と指摘されており、将来、特別休暇等についての見直しが必要になるかもしれません。

⑰　「賃金」については、有期契約社員就業規則の規定を原則としてそのまま入れ込みます。ただし、⑳には注意してください。

⑱　有期契約労働者に各種手当が支給されないことが、旧労働契約法20条に違反するという裁判が各地で提起されたことについては、【Q5】を参照してください。

⑲　月60時間を超える時間外労働については、割増賃金率5割以上とされ、中小企業についても適用されています。ただ、この会社では、有期か無期かを問わず、契約社員には残業がほとんどないことを前提として、規定を設けています。

⑳　有期契約社員当時は、契約更新の際に、新しい賃金の金額に基づく契約を締結していましたので、契約期間中の賃金の改定の必要性がありませんでした。しかし、無期転換して無期労働契約となった以上、賃金の改定の条項を入れる必要があります。ただ、有期契約社員当時、契約更新に際して、時間給が昇給しないことはあっても、降給することはなかったという前提で、本規定を作成しています。

㉑　有期契約社員当時と同様、賞与及び退職金が支給されないことを明記しました。ただし、賞与については、再考の余地があります。

㉒　有期契約社員就業規則上の退職や解雇に関する規定は、緩やかな場合が多いため無期転換に当たっては、見直しが必要です。

㉓　有期労働契約当時とは異なり、定年に関する規定を設けるべきです。

この場合も、高年齢者雇用安定法の適用があり、原則として満65歳になるまで雇用を継続しなければなりません。

24　有期契約社員当時、60歳を超えても有期労働契約を更新していたのであれば、この規定例のような第2定年が必要になります。一方、今までの運用上、有期契約社員について満65歳を超えても、契約更新していた実態があれば、有期契約社員就業規則に、満65歳を超えての契約更新はない旨の規定を入れるとともに、既に満65歳を超えている有期契約社員についての経過措置（例えば、後1年だけ契約更新する等）を入れることも必要でしょう。また、その場合、高度のスキルを持つ有期契約社員については、別の名称の社員制度を作って、満70歳までの雇用を受け入れるといった工夫も必要になります。

　なお、満60歳までに無期転換申込権を行使しても、満60歳を超えて無期労働契約に基づく就労が開始する場合もあります。また、満65歳の誕生日を迎えた日に無期転換申込権を行使することも考えられます。そこで、前者の場合の定年は、1項ではなく、3項の満65歳の翌日を定年とする規定を準用することにしました。後者については、有期契約社員につき、満65歳が契約更新の上限であることを前提に、満65歳の誕生日に無期転換申込権を行使した場合、誕生日の翌日から無期労働契約が始まりますが、その始まった日をもって定年となるということも3項の規定には含まれています。そのため、満65歳の翌日を定年としています。

25　この無期転換契約社員就業規則は、有期契約社員を経由せずに、直接に無期転換契約社員になることを予定していません。仮に、直接に無期転換契約社員になる場合も想定するなら、「採用時及び毎年1回（深夜労働に従事する者は6か月ごとに1回）」と定めます。

26　25と同じで、仮に、直接に無期転換契約社員になる場合も想定するなら、「雇入れの際及び配転等により作業内容を変更した場合」と定めます。

27　有期契約社員には、会社が独自で行う上積補償がなかったことを前提としていますので、正社員就業規則に上積補償に関する規定がある場合は、その規定を持ち込まないように注意しなければなりません。

28　職業訓練に関する事項は、就業規則の相対的必要記載事項に該当しますので、これらの定めを置く場合には、必ず就業規則に記載しなければなりません。なお、正社員就業規則では、「職業訓練・福利厚生」といっ

Ⅲ　参考文例・裁判例

た章が設けられ、その中に「正社員は、別に定めるところにより福利厚生施設の利用及び諸制度の適用を受けることができる。」旨の規定が置かれていても、無期転換契約社員には、正社員と異なって、有期契約社員当時と同様、慶弔見舞金を支給しない以上、このような規定をそのまま持ち込まないように注意しなければなりません。

㉙　無期転換によって、期間の定めのない労働者となった以上、「表彰及び制裁」に関しては、正社員就業規則の「表彰及び制裁」の規定内容と同じとするのを原則とします。

㉚　有期契約社員就業規則に表彰に関する規定が設けられていても、永年勤務は、表彰の対象事由としては挙げられていませんが、無期労働契約となると、表彰の対象事由に挙げられるのが一般的です。

㉛　正社員就業規則では、懲戒の種類として、諭旨解雇を置く場合、「諭旨解雇となる旨には、その情状を勘案して退職金の一部を支給しないことがある。」との定めを、懲戒解雇を置く場合、「懲戒解雇となる者には、退職金を支給しない。」との定めをそれぞれ置くことが多いですが、無期転換契約社員には退職金を支給しない場合、かかる規定は不要です。同様に、正社員就業規則に懲戒の種類として、「降格・降職」が、また、懲戒事由として管理監督者の監督責任に関する規定が置かれていても、無期転換契約社員に、職能等級等の格付けをせず、役職に付けないのであれば、かかる規定も不要です。なお、諭旨解雇自体を懲戒の１つとして置く必要があるかについては、後掲〔参考文例〕【11】の＜作成上のポイント＞❺を参照してください。

㉜　懲戒の事由と懲戒の種類とをどのように対応させるかについては、大別して、次の３つの定めがあります（中山慈夫『就業規則モデル条文－上手なつくり方、運用の仕方〔第４版〕』396頁～399頁（経団連出版、2019））。
　①　懲戒処分の種類ごとに懲戒事由を定める（「懲戒事由の個別対応型」と呼びます。）。
　②　軽い懲戒処分と重い懲戒処分のグループごとに懲戒事由を定める（「懲戒事由のグループ対応型」と呼びます。）。
　③　懲戒処分ごとの対応を明示せず懲戒事由を包括的に定める（「懲戒事由の包括対応型」と呼びます。）。
　罪刑法定主義の考え方に照らすならば、「懲戒事由の個別対応型」が一

番その考え方に則しているといえるでしょう。

　しかし、実際に出現する非違行為は多種多様で、その動機、行為態様、非違行為の結果もそれぞれ異なります。したがって、就業規則で定める懲戒事由としては、一番柔軟な対応が可能という意味からは「懲戒事由の包括対応型」が望ましいといえます。

　そこで、この就業規則でも、この包括対応型を採用しています。

　一方、懲戒処分の種類と懲戒事由との対応関係はある程度示しておいた方が無期転換契約社員にとってもわかりやすいと考えるなら、「懲戒事由のグループ対応型」のうち2グループ型の規定を作るのが実務的でしょう。

　厚生労働省労働基準局監督課のモデル就業規則では、2グループ型が採用され、「けん責、減給、出勤停止」とする場合の事由と「懲戒解雇」とする場合の事由とが分けて定められています。

【11】 無期転換労働者就業規則規定例（既存のパートタイマー（有期）就業規則に無期転換パートタイマーに関する規定を入れ込む場合）(【Q19】、【Q34】、【Q35】、【Q39】、【Q40】関連)

第○章　無期転換パートタイマー ■1

（無期転換制度）
第○条　パートタイマーのうち、契約期間が通算5年を超える者は、所定の書式により申し込むことにより、現在締結している労働契約の契約期間満了日の翌日から、期間の定めのない無期労働契約での雇用に転換することができる。ただし、所定の書式による申込みは、現在締結している労働契約の契約期間満了日の1か月前までに行うものとする。

2　前項の通算契約期間は、平成25年4月1日以降に開始する有期労働契約の契約期間を通算するものとし、現在締結している有期労働契約の契約期間満了日までの期間とする。ただし、労働契約が締結されていない空白期間が6か月以上（当該契約期間以前の通算契約期間が1年未満の場合は、その通算契約期間に応じて労働契約法第18条第2項で定める月数以上）あるときは、当該空白期間前に満了した有期労働契約の契約期間は、通算契約期間に算入しない。

3　第1項の規定により無期労働契約に転換した後のパートタイマー（以下「無期転換パートタイマー」という。）の労働条件については、次条に定める定年を除き、原則として現在締結している労働契約に定める労働条件と同一とし、特別の定めのない限り本規則を引き続き適用する。ただし、パートタイマーの労働契約更新の際に見直していた賃金等の労働条件（勤務日数、勤務時間、業務内容を含む）については、無期労働契約へ転換した後も同様に、定期的に見直すものとする。

（無期転換パートタイマーの定年） ■2
第○条　無期パートタイマーの定年は、次のとおりとする。
（1）　満60歳までに無期転換申込みをした場合　満60歳

　　　　　ただし、満60歳を超えて無期労働契約に基づく就労が開始した
　　　　者の定年については、第3号の規定を準用する。
　（2）　前号本文の場合、退職する無期転換パートタイマーが退職後の
　　　　雇用を希望する場合には、高年齢者等の雇用の安定等に関する法
　　　　律（昭和46年法律第68号）第9条第1項の規定に基づく高齢者雇
　　　　用確保措置として、満65歳を上限として1年の有期労働契約によ
　　　　る再雇用をする。ただし、定年又は契約更新の時点で退職事由又
　　　　は解雇事由がある者は再雇用の対象としない。
　（3）　満60歳から満65歳までに無期転換申込みをした場合　満65歳の
　　　　翌日
2　定年に達した無期転換パートタイマーは、その定年に達した日をも
　って退職するものとする。
（正社員就業規則の準用）**3**
第○条　次の正社員就業規則の相当条項の定めは、無期転換パートタイ
　マーについて準用する。
　（1）　第○章　服務規律（第○条（兼職の禁止）を除く。）
　（2）　第○条及び第○条の解雇に関する規定
　（3）　第○条ないし第○条の休職に関する規定**4**
　　　　ただし、第○条第1号に定める私傷病休職の休職期間について
　　　　は、勤務5年未満○か月、勤務5年以上○か月と読み替えるもの
　　　　とする。
　　　　なお、その場合の勤務期間は、無期転換パートタイマーとして
　　　　勤務した期間をいう。
　（4）　第○章　懲戒**5**

＜作成上のポイント＞

1　本来は、無期転換パートタイマー用の就業規則を新たに作成すべきで
すが（【Q40】参照）、本規定例は、時間的余裕がない等の理由で、既存の
パートタイマー（有期）就業規則に無期転換パートタイマーに関する規
定を入れ込む場合の規定例です。
　また、賃金の改定については、時給を増額する場合のみを想定してい
ます（〔参考文例【10】の＜作成上のポイント＞**20**参照）。なお、パートタ
イマーの定義規定が置かれ、パートタイマーが有期契約労働者であるこ

とが定められている場合には、それ以外に、第○章に定める無期転換パートタイマーがいることも定める必要があります。

2　有期パートタイマー当時、60歳を超えても有期労働契約を更新していたのであれば、この規定例３号のような第２定年が必要になります。一方、今までの運用上、有期パートタイマーについて満65歳を超えても、契約更新していた実態があれば、有期パートタイマー就業規則に、満65歳を超えての契約更新はない旨の規定を入れるとともに、既に満65歳を超えている有期パートタイマーについての経過措置（例えば、後１年だけ契約更新する等）を入れることも必要でしょう。また、その場合、高度のスキルを持つ有期パートタイマーについては、別の名称の制度を作って、満70歳までの雇用を受け入れるといった工夫も必要になります。

　なお、満60歳までに無期転換申込権を行使しても、満60歳を超えて無期労働契約に基づく就労が開始する場合もあります。また、満65歳の誕生日を迎えた日に無期転換申込権を行使することも考えられます。そこで、前者の場合の定年は、１号ではなく、３号の満65歳の翌日を定年とする規定を準用することにしました。後者については、有期パートタイマーにつき、満65歳が契約更新の上限であることを前提に、満65歳の誕生日に無期転換申込権を行使した場合、誕生日の翌日から無期労働契約が始まりますが、その始まった日をもって定年となるということも３号の規定には含まれています。そのため、満65歳の翌日を定年としています。

3　既存のパートタイマー（有期）就業規則を利用する場合で手直しが必要なのは、定年・退職・休職・異動・賃金の改定・服務規律・解雇・懲戒に関する規定です（【Q40】参照）。その場合、正社員就業規則の規定を準用するやり方もあります。正社員就業規則を準用する場合については、不都合な規定を準用することがないよう細心の注意が必要です。

4　この会社の従業員の多くは、パートタイマーであることを前提としています。そのため、【Q40】の解説とは逆ですが、無期転換パートタイマーにも正社員同様の休職制度を取り入れています。

　一方、異動に関しては、無期転換後も職種・職務及び就業場所が限定されているという前提で、異動に関する規定の準用はしていません。会社の実態に合わせた臨機応変な対応も必要となります。

5 懲戒処分の種類として、降職・降格、諭旨解雇がある場合、そのまま準用してよいかを検討しなければなりません。降職・降格の準用は不要でしょう。これに対し、諭旨解雇の規定は、退職金の取扱いに関する部分は準用せず、諭旨解雇自体は準用すればよいでしょう。諭旨解雇は、まず、自己都合退職を促し、一定期限まで退職届が提出されない場合に、懲戒解雇に進みます。退職届が提出された場合、争いとなる危険性が減りますので、その意味では、使い勝手が良い懲戒処分です。

【12】 限定正社員就業規則規定例（【Q34】、【Q37】関連）
〔定義する場合〕

> （定　義）**1**
> 第○条　限定正社員とは、職種・職務、勤務地、勤務時間等について一定の限定**2**があるが、期間の定めのない労働契約を会社と締結し、業務上は基幹的役割**3**を担う従業員**4**をいう。

＜作成上のポイント＞
1　限定正社員の定義規定例ですが、その採用方法としては、以下のものがあります。
　①　有期契約労働者のみから採用する。
　②　無期転換労働者のみから採用する。
　③　有期契約労働者や無期転換労働者以外からも、直接採用する。
2　限定の種類によって、以下の呼称があります。
　①　職種・職務限定正社員
　②　勤務地限定正社員
　③　勤務時間限定正社員
3　ここでいう「基幹的役割」とは、「補助的役割」に対比する意味で使っています。
4　ここでいう「従業員」とは、当該使用者と労働契約を締結している全ての労働者を指し、正社員や限定正社員のほか、嘱託社員、契約社員、パートタイマー、アルバイト等を含みます。

〔労働条件を明示する場合〕

> （労働条件の明示）
> 第○条　会社は限定正社員の採用に際して、次の事項については労働条件通知書とともに労働契約書に明示し、その他の事項についてはこの規則を交付することによって明示する。
> 　（1）　賃金の決定・計算、支払の方法、賃金の締切り・支払の時期
> 　（2）　就業の場所及び従事すべき業務に関する事項（変更の範囲を含む。）
> 　（3）　始業・終業の時刻、休憩時間、休日、休暇、所定労働時間を超

> える労働の有無、労働者を2組以上に分けて就業させる場合における就業時転換に関する事項
> （4） 退職に関する事項（解雇の事由を含む。）
> 2 前項第2号及び第3号に定める事項に関して、限定がある場合には、その限定の内容についても労働契約書に明示する。🔳

（厚生労働省「多様な正社員及び無期転換ルールに係るモデル就業規則と解説」（全業種版）に記載されている規定例を参考に加筆修正）

＜作成上のポイント＞

🔳 限定の範囲や、その限定が一時的か否か等について争いが生じるおそれがありますので、書面をもって明示するのが適切です。また、勤務時間限定正社員については、労働基準法15条のほか、パートタイム・有期雇用労働法6条1項によって、昇給の有無、退職手当の有無、賞与の有無、短時間労働者の雇用管理の改善等に関する事項に係る相談窓口についても、文書の交付等による明示が義務付けられています。

〔限定内容と人事異動や業務命令とが関係する場合〕

> （職種等の変更・転勤）
> 第○条　会社は、限定正社員に対し、業務上の必要がある場合には、労働契約の内容に抵触しない範囲で、担当職種・就業場所等の変更、あるいは臨時に他の職種・就業場所等への応援を命じることがある。🔳
> 2　前項の「労働契約の内容に抵触しない範囲」とは、労働契約において職種・職務の限定、勤務地の限定等がある場合の、その限定の範囲内のことをいう。
> 3　第1項により異動が決定した場合には、臨時の応援の場合を除き、速やかに後任者又は会社が指名する者に事務の引継ぎあるいは取引先の紹介等を行い、所属長にその旨を報告し、指定された日から新しい職務に就かなければならない。
> 4　限定正社員は正当な理由なく、命じられた人事異動を拒むことはできない。

（厚生労働省「多様な正社員及び無期転換ルールに係るモデル就業規則と解説」（全業種版）に記載されている規定例を参考に加筆修正）

（時間外及び休日労働）
第○条　会社は、限定正社員に対し、業務上の必要がある場合、第○条（労働時間及び休憩時間）に定める所定労働時間外又は休日に労働を命じることがある。
2　限定正社員が時間外労働又は休日労働をする場合には、あらかじめ所属長の承認を得なければならない。
3　勤務時間限定正社員に対し、限定された所定時間を超えて、あるいは限定された労働時間帯以外の時間帯に労働させることはない。**2**

＜作成上のポイント＞
1 2　限定正社員に対する限定内容と、人事異動や業務命令との関係を明らかにし、正社員との違いを就業規則上、明記すべきです。

〔正社員へ転換する場合〕

（限定正社員から正社員への転換）
第○条　限定正社員として3年以上継続勤務し、正社員への転換を希望する者について、直近3年間の人事考課が平均A以上で、所属長の推薦がある場合には、正社員登用試験の受験を申し込むことができる。**1**
2　前項の登用試験は、毎年11月末日までに、所属長の推薦状を添付した本人の申込書を受け付けて、原則として翌年1月に実施する。**2**
3　会社は、登用試験の合格者を同年4月1日付けで正社員に登用する。**3**

（厚生労働省「多様な正社員及び無期転換ルールに係るモデル就業規則と解説」（全業種版）に記載されている規定例を参考に加筆修正）

＜作成上のポイント＞
1　使用者としても、登用試験に合格する能力を有する限定正社員を正社

員として活用できることは、メリットがあります。そして、その登用試験の受験要件は、使用者がその裁量で定めることができます。
❷　正社員登用制度を設ける以上、応募方法等については、就業規則で規定しておくのが適切と思われます。
❸　合格者の人数も含めて、合格の要件は、使用者の裁量に委ねられています。その場合、第1項の受験要件に記載した内容のほか、仕事内容等の変化に応じられ、転換後に必要な条件やスキル等を備え得ると判断したことが、合否の基準となることが多いです。

〔正社員から限定正社員へ転換する場合〕

（正社員から限定正社員への転換）
第〇条　正社員が、家庭の事情その他何等かの私的事由により、一定期間あるいはその時点以降定年まで、限定正社員への転換を希望し、事前に所定の書式により願い出た場合には、会社はその事由を精査して相当と認められる場合にはこれを認める。❶
2　勤務時間限定正社員の1日の所定労働時間は、6時間を下回らないこととする。❷
3　第1項に定める限定正社員への転換を希望する場合の一定期間は、3年を下回らないものとする。❷
4　限定正社員から、勤務条件を限定すべき事情が消滅したとして正社員への転換の願い出があった場合であって、会社が問題がないと認めたときには、会社が転換の日を決めて、正社員への転換を認めるものとする。
5　限定正社員転換申込みの時点では定年までを希望していたものの、その後の状況の変化により、再度、正社員への転換を希望する場合の手続等は、前項に準ずる。
6　第1項の転換並びに第4項及び第5項の再転換は、各1回までとする。❷

（厚生労働省「多様な正社員及び無期転換ルールに係るモデル就業規則と解説」（全業種版）に記載されている規定例を参考に加筆修正）

＜作成上のポイント＞

1 正社員から限定正社員への転換制度を限定正社員から正社員への転換制度とセットで社内制度として設けることは、労働者のワークライフバランスの実現のためには有益でしょう。しかし、転換する労働者が優遇されているといった不満が労働者間で発生する危険性も内包しているため注意が必要です。

2 正社員から限定正社員への転換制度を設ける場合、組織の混乱や転換制度の濫用を招かない制限も必要となります。

※ なお、以上の規定例の項目以外でも、限定正社員の賃金（賞与）水準や退職金支払の有無等については、頭を悩ますところです。
　各種の調査結果から見ると、限定正社員の賃金水準は、正社員の8〜9割というのが平均的ですので、参考にしてください。

〔裁判例〕

【1】 ハマキョウレックス事件

　まず紹介するのは、運送会社で働く契約社員（有期雇用労働者）が、正社員との間に労働条件の差を設けるのは無効であるとして訴えた〔裁判例〕【1】のハマキョウレックス事件最高裁判決（最判平30・6・1判時2390・96）です。ちなみに、有期雇用労働者と正社員とでは、職務の内容には相違がなく、人材活用の仕組み・運用等には相違がある事案でした。

　この判決では、次の表のとおり、5つの手当について、正社員との間に差を設けることは不合理と判断されています。

手当名	判　断	本件における手当支給の目的	判決理由
無事故手当	不合理	優良ドライバーの育成や安全な輸送による顧客の信頼の獲得を目的として支給。	正社員と契約社員の職務の内容が同じであり、安全運転および事故防止の必要性は同じ、将来の転勤や出向の可能性等の相違によって異なるものではない。
作業手当	不合理	特定の作業を行った対価として作業そのものを金銭的に評価して支給される性質の賃金。	正社員と契約社員の職務の内容が同じであり、作業に対する金銭的評価は、職務内容・配置の変更範囲の相違によって異なるものではない。
給食手当	不合理	従業員の食事に係る補助として支給。	勤務時間中に食事をとる必要がある労働者に対して支給されるもので、正社員と契約社員の職務の内容が同じであるうえ、職務内容・

			配置の変更範囲の相違と勤務時間中に食事をとる必要性には関係がない。
住宅手当	不合理ではない	従業員の住宅に要する費用を補助する趣旨で支給。	正社員は転居を伴う配転が予定されており、契約社員よりも住宅に要する費用が多額となる可能性がある。
皆勤手当	不合理	出勤する運転手を一定数確保する必要があることから、皆勤を奨励する趣旨で支給。	正社員と契約社員の職務の内容が同じであることから、出勤する者を確保する必要性は同じであり、将来の転勤や出向の可能性等の相違により異なるものではない。
通勤手当	不合理	通勤に要する交通費を補填する趣旨で支給。	労働契約に期間の定めがあるか否かによって通勤に必要な費用が異なるわけではない。正社員と契約社員の職務内容・配置の変更範囲が異なることは、通勤に必要な費用の多寡に直接関係はない。

（出典：厚生労働省ホームページ「パートタイム・有期雇用労働法対応のための取組手順書」https://www.mhlw.go.jp/content/001133569.pdf（2024.08.30））

【2】 長澤運輸事件

　次に紹介するのは、運送会社で働く定年退職後の再雇用者である嘱託乗務員（有期雇用労働者）が正社員である乗務員との間に労働条件の差を設けるのは無効であるとして訴えた〔裁判例〕【2】の長澤運輸事件最高裁判決（最判平30・6・1判時2389・107）です。因みに、嘱託乗務員である再雇用者と正社員とでは、職務の内容と職務の内容及び配置の変更の範囲とに相違がない事案でした。
　この判決では、次の表のとおり、2つの手当について、正社員との間に差を設けることは不合理と判断されています。

手当名	判断	手当支給の目的	判決理由
正社員：能率給、職務給　嘱託乗務員：歩合給	不合理ではない	能率給及び歩合給は労務の成果に対する賃金、職務給は職種に応じて定められた金額を支給	嘱託乗務員の基本賃金を定年退職時の基本給の水準以上とし、歩合給の係数を能率給よりも高く設定しており、基本給とこれらの手当の合計額を正社員と比較すると減額率は約2％〜12％にとどまる上、嘱託乗務員には老齢厚生年金等が支給される。
精勤手当	不合理	休日以外は1日も欠かさずに出勤することを奨励する趣旨で支給	正社員と嘱託乗務員の職務の内容が同一である以上、皆勤を奨励する必要性に相違はない。
住宅手当	不合理ではない	住宅費の負担に対する補助として支給	幅広い世代の労働者が存在し得る正社員にはこれらの費用を補助することに相応の理由がある一方で、嘱託乗務員は定年退職して老齢
家族手当		従業員の家族を扶養するための生活	

III　参考文例・裁判例

		費に対する補助として支給	厚生年金等の支給を受けることが予定されており、不合理な相違ではない。
役付手当	不合理ではない	正社員の中から指定された役付者に対する支給	手当の趣旨からして、不合理な相違ではない。
超勤手当	不合理	時間外労働等に対する割増賃金を支払う趣旨で支給	嘱託乗務員に対する精勤手当の不支給が不合理であるから、正社員の超勤手当の計算基礎に精勤手当が含まれるのに対して、嘱託乗務員の場合に含まれないという相違は不合理。
賞与	不合理ではない	労務の対価の後払い、功労報償、生活費補助、労働者の意欲向上等の趣旨で支給	嘱託乗務員は、定年退職に当たり退職金を受給し、老齢厚生年金等を受給する予定であって、嘱託乗務員の賃金は定年退職前の79％程度と収入の安定に配慮されている。

【3】 大阪医科薬科大学事件

 【裁判例】【3】から【7】で紹介する最高裁判決は、いずれも令和2年10月に出されたものですが、いずれの事件でも、比較対象者である通常の労働者との間で、職務の内容、人材活用の仕組み・運用等にも相違があった事案です。
 【裁判例】【3】の大阪医科薬科大学事件は、有期労働契約を締結して教室事務員業務に従事していたアルバイト職員が、正職員との間における労働条件の相違は改正前労働契約法20条に違反すると主張して損害賠償を請求した事件です。
 最高裁判決（最判令2・10・13労判1229・77）で判断されたのは上告受理されていた賞与及び私傷病による欠勤中の賃金の部分のみ、それ以外は上告受理等を求め高裁判決（大阪高判平31・2・15判タ1460・56）で確定しました。

手当名等	相違の内容	判断	手当・休暇の趣旨	判決理由
賞与	正職員は支給あり　アルバイトは支給なし	不合理ではない	労務の対価の後払いやー律の功労報償、将来の意欲向上等の趣旨を含み、正職員として職務遂行し得る人材確保やその定着を図る目的により支給	賞与の目的を踏まえ、職務の内容及び配置の変更の範囲に一定の相違があるほか、人事配置の見直し等により（1番原告と同じ）教室事務の正職員が極めて少数になり、他の大多数の正職員と職務の内容及び配置の変更の範囲を異にするに至ったこと、正職員への登用制度の存在等を考慮すると、不合理ではない。
私傷病による欠勤中の賃金	正職員は支給あり　アルバイトは支給なし	不合理ではない	長期雇用を前提とした正職員の生活保障、雇用維持の目的	（賞与の項目で述べた事情に加えて）アルバイトは長期雇用を前提としていない、1番原告は勤務開始後2年余りで欠勤扱いとなって在籍期間も3年余りにとどまり、勤務が長期間に及んでおらず、

Ⅲ 参考文例・裁判例

項目	状況	原審の判旨	理由
賃金	正職員は月給制　アルバイトは時給制（正職員の初任給と2割程度の格差）	不合理ではない	アルバイトが時給制、正職員が月給制という相違は賃金の定めとして一般的であること、アルバイトは短時間勤務者が6割を占めており、それに適した時給制を採用しており、アルバイトと正職員では職務、責任、異動可能性、求められる能力に大きな相違があること等。契約が当然に更新されて継続する状況にあったともいえない。
年末年始等の休日における賃金支給	時給制のアルバイトは休日が増えれば賃金が減る	不合理ではない	正職員は月給制、アルバイトは時給制の帰結にすぎず、賃金体系が不合理ではない以上、不合理ではない。
年休日数	年休の算定方法に相違があり、正職員として採用された場合よりも1日少ない	不合理ではない	年休について特定日を年休付与日として一律に扱っているのは、長期就労に伴う年休手続の省力化・簡便化。（地裁判決の理由を維持）アルバイトは雇用期間が不定、長期就労も想定されておらず、年休付与日を特定する必要性がないから、算定方法の相違は一定の根拠がある。
夏期特別有給休暇	正職員は5日　アルバイトはなし	不合理	蒸し暑い夏の心身のリフレッシュ、お盆・夏休みの帰省、家族旅行のため　アルバイトでもフルタイム勤務になるため相当程度の疲労を感じるため、少なくともフルタイムのアルバイトに付与しないのは不合理。
附属病院受診の医療費補助	正職員は補助あり　アルバイトは補助なし	不合理な労働条件の相違ではない	医療費補助は恩恵的措置であり、労働条件に含まれない。

【4】 メトロコマース事件

[裁判例]【4】のメトロコマース事件は、有期労働契約を締結して地下鉄の駅構内の売店における販売業務に従事していた契約社員が、正社員との間における労働条件の相違は改正前労働契約法20条に違反すると主張して損害賠償等を請求した事件です。

最高裁判決（最判令2・10・13労判1229・90）で判断されたのは上告受理された退職金の部分のみ、それ以外は上告受理等されていないため高裁判決（東京高判平31・2・20労判1198・5）で確定しました。

手当名等	相違の内容	判断	手当の趣旨	判決理由
退職金	正社員は支給あり契約社員は支給なし	不合理ではない	労務の対価の後払いや継続的な勤務等に対する功労報償等の性質を有し、人材確保やその定着を図るなどの目的により支給	退職金が有する複合的な性質や支給目的を踏まえ、正社員と契約社員とでは職務の内容及び配置の変更の範囲の相違があるほか、一部の店舗業務に従事している経緯や正社員等への登用制度の存在等を考慮すれば、不合理ではない。
原審の判旨				
本給	正社員は月給契約社員は時給	不合理ではない		職務の内容及び配置の変更の範囲に相違があり、正社員には長期雇用を前提とした年功的賃金制度、有期契約労働者にはそれと異なる賃金体系とするのは一定の合理性があるほか、正社員等への登用制度もある。
資格手当	正社員は支給あり契約社員は支給なし	不合理ではない	正社員の職務グループの各資格に応じて支給	契約社員の業務内容から、正社員と同様の資格を設けることは困難である。

Ⅲ 参考文例・裁判例　315

住宅手当	正社員は支給あり契約社員は支給なし	不合理	従業員の住宅費等の生活費を補助する趣旨	生活費補助の必要性は職務の内容等によって差異が生ずるものではなく、正社員でも転居を伴う配置転換は想定されていない。
賞与	契約社員は、正社員よりも支給額が低い	不合理ではない	労務の対価の後払い、功労報償、生活補償、従業員の意欲向上等の趣旨	賞与の性格を踏まえ、長期雇用を前提とする正社員に対し賞与を手厚くして有為な人材の獲得・定着を図るのは一定の合理性が認められる。また、時給制では賞与で大幅な労務の後払いが予定されていないし、賞与は労使交渉で決定されており、支給可能な賞金総額の配分という制約もある。
褒賞	正社員は支給あり契約社員は支給なし	不合理	一定期間継続した従業員に対する褒賞	支給趣旨は、正社員と契約社員とで変わりなく、有期労働契約は原則として更新され、長期間勤続することが少なくない。
早出残業手当の割増率	正社員の割増率は、契約社員の割増率よりも大きい	不合理	特別の労働に対する一定額の補償、使用者に経済的負担を課すことによる時間外労働の抑制	時間外労働の抑制という観点から有期契約労働者と無期契約労働者とで割増率に相違を設けるべき理由はなく、使用者が法定の割増率を上回る割増率である以上、相違する割増率を支払う場合も同様である。相違について労使交渉が行われた形跡もない。

【5】 日本郵便（東京）事件

[裁判例]【5】の日本郵便（東京）事件は、有期労働契約を締結して郵便内務事務（窓口業務等）又は郵便外務事務（配達等の事務）に従事する時給制契約社員が、正社員との間における労働条件の相違は改正前労働契約法20条に違反すると主張して損害賠償等を請求した事件です。

最高裁判決（最判令2・10・15労判1229・58）で判断されたのは上告受理された年末年始勤務手当、病気休暇及び夏期冬期休暇の部分のみ（ただし、夏期冬期休暇は損害論のみ）、それ以外は上告受理等されていないため高裁判決（東京高判平30・12・13労判2426・77）で確定しました。

手当名等	相違の内容	判断	手当・休暇の趣旨	判決理由
年末年始勤務手当	正社員は支給あり時給制契約社員は支給なし	不合理	郵便業務の正社員の特殊勤務手当の1つ。12月29日〜翌年1月3日の最繁忙期であり、多くの労働者が休日である同期間に同業務に従事したことへの対価。支給要件は、上記期間の勤務であり、正社員が従事した業務内容や難易度に関わらない。	手当の性質や支給要件等に照らせば、その趣旨は郵便業務を担当する時給制契約社員にも妥当する。
病気休暇	正社員は有給の休暇時給制契約社員は無給の休暇	不合理	正社員の長期継続勤務への期待から、生活保障を図り、私傷病の療養に専念させることで、継続的な雇用を確保すること。	時給制契約社員であっても、相応の継続勤務が見込まれるのであれば、有給の病気休暇の趣旨が妥当するところ、相応の継続勤務が見込まれる。そのため、病気休暇の日数に相違を設けることはともかく、有給・無給の相違は

Ⅲ 参考文例・裁判例　317

原審の判旨

夏期冬期休暇	正社員にはあり時給制契約社員にはなし	不合理	お盆や帰省のためとの趣旨が弱まり休息や娯楽のための休暇の意味合いが増しているが、国民一般に広く受け入れられている慣習的な休暇。	手当の趣旨からすれば、相違は不合理。※夏期冬期休暇は、日本郵便（佐賀）事件最高裁判決（[裁判例]【7】）も参照。
住居手当	正社員は支給あり時給制契約社員は支給なし	（旧一般職との関係では）不合理ではない（新一般職との関係では）不合理	従業員の住宅費用を補助。	（旧一般職）旧一般職は転居を伴う配置転換等が予定されているが、時給制契約社員はその予定がなく、旧一般職の方が住宅に要する費用が多額となり得る。（新一般職）新一般職も時給制契約社員も転居を伴う配置転換等が予定されていないため、住宅に要する費用は同程度である。

その他、外務業務手当、祝日勤務に対する祝日給、夏期年末手当、早出勤務手当、夜間特別勤務手当及び郵便外務・内務業務精通手当は不合理ではないとした原審の判断が確定。

【6】 日本郵便(大阪)事件

[裁判例]【6】の日本郵便(大阪)事件は、有期労働契約を締結して郵便外務事務(配達等の事務)に従事し、又は従事していた契約社員(月給制契約社員及び時給制契約社員)が、正社員との間における労働条件の相違は改正前労働契約法20条に違反すると主張して損害賠償等を請求した事件です。

最高裁判決(最判令2・10・15労判1229・67)で判断されたのは上告受理された年末年始勤務手当、年始勤務手当、扶養手当及び祝日給の部分のみ(ただし、夏期冬期休暇は損害論のみ)、それ以外は上告受理等されていないため高裁判決(大阪高判平31・1・24労判1197・5)で確定しました。

手当名等	相違の内容	判断	手当・休暇の趣旨	判決理由
年末年始勤務手当	正社員は支給あり 契約社員は支給なし	不合理	郵便業務の正社員の最繁忙期の勤務手当の1つ。12月29日〜翌年1月3日の最繁忙期であり、多くの労働者が休日である同期間に同業務に従事したことへの対価。支給要件は、上記期間の勤務であり、正社員が従事した事務内容や難易度に関わらない。	手当の性質や支給要件等に照らせば、その趣旨は郵便業務を担当する契約社員にも妥当する。
年始勤務に対する祝日給	正社員は支給あり 契約社員は祝日給に対応する祝日割増賃金を支給なし	不合理	最繁忙期である年始期間の勤務の代償として、通常の賃金に所定の割増しをしたものを支給。最繁忙期の労働力の確保。	契約社員は、契約期間が6か月以内又は1年以内とされており、1審原告らのように契約更新されるなど繁忙期に限定された短期間の勤務ではなく、業務の繁閑に関わらない勤務が見込まれているか

Ⅲ　参考文例・裁判例

扶養手当	正社員には支給あり 契約社員には支給なし	不合理	正社員の長期継続勤務への期待から、生活保障や福利厚生を図り、継続的雇用を確保すること。	契約社員も、扶養親族があり、相応の継続的勤務が見込まれるならば、扶養手当の支給趣旨が妥当するところ、契約社員は契約期間が6か月以内又は1年以内とされており、1番原告らのように継続的な契約更新がされるなど、相応に継続的な勤務が見込まれている。
原審の判断				
夏期冬期休暇	正社員にはあり 契約社員にはなし	不合理	夏期休暇は心身の健康の維持、増進等。冬期休暇は冬季の一定期間に付与された特別の休暇。	雇用期間の長短の相違から異なる制度を設けること自体は一定の合理性があるが、契約が更新されて長期に及んだ場合には、手当の趣旨から相違を設ける根拠が薄弱。 ※夏期冬期休暇は、日本郵便（佐賀）事件最高裁判決（裁判例）【7】も参照。

その他、外務業務手当、郵便外務業務精通手当、早出勤務等手当及び病気休暇は、日本郵便（東京）事件最高裁判決（裁判例）【5】も参照。なお、病気休暇（通算契約期間が5年超の者に病気休暇を付与しないこと）は不合理ではない、また住居手当及び病気休暇は、日本郵便（東京）事件最高裁判決（裁判例）【5】も参照。なお、病気休暇は、日本郵便（佐賀）事件最高裁判決（裁判例）【7】も参照。

【7】 日本郵便（佐賀）事件

[裁判例]【7】の日本郵便（佐賀）事件は、有期労働契約を締結して郵便外務事務（配達等の事務）に従事していた時給制契約社員が、正社員との間における労働条件の相違は改正前労働契約法20条に違反すると主張して損害賠償等を請求した事件です。

最高裁判決（最判令2・10・15労判1229・5）で判断されたのは上告受理された夏期冬期休暇の部分のみ、それ以外は上告されていないため高裁判決（福岡高判平30・5・24労経速2352・3）で確定しました。

手当名等	相違の内容	判　断	休暇の趣旨	判決理由
夏期冬期休暇	正社員にはあり時給制契約社員にはなし	不合理	労働から離れる機会を付与することで、心身の回復を図る目的によるものである。休暇取得の可否や日数は、正社員の勤続期間の長さに応じて定まるものとはされていない。	郵便業務を担当する時給制契約社員は、繁忙期に限定されない短期間の勤務ではなく、業務の繁閑に関わらない勤務が見込まれているのであって、夏期冬期休暇の趣旨は時給制契約社員にも妥当する。

その他、基本賃金・通勤費、祝日勤務に対する祝日給、早出勤務等手当、夏期年末手当、作業能率評価手当及び外務業務手当は不合理ではないとした原審の判断が確定。

〔改訂版〕
Q&A　有期契約労働者の無期転換ルール

平成29年11月15日　初　　版発行
令和6年10月1日　改訂初版発行

編著　別　城　信　太　郎
発行者　河　合　誠　一　郎

発行所　新日本法規出版株式会社

本　　社
総轄本部　（460-8455）　名古屋市中区栄1－23－20
東京本社　（162-8407）　東京都新宿区市谷砂土原町2－6
支社・営業所　札幌・仙台・関東・東京・名古屋・大阪・高松
　　　　　　　広島・福岡
ホームページ　https://www.sn-hoki.co.jp/

【お問い合わせ窓口】
新日本法規出版コンタクトセンター
　0120-089-339（通話料無料）
●受付時間／9：00～16：30（土日・祝日を除く）

※本書の無断転載・複製は、著作権法上の例外を除き禁じられています。
※落丁・乱丁本はお取替えします。
5100338　改訂無期転換　　　ⓒ別城信太郎 2024 Printed in Japan
ISBN978-4-7882-9382-3